AI 大模型重塑现代银行

银行的变革与实践

毕超　刘鑫　著

中国出版集团有限公司
研究出版社

图书在版编目（CIP）数据

AI 大模型重塑现代银行 / 毕超, 刘鑫著 . -- 北京：
研究出版社, 2025. 5. -- ISBN 978-7-5199-1895-8

Ⅰ . F830.49

中国国家版本馆 CIP 数据核字第 2025Y8X292 号

出 品 人：陈建军
总 编 辑：丁　波
策划编辑：于　彬
责任编辑：于　彬
责任校对：王淑先

《AI 大模型重塑现代银行》

毕超　刘鑫　著

研究出版社 出版发行

（100006　北京市东城区灯市口大街 100 号华腾商务楼）

北京中科印刷有限公司印刷　新华书店经销

2025 年 5 月第 1 版　2025 年 5 月第 1 次印刷

开本：710×1000mm　1/16　印张：21

字数：262 千字

ISBN 978-7-5199-1895-8　定价：79.00 元

电话（010）64217619　64217652（发行部）

目　录

前　言

在科技飞速发展的今天，人工智能（AI）正以前所未有的速度改变着各行各业，银行业亦不例外。作为金融服务的核心提供者，银行业面临着数字化转型的迫切需求，而 AI 大模型的崛起，为银行业带来了前所未有的变革机遇。

本书《AI 大模型重塑现代银行》旨在深入探讨 AI 大模型在银行业的应用与实践，为银行业从业者提供全面的参考和启示。本书从变革前奏、重塑之力、技术融合、技术基石、前行挑战、未来已来以及实践指南七个部分，系统地阐述了 AI 大模型在银行业中的重要应用和影响。

第一部分：变革前奏——大模型与银行业的相遇，首先回顾 AI 大模型的发展历程，从基础算法的演进到智能涌现的实现，揭示大模型背后的核心技术与独特优势；随后对银行业信息化数字化建设的现状进行全面梳理，分析现有系统的成效与不足，为后续章节的讨论奠定了基础；还对国家人工智能政策进行解读，探讨政策对银行业变革的驱动作用，为读者提供宏观的政策背景。

第二部分：重塑之力——大模型在银行的多元应用，详细阐述 AI 大模型在银行业各个业务领域的应用，包括客户服务智能化升级、精准营销变革、风险管理革新、智能投顾与财富管理，以及反洗钱效率提升等；通过国内外银行的案例分析，展示了大模型在实际应用中取得的显著成效，为银行业从业者提供实践经验的借鉴。

第三部分：技术融合——大模型与现有系统的协同发展，深入探讨大模型与银行现有系统的关系，包括数据交互、功能互补和架构关联等；提出基于大模型的系统升级策略，包括信贷管理系统、银行核心系统以及其他系统的升级思路；探讨如何处理好银行信息化建设与大模型建设的关系，提出统一规划原则、分步实施路径以及人才与技术保障等方法；特别讨论了小模型与大模型的关系，为读者提供更全面的视角和解决方案。

第四部分：技术基石——大模型落地的支撑体系，从数据治理与管理、算力基础设施升级以及开发与部署框架搭建三个方面，探讨大模型落地所需的技术支撑。通过详细的分析，帮助银行构建起坚实的技术基石，为大模型的应用提供有力保障。

第五部分：前行挑战——大模型应用的风险与应对，客观地分析大模型应用中可能面临的技术风险和合规与伦理风险，并提出相应的应对策略。通过深入的讨论，帮助银行业从业者在应用大模型的过程中规避风险，确保业务的稳健发展。

第六部分：未来已来——重塑银行业格局的关键力量，对 AI 大模型技术演进趋势、银行业务创新方向以及行业竞争格局变化进行预测和分析；提出银行的战略转型路径，包括组织架构调整、人才培养与引进策略，以及生态合作与联盟构建等。通过前瞻性的思考引导银行业从业者共同探索未来的发展方向。

第七部分：实践指南——银行大模型落地导航，为银行业从业者提供更具体的操作指导和最佳实践分享。通过项目规划与实施、应用效果评估与优化以及最佳实践分享等章节，帮助读者将理论知识转化为实际行动，推动大模型在银行业中的广泛应用。

作为银行业人工智能技术研究和推动人员，我们深知 AI 大模型对银行业变革的重要性和紧迫性，希望通过本书的撰写，能够为银行业从业者提供全面、系统、实用的参考和借鉴,助力银行业在数字化转型的道路上迈出坚实的步伐。同时,也希望本书能够激发更多关于 AI 大模型在银行业应用的思考和探索,共同推动银行业向智能化、个性化、高效化的方向发展。

第一部分

变革前奏

——大模型与银行业的相遇

第一章 AI 大模型时代的崛起

一、大模型发展溯源：从基础算法到智能涌现

人工智能（AI）的发展历程犹如一部波澜壮阔的史诗，而大模型的崛起无疑是其中最为璀璨的篇章。要深入理解大模型的内涵与影响，我们必须追溯其发展源头，从基础算法的演进中探寻智能涌现的奥秘。

人工智能概念的提出和内涵

1956 年的达特茅斯会议上，"人工智能"这一术语被正式提出，标志着人工智能作为一个独立的研究领域诞生。会议上，学者们探讨如何让机器模拟人类智能，涵盖学习、推理、解决问题等能力。从内涵上讲，人工智能旨在通过计算机程序和算法，使机器具备类似人类的感知、思考和决策能力，以解决复杂问题并完成任务。人工智能一般可分为以下几类：

第一是弱人工智能（ANI），也被称为狭义人工智能，专注于完成特定任务，如语音识别、图像识别、下棋等。它只能在受限的领域内模拟人类智能，不具备真正理解和解决通用问题的能力。例如，语音助手能识别并回应语音指令，但它无法理解超出预设程序的复杂问题。

第二是强人工智能（AGI），也叫通用人工智能，理论上具有和人类一样的智能水平，能理解、学习并执行人类可以完成的任何智力任

务，拥有自我意识、情感感知和创造力。目前强人工智能尚未实现，但它是该领域研究的重要目标。

第三是超人工智能（ASI），这是一种假设中的、远超人类的人工智能，无论是在学习能力、创造力还是问题解决能力上，都能轻松超越人类的极限，可能带来巨大的变革和影响，不过同样处于理论探讨阶段。

基础算法的奠基

人工智能的萌芽可以追溯到 20 世纪 40 年代，当时数学家艾伦·图灵提出了著名的"图灵测试"，为机器智能的发展奠定了基础。图灵设想，如果一台机器能够与人类进行对话，并且在对话过程中让人类无法分辨对方是机器还是人类，那么就可以认为这台机器具有智能。这一概念为后续人工智能的研究提供了重要方向的指引。

随后，神经网络的概念被提出，为后续的深度学习算法提供了理论框架。模仿人类大脑的处理方式，神经网络也通过多个神经元层级进行连接与组合，包括输入层、隐藏层和输出层。然而，受限于当时的计算能力和数据规模，早期的神经网络在实际应用中并未取得显著成果。例如，在图像识别任务中，早期的神经网络只能处理有限的图像数据，对图像的识别准确率也非常低。

进入 21 世纪，随着互联网的普及和计算能力的提升，机器学习算法迎来了快速发展的时期。支持向量机、随机森林等传统机器学习算法在图像识别、自然语言处理等领域取得了突破性进展。支持向量机是一种分类方法，它通过最大化两类之间的间隔来寻找最优超平面，特别适用于高维数据，在图像识别中能够有效区分不同类别的图像，即便在数据分布复杂的情况下，也能保证较高的分类准确性；随机森林则是在源数据中随机选取数据集，构造多个决策树，从而提高模型的准确性与鲁棒性，可用于金融领域的风险评估，降低单个算法的过拟合风险，提高评估的可靠性。这些算法通过构建复杂的数学模型，从数据中提取特征并进行分类或预测，为人工智能的应用提供了强大的工具。

深度学习的突破

尽管传统机器学习算法在许多任务上表现出色，但它们在处理高维数据和复杂模式时仍存在局限性。2006 年，加拿大计算机科学家杰弗里·辛顿提出了深度学习的概念，为解决这些问题提供了新的思路。深度学习通过构建多层神经网络，模拟人脑的神经元连接方式，实现对数据的自动特征提取和抽象表示。

随着计算能力的进一步提升和大规模数据集的出现，深度学习算法在图像识别、语音识别等领域取得了令人瞩目的成果。2012 年，谷歌的 AIexNet 模型在 ImageNet 挑战赛中取得了远超传统算法的成绩，标志着深度学习时代的到来。AIexNet 模型采用了卷积神经网络（CNN）结构，通过卷积层、池化层和全连接层等组件，实现对图像的特征提取和分类，在图像分类任务中表现出了极高的准确率。此后，卷积神经网络（CNN）、循环神经网络（RNN）等深度学习模型被广泛应用于各种人工智能任务中。比如在语音识别中，RNN 可以捕捉到语音序列中的时序信息，从而实现对语音内容的准确识别；在机器翻译任务中，RNN 能够处理句子中的上下文关系，提高翻译的准确性，推动了人工智能技术的飞速发展。

Transformer 架构的革新

尽管深度学习在许多领域取得了成功，但传统的 RNN 和 CNN 模型在处理长序列数据和捕捉全局依赖关系时仍存在挑战。2017 年，谷歌提出了 Transformer 架构，为解决这些问题提供了新的解决方案。Transformer 基于自注意力机制（Self-Attention），能够同时考虑输入序列中的所有位置信息，实现对长序列数据的高效处理。这一架构的提出，是人工智能和大语言模型技术发展的关键转折点，为模型的训练与优化提供了全新的思路，极大地推动了模型在泛化能力、计算效率等方面的发展，为后续大语言模型的爆发式增长奠定了坚实基础。

Transformer 架构的出现为自然语言处理领域带来了革命性的变化。基于 Transformer 的预训练语言模型如 BERT、GPT 等，在文本分类、机器翻译、问答系统等任务上取得了远超传统算法的成功。BERT 是一种自编码模型，在自然语言理解任务中表现出色。给到一句话，然后把这句话的内容挖空，当被问及挖空的内容时，它能把内容填回去。GPT 是自回归模型，在文本生成任务中表现卓越。它通过不断地预测下一个词来生成文本，如创作故事、文章等。通过在大规模文本数据上进行预训练，这些模型学习到丰富的语言知识和语义表示，强大的特征提取能力为下游任务的完成提供了助力。

大模型的崛起与智能涌现

随着科技的迅猛发展，从早期相对有限的算力逐步进化到如今强大的并行计算与高效芯片架构，计算能力犹如火箭般不断攀升，为 Transformer 等架构的复杂模型的构建提供了坚实的硬件支撑。与此同时，互联网的普及使得各类文本、图像、音频等数据海量涌现，数据规模也呈指数级增长，这些数据成为模型训练的丰富养分。

在这样的背景下，研究人员敏锐地捕捉到契机，开始大胆尝试构建更大规模的神经网络模型。这些庞大而精密的智能模型通常包含数十亿甚至数万亿个参数，而每一个参数都承载着特定的信息与功能。为了让这些模型学习到丰富的知识和复杂的模式，它们需要在海量数据上进行长时间、高强度的训练。以 OpenAI 的 GPT-4 模型为例，其拥有极其庞大的参数数量，在训练过程中，研究人员从全球范围内广泛收集各类优质文本数据，涵盖新闻资讯、学术论文、文学作品、社交媒体内容等，这些数据经过精心筛选、预处理后，被源源不断地输入到模型中进行训练。

大模型的崛起引发了学术界和工业界的广泛关注。一方面，大模型在自然语言处理、计算机视觉等领域取得了远超传统算法的成果，为人工智能的应用提供了新的可能。比如在图像生成领域，大模型能够根据用户的描述生成逼真的图像；在智能客服领域，大模型可以更准确地理解用户的问题并提供合适的回答。另一方面，大模型也带来了新的挑战，如计算资源的消耗、模型的可解释性等问题。

智能涌现指模型在达到一定的规模和复杂度时，突现未预设的能力，如生成高质量的文本、进行复杂的推理等。这些能力在小规模模型中很难实现，在大模型中却能够自然地涌现出来。例如，GPT-3 通过大规模训练获得上下文学习能力，仅需少量示例即可完成任务，就像蚂蚁群体通过简单规则即可建造复杂巢穴。这种现象体现了"量变引发质变"的复杂性科学原理，是 AI 研究的重要方向。智能涌现的机制目前仍是一个开放的研究课题，但可以肯定的是，大模型为我们理解和探索智能的本质提供了新的视角和工具。

二、大模型核心技术解析

大模型的崛起并非偶然，而是多种核心技术共同推动的结果。这些技术包括深度学习、Transformer 架构、自注意力机制、预训练与微调等。本节将对这些核心技术进行深入解析，以揭示大模型背后的技术原理和创新之处。

深度学习：模拟人脑的神经网络

深度学习是大模型的基础，它通过构建多层神经网络来模拟人脑的神经元连接方式，每个神经元接收来自其他神经元的输入信号，并根据一定的权重和激活函数计算输出信号。通过多层神经元的组合和连接，神经网络能够实现对复杂数据的自动特征提取和抽象表示。

卷积神经网络（CNN）和循环神经网络（RNN）是深度学习中两种重要的网络结构。CNN 通过卷积层和池化层来提取图像等二维数据的特征，在计算机视觉领域得到了广泛应用。RNN 则通过循环连接来处理序列数据，在自然语言处理和语音识别等领域表现出色。然而，传统的 RNN 在处理长序列数据时存在梯度消失和梯度爆炸等问题，限制了其在长序列任务上的性能。

Transformer 架构：革新序列数据处理

为了解决传统 RNN 在处理长序列数据时的问题，谷歌于 2017 年提出了 Transformer 架构。Transformer 基于自注意力机制能够同时考虑输入序列中的所有位置信息，实现对长序列数据的高效处理。

自注意力机制是 Transformer 的核心组件之一。它通过计算输入序列中每个位置与其他位置之间的注意力权重，来确定生成输出时应该关注哪些信息。具体来说，对于输入序列中的每个位置，自注意力机制会计算一个查询向量（Query）、一个键向量（Key）和一个值向量（Value）。然后，通过计算查询向量与所有键向量之间的相似度，得到一个注意力权重矩阵。最后，将注意力权重矩阵与值向量相乘，得到加权后的值向量作为输出。

通过自注意力机制，Transformer 能够捕捉输入序列中的全局依赖关系，而无需像传统 RNN 那样进行逐步的递归计算。这使得 Transformer 在处理长序列数据时具有更高的效率和更好的性能。

除了自注意力机制，Transformer 还引入了多头注意力（Multi-Head Attention）和前馈神经网络（Feed-Forward Neural Network）等组件。多头注意力通过将自注意力机制并行地应用于不同的子空间，来捕捉输入序列中的不同特征。前馈神经网络则通过全连接层对每个位置的输出进行进一步的非线性变换。

预训练与微调：知识迁移与任务适配

预训练与微调是大模型中常用的一种训练策略，它通过在大规模通用数据上进行预训练，然后在特定任务数据上进行微调，来实现知识的迁移和任务的适配。

预训练阶段，模型在大规模通用数据（如文本、图像等）上进行无监督或自监督学习，以学习到丰富的通用知识和特征表示。例如，在自然语言处理领域，预训练语言模型如 BERT、GPT 等，通过在大规模文本数据上进行掩码语言模型（Masked Language Model）或自回归语言模型（Autoregressive Language Model）等任务的训练，来学习语言的语法、语义等知识。

微调阶段，模型在特定任务的数据上进行有监督学习，以适应具体任务的要求。在预训练模型的基础上进行微调可以大大减少模型在特定任务上的训练时间和数据需求，同时提高模型的性能。

预训练与微调策略的成功在于，它能够利用大规模通用数据中的丰富知识来提升模型在特定任务上的性能。这种知识迁移的能力使得大模型在各种任务上都取得出色的表现。

分布式训练与优化：应对计算挑战

由于大模型通常包含数十亿甚至数万亿个参数，训练这些模型需要巨大的计算资源和时间成本。为了应对这一挑战，研究人员提出了各种分布式训练和优化技术。

分布式训练将训练过程分布在多个计算节点上进行，模型的训练速度得到了提升。常见的分布式训练策略包括数据并行（Data Parallelism）和模型并行（Model Parallelism）。数据并行将训练数据划分为多个子集，每个计算节点负责处理一个子集，并更新模型的参数。模型并行则将模型划分为多个部分，每个计算节点负责处理一部分模型的计算。

除了分布式训练，研究人员还提出了各种优化技术来提高模型的训练效率。例如，梯度累积（Gradient Accumulation）通过在多个小批量数据上累积梯度再进行参数更新，来减少通信开销。混合精度训练（Mixed Precision Training）则通过在训练过程中使用低精度的浮点数来减少计算量和内存占用。

正则化与稳定性技术：防止过拟合与数值不稳定

由于大模型具有巨大的参数空间和强大的拟合能力，它们在训练过程中容易出现过拟合与数值不稳定等问题。为了解决这些问题，研究人员提出了各种正则化和稳定性技术。

正则化技术通过在损失函数中添加额外的惩罚项来限制模型的复杂度，从而防止过拟合。常见的正则化技术包括 L1 正则化、L2 正则化和 Dropout 等。L1 正则化通过在损失函数中添加参数的绝对值之和作为惩罚项，来鼓励模型产生稀疏的参数。L2 正则化则通过在损失函数中添加参数的平方和作为惩罚项，来限制参数的大小。Dropout 则通过在训练过程中随机地将一部分神经元的输出置为零，来减少模型对特定神经元的依赖。

稳定性技术则通过各种手段来提高模型训练过程的数值稳定性。例如，梯度裁剪（Gradient Clipping）通过限制梯度的大小来防止梯度爆炸。权重初始化（Weight Initialization）则通过合理的初始化策略来避免模型在训练初期陷入局部最优或数值不稳定的状态。

大模型的可解释性与公平性

尽管大模型在各种任务上取得了出色的表现，但它们的可解释性和公平性问题也引起了广泛的关注。由于大模型通常具有复杂的结构和大量的参数，人们难以理解其内部的工作机制和决策过程，这使得大模型在实际应用中可能存在一些潜在的风险和挑战。

为了提高大模型的可解释性，研究人员提出了各种解释技术和方法。例如，注意力可视化（Attention Visualization）技术将模型的注意力分配过程图形化呈现，让研究人员可以直观地看到模型处理数据时的关注点。特征重要性分析（Feature Importance Analysis）则通过各种手段来评估每个输入特征对模型输出的影响程度。

公平性问题则关注模型在处理不同群体的数据时是否存在偏见或歧视。针对此，研究人员提出了各种公平性指标和算法。例如，人口统计平等性（Demographic Parity）要求模型在不同的群体上具有相同的预测概率；机会平等性（Equal Opportunity）则要求模型在不同的群体上具有相同的灵敏度。通过在模型设计和训练过程中引入这些公平性约束，模型的偏见和歧视被减少。

未来技术趋势

大模型的核心技术仍在不断发展和演进中。未来，我们可以预见以下几个方向的发展：

1. 更高效的训练技术。随着计算能力的不断提升和数据规模的持续增长，研究人员将继续探索更高效的训练技术和优化策略，以加速大模型的训练速度并降低计算成本。

2. **更强大的模型结构**。Transformer 架构的出现为序列数据处理带来了革命性的变化。研究人员将会提出更强大的模型结构，以进一步提高模型的性能和泛化能力。

3. **更广泛的知识迁移**。预训练与微调策略的成功表明了知识迁移的重要性。研究人员会探索更广泛的知识迁移方式，如跨模态知识迁移、跨任务知识迁移等。

4. **更好的可解释性和公平性**。随着大模型在实际应用中的不断推广，其可解释性和公平性问题将变得越来越重要。研究人员将继续探索各种解释技术和公平性算法，以提高大模型的透明度和可信度。

通过对大模型核心技术的深入解析，我们可以更好地理解其背后的技术原理和创新之处。相信在不久的将来，大模型将为我们带来更多令人瞩目的成果和应用。

三、大模型的独特优势

大模型在人工智能领域中展现出的诸多独特优势不仅体现在技术层面，还体现在应用效果和商业价值上。本节将详细阐述大模型在以下几个方面的独特优势：

强大的表示学习能力

大模型具备强大的表示学习能力，这是其最显著的优势之一。表示学习是指将原始数据转换为更具语义信息的表示形式，以便更好地理解和处理数据。传统机器学习方法需要人工设计和提取特征，然而，大模型通过深度神经网络的多层结构，能够自动从原始数据中学习到丰富的特征表示。

具体而言，大模型的每一层都可以看作一个特征提取器，通过非线性变换将输入数据映射到更高维的空间，随着层数的增加，模型能够捕捉到更抽象、更语义化的特征。例如，在图像识别任务中，早期层可能学习到边缘、纹理等低级特征，而高层则可能学习到物体的形状、类别等高级特征。这种层次化的特征表示使得大模型能够更好地理解和处理复杂的数据。

泛化能力

泛化能力是指模型在未见过的数据上表现良好的能力。大模型通常在大规模数据集上进行预训练，学习到丰富的知识和模式，因此具备较强的泛化能力。

首先，大模型的参数规模庞大，能够拟合复杂的数据分布。这使得大模型能够更好地捕捉到数据中的潜在规律和模式，从而在未见过的数据上也能做出准确的预测。

其次，大模型在预训练阶段通常采用无监督或自监督学习方法，通过预测或重构输入数据来学习特征表示。这种学习方式使得模型能够从数据中学习到更通用、更鲁棒的特征，从而提高模型的泛化能力。

此外，大模型在微调阶段通常只需要少量的标注数据，就能够在特定任务上展现良好的性能。这表明大模型已经在预训练阶段学习到了与特定任务相关的知识，只需要通过微调来适配特定的数据分布。

多任务学习与迁移学习

多任务学习是指同时学习多个相关任务，通过共享模型参数来提高学习效率和性能。大模型通常在预训练阶段学习到丰富的通用知识，因此可以很容易地迁移到其他相关任务上。例如，一个预训练的语言模型可能学习到语言的语法、语义等知识，这些知识对于文本分类、机器翻译、问答系统等任务都是有用的。因此，通过在预训练模型的基础上进行微调，可以很容易地将模型迁移到其他任务上，而不需要从头开始训练。

这种多任务学习和迁移学习的能力使得大模型能够更高效地利用数据和计算资源，同时提高模型的鲁棒性和适应性。

生成能力

生成能力是指模型根据输入数据生成新的数据样本的能力。大模型的生成能力主要体现在以下几个方面：

1. **文本生成**。大模型可以生成高质量的文本，包括文章、诗歌、对话等。这在内容创作、智能客服等领域有广泛的应用。

2. **图像生成**。大模型可以生成逼真的图像，包括人脸、风景、物体等。这在图像合成、虚拟现实等领域有重要的应用。

3. **音频生成**。大模型可以生成自然的语音，包括语音合成、语音转换等。这在语音助手、有声读物等领域有重要的应用。

通过学习数据中的模式和规律，大模型能够生成与训练数据相似的新样本，这得益于其强大的表示学习能力和丰富的知识储备。

上下文理解与推理能力

上下文理解是指模型能够理解文本中的上下文信息，包括词义、句法、语义等。推理能力是指模型能够根据已有的知识和信息进行逻辑推理，得出合理的结论。

大模型的上下文理解和推理能力主要得益于以下几个因素：

1. **自注意力机制**。自注意力机制能够捕捉到文本中不同位置之间的依赖关系，从而更好地理解文本的语义。

2. **大规模预训练**。大模型在大规模文本数据上进行预训练，学习到丰富的语言知识和模式。这包括词义、句法、语义等知识，以及各种语言现象和规律。

3. 多任务学习。大模型通常在多个相关任务上进行预训练，包括语言模型、问答系统、阅读理解等，这使得模型能够学习到更通用、更鲁棒的语言表示，从而提高其上下文理解和推理能力。

可扩展性与灵活性

可扩展性是指模型能够很容易地扩展到更大规模的数据和计算资源上，从而提高模型的性能和能力。灵活性是指模型能够很容易地适配到不同的任务和领域中，而不需要大量的修改和调整。

大模型的可扩展性和灵活性主要得益于以下几个因素：

1. 模块化设计。大模型通常采用模块化的设计，包括编码器、解码器、注意力机制等组件，这些组件可以很容易地进行组合和扩展，从而构建出不同规模和能力的模型。

2. 分布式训练。大模型通常采用分布式训练技术，包括数据并行、模型并行等技术，能够很容易地扩展到多个计算节点上进行训练，显著提高模型的训练速度和效率。

3. 预训练与微调。在大规模通用数据上进行预训练，然后在特定任务上进行微调。

对小样本学习的适应性

大模型在小样本学习方面也展现出了独特的优势。在大规模数据上进行预训练，大模型学习到了丰富的通用知识，即便是在只有少量标注数据的小样本上，也能够快速将之迁移到新任务上。

具体而言，大模型在小样本学习方面的优势主要体现在以下几个方面：

1. 特征复用。大模型在预训练阶段学习到广泛的基础知识，同时也在大规模无标注或弱标注数据中学习，从而掌握跨任务、跨领域的通用特征与模式。

2. **参数共享**。大模型中不同部分之间共享相同的参数，例如不同层之间共享相同的参数，在多任务学习中不同任务之间共享参数。通过共享参数，模型的总体参数量显著减少。

3. **元学习**。大模型通常采用元学习的策略，核心思想是从一组训练任务中提取通用的知识和技能，使模型能够快速适应新任务。

对长尾分布的鲁棒性

大模型对长尾分布也展现出了较强的鲁棒性。长尾分布是指数据中存在大量不常见的样本，而这些样本在实际应用中可能非常重要。

具体而言，大模型对长尾分布的鲁棒性主要体现在以下几个方面：

1. **大规模数据**。包括常见的和不常见的样本，这使得模型能够学习到更全面、更鲁棒的特征表示。

2. **注意力机制**。根据输入数据的上下文信息，动态地调整模型的关注点，从而更好地捕捉到长尾分布中的样本。

3. **正则化技术**。这一技术能够减少模型对常见样本的依赖，从而提高模型对长尾分布的鲁棒性。

大模型在人工智能领域中展现出了诸多独特优势，包括强大的表示学习能力、泛化能力、多任务学习与迁移学习、生成能力、上下文理解与推理能力、可扩展性与灵活性、对小样本学习的适应性以及对长尾分布的鲁棒性等。这些优势使得大模型在各种实际应用中都能取得良好的性能和效果，为人工智能的发展和应用带来了新的机遇和挑战。未来，随着技术的不断进步和研究的深入，大模型的优势将进一步得到发挥和拓展。

四、案例分析：DeepSeek 大模型的崛起与爆火

在人工智能大模型蓬勃发展的时代浪潮中，DeepSeek 大模型如一颗璀璨新星，迅速崛起并备受瞩目，为大模型技术的进步注入了强大动力，深刻影响着行业的发展走向。

技术革新推动大模型发展

DeepSeek 在技术层面实现了诸多关键突破，为大模型技术的发展开辟了新路径。首先在算法优化上，其创新性地对推理成本进行改良。据相关技术研究报告显示，通过独特的算法架构，DeepSeek 能够在相对低配置硬件环境下稳定运行，这一成果不仅提升了模型的适用性，还为国产算力芯片和计算集群网络等硬件端的协同发展创造了有利条件，带动了整个产业生态的良性循环。

其次从模型架构来看，DeepSeek 采用先进的神经网络架构，极大地提升了对海量数据的处理和学习效率。以自然语言处理领域为例，在大规模文本数据训练中，DeepSeek 展现出卓越的语义理解和生成能力。无论是复杂的文本创作、精准的问答系统，还是流畅的机器翻译任务，DeepSeek 生成的文本逻辑连贯、语义准确，媲美人类语言表达水平，为自然语言处理技术的实际应用拓展了更广阔的空间。

对大模型推理能力的深度训练与增强

DeepSeek 高度重视对推理能力的训练，采用了一系列先进策略来强化这一关键能力。在训练数据的选择上，DeepSeek 精心筛选了涵盖多领域、多模态的海量数据，包括科学文献、新闻资讯、文学作品以及图像视频等关联数据，为模型提供了丰富多样的知识来源。在训练过程中，引入强化学习机制，通过不断调整模型参数，使模型在面对

各种复杂问题时，能够自主学习并优化推理路径。例如，在解决数学问题时，DeepSeek 能够通过强化学习，不断尝试不同的解题思路，从错误中学习，逐步提升推理的准确性和效率。

探索智能涌现的"啊哈时刻"

在大模型发展进程中，智能涌现的"啊哈时刻"备受关注，DeepSeek 在这方面也有着独特的表现。所谓"啊哈时刻"，即模型在训练或应用过程中，突然展现出超越预期的智能表现，仿佛"灵机一动"，实现能力的飞跃。

在应用 DeepSeek-R1 模型的研究者中，有人表示"见证了强化学习的力量和美感"，还有人发现在 DeepSeek-R1-Zero 的中间版本训练时，出现了类似"顿悟时刻"——模型学会了以人类的语气进行反思。尽管有研究对"顿悟时刻"的产生机制提出新观点，认为类似复现实验中出现的响应变长现象或许只是因为强化学习，而非真正的"顿悟"，但不可否认的是，DeepSeek 在训练过程中，确实表现出了智能涌现。

当面对复杂问题时，DeepSeek 能够生成具有深度和逻辑性的回答，甚至能在一定程度上进行自我反思和修正。例如，在处理哲学思辨类问题时，DeepSeek 可以从多个角度进行分析和阐述，给出富有洞见的观点，这种智能表现超出了传统模型的能力范畴，为探索智能涌现机制提供了宝贵的研究案例。

引领大模型技术新趋势

DeepSeek 的出现，引领了国内外模型训练开发的新趋势。首先其开源模式的推行，打破了大模型开发的技术壁垒，让全球开发者能够基于其前沿模型进行二次开发。自 DeepSeek 开源以来，已有大量项目基于该模型展开，且吸引了来自全球各地的开发者参与，推动了大模型创新从少数科技巨头向分布式社区转移。

其次在模型训练理念上，DeepSeek 强调算力基础设施与算法的协同优化，摒弃了以往单纯追求算力规模的发展模式。这种理念得到了行业内众多企业和研究机构的认可与效仿，越来越多的团队开始注重在有限算力条件下，通过算法创新提升模型性能，促进了整个大模型技术领域的健康发展。

再次在应用拓展方面，DeepSeek 也为其他模型树立了典范。它与多个行业深度融合，如在智能汽车领域，广汽智能车借助 DeepSeek-R1 大模型实现了语音交互功能的升级，提升了用户体验；在信创领域，搭载龙芯 3A6000 处理器的设备成功部署 DeepSeek，实现了本地化运行，保障了信息安全。这些成功案例为大模型在不同行业的应用提供了可借鉴的模式，激发了更多企业探索大模型应用的热情。

DeepSeek 大模型凭借其在技术创新、推理能力训练、智能涌现探索以及对行业发展趋势的引领等多方面的卓越表现，在大模型领域占据了重要地位。随着技术的不断演进和应用的深入拓展，人工智能产业的发展势必迎来更多变革与惊喜。

第二章 银行业数字化发展现状与方向

一、银行现有信息系统盘点

随着金融科技的迅猛发展，银行业正经历着前所未有的信息化和智能化转型。为了在激烈的市场竞争中保持领先地位，各大银行纷纷加大对信息技术的投入，构建了多种信息化智能化系统，来提升业务效率、改善客户服务和增强风险管理能力。本节将对银行现有的信息化智能化系统进行全面盘点，涵盖信贷管理、风险控制、客户服务、支付清算等多个关键业务领域。

信贷管理系统

信贷管理是银行的核心业务之一，涉及客户信用评估、贷款审批、贷后管理等多个环节。为了实现信贷业务的高效运转和风险控制，银行开发了多种信贷管理系统。

1. **信贷审批系统**。该系统通过整合客户信息、征信数据和风险评估模型，实现对贷款申请的自动化审批。它能够根据预设的规则和算法，对客户的信用状况、还款能力、风险等级等进行综合评估，并生成审批决策。信贷审批系统的引入，大幅提高了贷款审批的效率和准确性，减少了人工操作的主观性和误差。

2. **信贷监控系统**。该系统用于对已发放贷款的实时监控和风险预警。它能够定期收集借款人的财务数据、征信报告和行为信息，通过数据分析和风险模型，及时发现潜在的违约风险，并生成风险报告和预警通知。信贷监控系统的使用，有助于银行及时采取风险缓释措施，降低不良贷款率。

3. 信贷资产管理系统。该系统用于对银行信贷资产的全面管理，包括贷款台账、资产分类、减值准备计提等功能。它能够自动计算贷款的利息收入、本金偿还情况，并根据监管要求对信贷资产进行分类和估值。信贷资产管理系统的实施，提升了银行信贷资产管理的精细化和合规化水平。

风险管理系统

风险管理是银行业的生命线，涵盖了信用风险、市场风险、操作风险等多个方面。为了有效识别、计量和控制各类风险，银行建立了多种风险管理系统。

1. 信用风险管理系统。该系统用于对银行面临的信用风险进行全面管理。它包括客户信用评级、贷款组合分析、压力测试等功能模块，能够对单个客户和整个贷款组合的风险进行量化评估，并生成风险报告和资本要求。信用风险管理系统的建立，有助于银行准确计量信用风险，优化资本配置，满足监管要求。

2. 市场风险管理系统。该系统用于对银行面临的市场风险进行实时监控和分析。它包括利率风险、汇率风险、股票价格风险等多个风险类别，能够根据市场数据和风险模型，计算风险价值（VaR）、敏感性分析等风险指标，并生成风险报告和控制措施建议。市场风险管理系统的应用，提升了银行对市场风险的敏感性和应对能力。

3. 操作风险管理系统。该系统用于对银行面临的操作风险进行识别、评估和控制。它包括风险事件数据库、关键风险指标监控、风险控制自我评估等功能模块，能够对操作风险的成因、影响和控制措施进行系统性分析，并生成风险报告和改进建议。操作风险管理系统的实施，有助于银行提升内部控制水平，防范操作风险事件的发生。

客户服务系统

客户服务是银行与客户互动的窗口，对客户满意度和忠诚度有着直接影响。为了提供高效、个性化的客户服务，银行开发了多种客户服务系统。

1. **呼叫中心系统**。该系统集成了电话、短信、在线聊天等多种通信渠道，为客户提供 7×24 小时的咨询、投诉、业务办理等服务。它能够根据客户的来电号码、历史记录等信息，自动识别客户身份，并提供个性化的服务方案。呼叫中心系统的使用，提升了客户服务的响应速度和满意度。

2. **客户关系管理系统（CRM）**。该系统用于对客户信息进行全面管理，包括客户基本信息、交易记录、服务历史等。它能够根据客户的行为特征和偏好，进行客户细分、价值评估和营销策略制定。CRM 系统的引入，提升了银行对客户需求的洞察力和服务能力。

3. **智能客服机器人**。该系统基于自然语言处理和机器学习技术，能够理解和回答客户的问题，提供业务咨询和办理服务。它能够通过语音识别、语义理解和知识图谱等技术，与客户进行交互，并根据问题类型和客户意图，提供准确的回答和解决方案。智能客服机器人的应用，减轻了人工客服的压力，提升了客户服务的效率和体验。

支付清算系统

支付清算是银行提供的基础金融服务之一，涉及资金划拨、结算、对账等多个环节。为了实现支付清算业务的安全、高效运转，银行建立了多种支付清算系统。

1. **网上银行系统**。该系统为客户提供在线支付、转账、查询等服务，支持多种支付方式和账户类型。它能够通过数字证书、动态口令等安全认证手段，保障客户资金的安全。网上银行系统的使用，为客户提供了便捷的支付清算服务，提升了银行的电子渠道服务能力。

2. **手机银行系统**。该系统基于移动互联网技术，为客户提供移动支付、转账、理财等服务。它能够通过指纹识别、人脸识别等生物特征认证手段，提供安全、便捷的支付体验。手机银行系统的引入，拓展了银行的支付清算服务渠道，满足了客户的移动支付需求。

3. **清算结算系统**。该系统用于银行内部的资金清算和结算，包括行内转账、资金归集、账户对账等功能。它能够根据交易指令和账户余额，进行资金的自动划拨和结算，并生成对账单和报表。清算结算系统的使用，提升了银行支付清算业务的效率和准确性。

其他系统

除了上述系统外，银行还建立了其他多种信息化智能化系统，以支持业务运营和管理决策。

1. **财务管理系统**。该系统用于银行的财务管理，包括会计核算、预算管理、成本控制等功能。它能够根据交易数据和会计准则，进行自动记账、报表生成和财务分析，为管理层提供决策支持。

2. **人力资源管理系统**。该系统用于银行的人力资源管理，包括员工信息管理、招聘、培训、绩效考核等功能。它能够根据组织结构和岗位要求，进行人力资源的规划、配置和优化，提升人力资源管理的效率和效果。

3. **数据仓库和商业智能系统**。该系统用于银行的数据管理和分析，包括数据集成、数据挖掘、报表生成等功能。它能够将银行内部和外部的数据进行整合和分析，为管理层提供全面的数据支持和决策依据。

这些信息化智能化系统的建设和应用，为银行业务的高效运转和管理决策提供了有力支撑。然而，随着金融科技的快速发展，银行业也面临着系统间协同性差、数据价值挖掘不充分等问题和挑战。如何通过技术创新和系统优化，进一步提升信息化智能化水平，将是银行业未来发展的重要方向。

二、银行信息系统应用成效

银行业作为金融服务的核心提供者，其信息化和智能化建设的成效直接影响到业务效率、客户满意度和市场竞争力。近年来，随着金融科技的迅猛发展，各大银行纷纷加大对信息化智能化系统的投入，并取得了显著的应用成效。这些成效主要体现在以下几个方面。

业务效率显著提升

信息化智能化系统的广泛应用，为银行业务流程的优化和效率提升提供了强大动力。具体表现在：

1. **信贷审批效率提升**。通过引入信贷审批系统，银行能够实现对贷款申请的自动化审批，大幅缩短了审批时间。系统根据预设的规则和算法，对客户的信用状况、还款能力、风险等级等进行综合评估，并快速生成审批决策。相比传统的人工审批模式，自动化审批不仅提高了效率，还减少了主观性和误差。

2. **支付清算速度加快**。网上银行和手机银行系统的普及，使得客户能够随时随地进行支付和转账操作。这些系统通过与清算结算系统的无缝对接，实现了资金的实时划拨和结算，大大提高了支付清算的速度和便利性。同时，智能风控系统的引入，也确保了支付交易的安全性和准确性。

3. **客户服务响应及时**。呼叫中心系统和智能客服机器人的应用,为客户提供了 7×24 小时的咨询、投诉、业务办理等服务。这些系统能够提供个性化的服务方案,提升了客户服务的响应速度和效率。

服务质量明显改善

信息化智能化系统的应用,不仅提升了银行业务的效率,还显著改善了客户服务的质量。具体表现在:

1. **个性化服务增强**。客户关系管理系统(CRM)的应用,使得银行能够全面管理客户信息,包括基本信息、交易记录、服务历史等。进一步通过数据分析和挖掘,银行能够深入了解客户的需求和偏好,从而提供个性化的产品推荐和服务方案。

2. **服务渠道多元化**。网上银行、手机银行、智能客服等多元化服务渠道的建立,为客户提供了更加便捷和灵活的服务选择。客户可以根据自己的需求和喜好,选择最适合自己的服务方式,享受到高效、便捷的服务体验。

3. **客户满意度提升**。通过引入智能客服机器人和呼叫中心系统,银行能够及时响应客户的需求和问题,提供准确的解决方案,不仅提高了客户服务的效率,还提升了客户的满意度。

风险管理能力增强

信息化智能化系统在风险管理领域的应用,为银行有效识别、计量和控制各类风险提供了有力支持。具体表现在:

1. **信用风险管理精细化**。系统能够根据客户的历史交易记录、征信报告等数据,生成信用评分和风险等级,从而帮助银行做出更准确的信贷决策。同时,系统还能够对贷款组合进行分析和监控,及时发现潜在的风险，并采取相应的风险缓释措施。

2. 市场风险监控实时化。系统能够根据市场数据和风险模型，计算风险价值（VaR）、敏感性分析等风险指标，从而帮助银行及时发现市场风险的变化，并采取相应的风险对冲措施。例如，通过衍生品交易来对冲利率风险或汇率风险。

3. 操作风险控制体系化。系统能够对关键风险指标进行监控，及时发现异常情况，并生成风险报告和改进建议。同时，系统还能够对风险事件进行记录和分析，帮助银行总结经验教训，完善内部控制体系。

数据价值释放挖掘

信息化智能化系统的应用，为银行充分挖掘数据价值提供了技术支持和平台保障。具体表现在：

1. 数据整合与共享。通过建立数据仓库和商业智能系统，银行能够将来自不同业务系统、渠道和合作伙伴的数据进行集中存储和管理，从而为数据分析和挖掘提供了基础。

2. 数据分析与挖掘。利用数据仓库和商业智能系统提供的数据分析工具，银行能够对海量数据进行深入分析和挖掘。例如，通过客户行为分析，发现客户的消费规律和偏好；通过市场趋势分析，预测未来的市场变化；通过风险数据分析，识别潜在的风险因素。

3. 数据驱动决策。基于数据分析和挖掘的结果，银行能够做出更加科学和准确的决策。例如，根据客户行为分析的结果，制定个性化的营销策略；根据市场趋势分析的结果，调整产品定价和投资组合；根据风险数据分析的结果，优化风险管理措施。

系统协同性逐步增强

信息化智能化系统的应用，也促进了银行内部不同系统之间的协同和整合。具体表现在：

1. **系统集成与互通**。通过采用统一的技术标准和接口规范，银行能够实现不同系统之间的集成和互通。例如，将信贷管理系统与客户关系管理系统进行集成，实现客户信息的共享和业务流程的协同；将支付清算系统与风险管理系统进行集成，实现交易风险的实时监控和控制。

2. **流程优化与再造**。基于系统集成和互通的基础，银行能够对业务流程进行优化和再造。例如，通过整合信贷审批系统和信贷监控系统，实现对贷款全生命周期的管理和监控；通过整合网上银行系统和手机银行系统，实现多渠道服务的统一管理和调度。

3. **信息共享与协作**。系统协同性的增强，也促进了银行内部不同部门之间的信息共享和协作。例如，通过建立跨部门的数据共享平台，实现客户信息、交易数据、风险信息等的共享和交流；通过建立跨部门的协作机制，实现业务流程的协同和优化。

三、银行信息系统面临的问题和改进方向

尽管银行业在信息化智能化建设方面取得了显著成效，但现有信息系统仍存在一些不足之处，这些不足在很大程度上制约了银行业务的进一步发展和创新。本节将从系统间协同性、数据价值挖掘、安全与隐私保护、用户体验以及技术架构等多个维度，深入分析银行现有信息系统存在的不足。

系统间协同性差

银行现有的信息系统大多是在不同的时期、由不同的供应商开发和部署的，缺乏统一的规划和标准。这种"信息孤岛"现象导致系统间协同性差，具体表现在：

1. **数据共享困难**。由于缺乏统一的数据标准和共享机制，不同系统之间的数据难以互联互通。例如，客户信息可能分散在核心系统、信贷系统和 CRM 系统等多个系统中，导致数据不一致、更新不及时等问题，影响了数据的准确性和可用性。

2. **业务流程割裂**。由于系统间缺乏有效的集成和协同，银行的业务流程往往被割裂成多个独立的环节，无法实现端到端的流程管理。例如，贷款审批流程可能涉及多个系统之间的数据交换和处理，导致流程效率低下、错误率高。

3. **重复建设和维护成本高**。由于系统间缺乏共享和复用机制，银行往往需要为不同的业务开发和维护多套系统，造成了资源的浪费和维护成本的增加。例如，多个系统可能都需要实现客户身份认证功能，但由于缺乏共享机制，导致每个系统都需要单独开发和维护认证模块。

数据价值挖掘不充分

尽管银行拥有丰富的数据资源，但现有信息系统在数据价值挖掘方面仍存在较大不足，具体表现在：

1. **数据质量不高**。由于数据来源多样、标准不统一，银行数据中存在大量的缺失值、错误值和冗余信息，影响了数据分析和挖掘的准确性。例如，客户交易数据中可能存在异常值和噪声数据，导致风险评估模型的准确性下降。

2. **数据孤岛现象严重**。由于系统间缺乏有效的数据共享机制，银行数据往往被分散在多个系统中，形成了数据孤岛。这些数据孤岛不仅增加了数据整合的难度，也限制了数据的全面分析和综合利用。例如，客户的交易数据和行为数据可能分别存储在不同的系统中，难以进行关联分析以全面了解客户需求。

3. **数据分析能力不足**。尽管银行已经建立了数据仓库和商业智能系统，但数据分析工具和方法仍相对滞后，难以满足复杂业务场景下的数据分析需求。例如，缺乏高级统计分析、机器学习和人工智能等技术手段，难以从海量数据中挖掘出有价值的洞察和模式。

安全与隐私保护挑战大

随着金融科技的发展和数字化转型的推进，银行信息系统面临的安全与隐私保护挑战日益严峻，具体表现在：

1. **网络安全威胁增加**。银行信息系统承载着大量的敏感数据和交易信息，容易成为黑客攻击的目标。传统的网络安全防护措施如防火墙、入侵检测系统等已经难以应对日益复杂的网络攻击手段，如高级持续性威胁（APT）和零日漏洞攻击等。

2. **数据泄露风险高**。由于银行数据具有高价值和敏感性，数据泄露事件一旦发生，将给银行和客户带来巨大的损失。然而，现有信息系统在数据加密、访问控制和安全审计等方面仍存在漏洞，容易被不法分子利用。

3. **隐私保护要求严格**。《通用数据保护条例》（GDPR）等隐私保护法规的出台，对银行在数据收集、使用和共享等方面提出了更严格的要求。然而，现有信息系统在用户同意管理、数据最小化和隐私影响评估等方面仍存在不足，难以满足合规要求。

用户体验有待提升

尽管银行在客户服务渠道和方式上进行了多元化和智能化改造，但现有信息系统在用户体验方面仍有需要改进之处，具体表现在：

1. **操作复杂性高**。由于银行业务的复杂性，现有信息系统往往功能繁多、操作复杂，给用户带来了使用上的不便。例如，网上银行和手机银行系统可能需要用户进行多步操作才能完成一项简单的转账业务，影响了用户体验。

2. 个性化服务不足。尽管银行已经建立了客户关系管理系统（CRM），但现有信息系统在个性化服务方面仍存在不足。例如，缺乏基于用户行为和偏好的个性化推荐引擎，难以提供真正满足用户需求的产品和服务。

3. 渠道整合不够。尽管银行已经建立了多种服务渠道，如网上银行、手机银行、呼叫中心等，但这些渠道之间缺乏有效的整合和协同，给用户带来了不一致的服务体验。例如，用户在不同的渠道上可能需要重复输入信息，或者在切换渠道时丢失了会话状态。

技术架构灵活性差

银行现有信息系统的技术架构大多基于传统的单体应用和集中式架构，难以适应业务快速发展和创新的需求，具体表现在：

1. 扩展性不足。由于传统的单体应用将所有的业务逻辑和数据存储集中在一个系统中，导致系统的扩展性差。当业务量增加时，系统容易出现性能瓶颈和可用性问题，难以满足高并发、大流量的业务需求。

2. 敏捷性不够。由于传统的集中式架构缺乏灵活性和可配置性，导致系统难以快速响应业务变化和创新需求。例如，当需要增加一个新的业务功能时，可能需要对整个系统进行修改和测试，耗时耗力。

3. 运维复杂性高。由于系统的复杂性和耦合性，导致系统的运维和管理难度大。例如，系统的部署、配置和监控等操作需要专业的运维人员来完成，增加了运维成本和风险。

未来改进方向

针对上述不足，银行需要采取一系列的改进措施，以提升现有信息系统的能力和价值。具体而言，未来的发展方向可能包括：

1. **加强系统集成和协同**。通过采用企业服务总线（ESB）、API 网关等技术手段，实现不同系统之间的数据共享和业务流程集成，打破信息孤岛，提升系统间协同性。

2. **提升数据分析和挖掘能力**。引入高级统计分析、机器学习和人工智能等技术手段，提升数据分析和挖掘能力，从海量数据中挖掘出有价值的洞察和模式，充分发挥数据的价值。

3. **强化安全与隐私保护**。加强网络安全防护措施，采用先进的加密算法、访问控制技术和安全审计手段，防范网络攻击和数据泄露风险，确保数据的安全性和隐私性。

4. **优化用户体验**。简化系统操作流程，引入个性化推荐引擎和智能客服等技术手段，提升用户体验，提供更加便捷、智能和个性化的服务。

5. **改进技术架构**。采用微服务架构、容器化技术和云计算等技术手段，提升系统的扩展性、敏捷性和运维效率，更好地支持业务的快速发展和创新需求。

四、案例分析：DeepSeek 赋能银行发展数字金融

在金融科技快速发展的当下，大语言模型技术正深刻改变着银行业的发展格局。DeepSeek 作为先进的大语言模型，在银行信息系统开发编码、营销、运营等多个关键领域助力银行在数字金融时代实现高质量发展。

助力银行信息系统开发编码

海云安作为专注于金融信息安全领域的企业，与银行信息系统的建设和维护紧密相连，积极探索利用先进技术提升银行信息系统质量，

其旗下开发者智能助手（D10）全面接入 DeepSeek R1 模型。在金融领域，信息系统的安全性和高效性至关重要。通过 DeepSeek R1 模型的优化与蒸馏，D10 在代码缺陷检测、组件风险分析、智能编码等核心场景的综合效率提升超 20%，运营成本降低 35%。这意味着银行在开发信息系统时，利用接入 DeepSeek 的海云安开发工具，能够更精准地检测出代码中的漏洞，有效降低系统风险。同时，智能编码功能可以根据开发人员的需求，快速生成高质量的代码片段，大大提高了开发效率，缩短了开发周期。例如，在开发银行的在线交易系统时，开发人员借助 DeepSeek 的智能编码能力，能够快速搭建系统框架，填充关键代码模块，减少了重复性的代码编写工作，将更多的精力投入到系统的优化和创新上。

革新银行营销模式

DeepSeek 为银行营销带来了全新的思路和方法。部分银行已将 DeepSeek 应用于营销场景，并取得了显著成效。海安农商银行在其营销过程中，通过询问 DeepSeek 的方式向用户介绍银行的具体情况。DeepSeek 能够从资本实力、市场份额、服务质量、风险管理、金融产品、社会责任等多个维度对银行进行分析和总结。银行可以利用这些分析结果，精准定位目标客户群体，制定个性化的营销策略。比如，针对不同风险偏好的客户，DeepSeek 可以协助银行生成定制化的理财产品推荐方案，以生动、易懂的语言向客户介绍产品特点和优势，提高客户对产品的兴趣和购买意愿。此外，DeepSeek 还可以根据客户的历史交易数据和行为习惯，预测客户的潜在需求，为银行开展精准营销提供有力支持。例如，当客户在银行的线上平台浏览某类金融产品时，DeepSeek 能够迅速分析出客户的潜在需求，并推荐相关的产品和服务，实现营销的智能化和精准化。

优化银行运营流程

在银行运营方面，DeepSeek 同样发挥着重要作用。江苏银行依托"智慧小苏"大语言模型服务平台，本地化部署微调 DeepSeek-VL2 多模态模型、轻量 DeepSeek-R1 推理模型，分别运用于智能合同质检和自动化估值对账场景中。在智能合同质检中，DeepSeek-VL2 多模态模型能够同时处理文本、图像、语音等多种数据类型，快速准确地检测合同中的风险条款、不合规内容以及错误条款，有效避免法律纠纷和监管处罚，保障银行的合法权益。相较于传统的人工合同质检方式，大大提高了质检效率和准确性，降低了人力成本。在自动化估值对账方面，轻量 DeepSeek-R1 推理模型凭借其在模型规模和性能上的显著优势，能够对海量的金融数据进行快速分析和处理，实现自动化的估值对账，减少人工操作带来的误差，提升运营效率和数据的准确性。此外，在客户服务方面，DeepSeek 可以赋能银行的智能客服系统，使其能够更准确地理解客户的问题，提供更快速、更专业的解答，提升客户满意度。

第三章 人工智能大模型政策：解读、影响与银行应对

一、人工智能与大模型相关政策解读

近年来，全球主要经济体以及中国政府都高度重视人工智能的发展，并陆续出台了一系列战略规划、指导意见和监管措施，形成了鼓励创新与规范发展并重的政策格局，既通过明确规则引导产业有序发展，又为技术创新保留了必要空间，体现了平衡安全与发展的治理智慧。

国家科技战略与人工智能顶层设计

中国政府将人工智能置于国家战略的高度，视其为引领新一轮科技革命和产业变革的核心驱动力，以及提升国家竞争力的关键抓手。

1. **《新一代人工智能发展规划》（2017年）**。这是中国人工智能发展的纲领性文件，明确了到2030年中国人工智能的总体战略目标——理论、技术与应用总体达到世界领先水平，成为世界主要人工智能创新中心。规划提出了构建开放协同的人工智能科技创新体系、培育高端高效的智能经济、建设安全便捷的智能社会、加强人工智能领域军民融合、构建安全高效的智能化基础设施体系、前瞻布局新一代人工智能重大科技项目等六大重点任务。

2. **国家科技创新规划与相关部委行动计划**。在"十四五"规划及

后续的科技发展规划中，人工智能持续被列为重点支持和突破的关键核心技术领域。科技部、工信部、网信办等部门也相继出台了具体的行动计划和指导意见，鼓励 AI 技术在制造、医疗、交通、金融等重点行业的深度应用，支持开源社区发展，推动算力基础设施建设。

3. 对大模型的关注与布局。随着大模型技术的突破，国家层面也高度关注其发展动态和战略意义，鼓励有条件的企业和研究机构进行大模型研发攻关，同时强调要加强基础理论研究和关键技术突破，避免"一哄而上"和低水平重复建设。

这些顶层设计和战略规划营造了积极的政策环境，明确了国家层面的支持方向，也为银行应用 AI 技术提供了宏观指引。

人工智能大模型的监管政策体系

我国政府对人工智能大模型的监管已形成一套涵盖技术标准、安全治理、伦理规范和行业应用的多层次政策体系。在基础性法律法规方面，《生成式人工智能服务管理暂行办法》是核心文件，明确要求境内提供生成式 AI 服务的机构必须确保数据来源合法，涉及个人信息需获得授权。该办法还规定生成内容需添加显著标识。对于具有舆论属性或社会动员能力的服务，必须完成备案并通过安全评估。此外，《互联网信息服务算法推荐管理规定》和《互联网信息服务深度合成管理规定》进一步细化了算法透明度要求和深度合成内容标识规范，构建起 AI 服务的基础法律框架。

在技术标准与安全规范层面，监管部门通过国家标准和行业要求建立了具体实施细则。《人工智能生成合成内容标识方法》将于2025年 9 月实施，统一了生成内容的显隐双标识标准。《生成式人工智能服务安全基本要求》规定了生成式人工智能服务在安全方面的基本要求，包括语料安全、模型安全、安全措施等，并给出了安全评估要求。这些技术标准与《生成式人工智能服务管理暂行办法》形成配套，将法律原则转化为可操作的技术规范，既保障了监管的刚性，也为企业合规提供了明确指引。

伦理治理与行业监管构成了政策体系的第三维度。《新一代人工智能伦理规范》确立了"以人为本、智能向善"的基本原则，要求 AI 研发全过程纳入伦理考量。《科技伦理审查办法（试行）》则对具有社会影响力的 AI 项目建立了强制审查机制。在行业应用领域，监管部门实施差异化监管：金融 AI 需符合数据跨境和反洗钱要求，医疗 AI 诊断产品须通过医疗器械审批流程，教育类 AI 则严格限制向未成年人推送沉迷性内容。这种"通用规范＋行业细则"的监管模式，既确保了基础安全底线，也兼顾了不同领域的特殊性。

当前监管政策呈现出动态演进特征，地方试点与行业自律成为重要补充。北京、上海等地通过算力补贴、模型券等创新方式支持企业发展，同时严格实施备案管理。行业组织也在推动开源生态建设和算力资源共享。从立法趋势看，专项立法进程正在加速，2025 年两会期间已有提案建议制定《人工智能法》，重点解决责任归属、版权保护等深层次问题。在国际层面，中国正积极参与全球 AI 治理规则制定，推动《全球人工智能治理倡议》落地实施。

金融科技监管框架与对 AI 应用的规范要求

金融业作为强监管行业，其 AI 应用的规范性受到监管部门的高度关注。近年来，中国人民银行、国家金融监督管理总局（及其前身银保监会）、证监会等金融监管机构，以及国家网信办等部门，围绕金融科技和人工智能应用，逐步建立和完善了相应的监管框架和规范要求。

《金融科技（FinTech）发展规划（2022—2025 年）》明确提出要"加强人工智能金融应用"，强调要"深化人工智能融合应用"，推动人工智能技术在智能风控、智能营销、智能客服、智能投顾、智能运营等金融场景的落地，并特别指出要"探索运用隐私计算、联邦学习等技术实现数据'可用不可见'"。同时，规划也对技术应用风险提出要求，强调要"健全安全可控的金融科技创新体系"。

央行 2025 年科技工作会议提出"安全稳妥有序推进 AI 大模型在金融领域应用"，重点强化数据安全、算法透明性。央行科技司要求金融机构围绕"金融五篇大文章"（科技金融、绿色金融、普惠金融、养老金融、数字金融）优化 AI 应用场景。

在算法备案与模型风险管理方面，《互联网信息服务算法推荐管理规定》出台。虽然其主要针对互联网信息服务，但对金融领域的算法透明度、可解释性、公平性、用户权益保护等也具有重要的参考意义。

中国银行业协会发布的《人工智能模型风险管理框架》（2022 年）要求金融机构对 AI 模型进行全流程监控，包括数据质量评估、算法可解释性验证及定期压力测试，防止因模型"幻觉"导致决策失误，强调需建立人工干预机制，避免过度依赖 AI 生成结果。

在数据安全与个人信息保护方面也加强了监管。《中华人民共和国网络安全法》《中华人民共和国数据安全法》《中华人民共和国个人信息保护法》这三部法律构成了中国数据安全与隐私保护的基础法律框架。它们指出金融行业需实现数据本地化部署，禁止跨境传输敏感数据。对金融机构在数据采集、存储、处理、传输、共享、出境等环节的行为提出了极其严格的要求，明确了告知同意、最小必要、数据分类分级、安全评估、应急处置等核心原则和义务。金融机构在使用 AI（特别是需要大量数据的模型训练和应用）时，必须严格遵守这些法律规定，否则将面临严厉处罚。

扶持性政策助力技术研发与应用

除了监管规范，政府也出台了一系列扶持性政策，鼓励 AI 技术的研发和应用。

第一，发布普适性的税收优惠政策，例如研发费用加计扣除、高新技术企业税收优惠，降低银行在 AI 研发方面的成本。

第二，部分地方政府或产业基金会设立专项基金，支持 AI 领域的初创企业和重点项目。

第三，支持开源社区和平台建设，鼓励构建开放共享的 AI 技术平台和数据集，降低技术门槛，促进产学研合作。

第四，国家大力推动"东数西算"工程，建设国家级和区域级智算中心，为大模型训练等高算力需求提供支撑。

数据跨境流动与数据主权相关政策要点

随着银行业务的国际化和技术合作的全球化，数据跨境流动成为一个重要议题。中国政府对此高度重视，相关政策的核心要点是维护国家数据主权和信息安全。

首先，银行通常被认定为关键信息基础设施（CII）运营者，其在境内运营中收集和产生的重要数据和个人信息原则上应在境内存储。确需向境外提供的，必须通过国家网信部门组织的安全评估。

其次，对于非 CII 运营者或非重要数据，可以通过签订标准合同、通过个人信息保护认证等方式进行数据出境，但也需满足相应条件并向网信部门备案。

最后，国家层面正在建立重要数据目录，明确哪些数据属于出境受限的重要数据。金融领域的重要数据标准将对银行的数据跨境活动产生直接影响。

这些政策对银行与境外机构进行数据合作、使用境外的云服务或

AI 模型（特别是需要传输数据的 API 调用）提出了明确的合规要求和限制。

二、政策对银行业的影响

前述多元、动态的政策与监管环境，正从多个维度深刻地影响着银行应用人工智能（尤其是大模型）的战略选择、实施路径、风险考量以及最终的成效。银行必须深入理解这些政策背后的逻辑与导向，才能准确评估其带来的机遇与挑战，并制定出前瞻性、合规性的应对策略。政策对银行业的影响主要体现在以下几个方面。

强化风险管理与合规要求

日益完善的监管框架，特别是针对模型风险、数据安全、个人信息保护、算法伦理等方面的规定，为银行应用 AI 划定了清晰的"红线"和"底线"，并实质性地提升了合规门槛。

第一，模型风险管理是核心关切。监管对 AI 模型（尤其是复杂大模型）的全生命周期风险管理提出了更高要求，银行需要投入大量资源建立健全模型验证、评估、监控、审计机制，确保模型的稳健性、公平性和可解释性。这不仅增加了 AI 应用的成本和复杂度，也可能延缓部分高风险应用的落地速度。特别是大模型的"黑箱"特性和"幻觉"问题，使其在满足监管的可解释性和可靠性要求方面面临更大挑战。

第二，数据安全与隐私保护成为"硬约束"。严格的数据法律法规体系，意味着银行在利用数据进行 AI 模型训练和应用时，必须将数据安全和个人信息保护置于最高优先级。数据的采集、使用、共享、跨境传输等因此都受到严格限制。如何在合规前提下最大限度地发挥数据价值，成为银行应用 AI 的核心挑战。

第三，算法公平性与伦理规范受到重视。监管日益关注 AI 算法可能带来的歧视（如信贷审批中的偏见）、"信息茧房"、诱导消费等伦理问题。银行需要建立相应的伦理审查机制，采用技术手段检测和缓解算法偏见，确保 AI 应用的公平、透明和负责任。这增加了 AI 系统设计和评估的维度。

第四，合规成本显著增加。满足上述各项监管要求，需要银行在技术研发、系统改造、流程设计、人才培养、内部审计等多个方面进行额外投入，合规成本显著上升。对于中小银行而言，这种成本压力可能更为突出。

规范数据治理与隐私保护标准

严格的数据安全与隐私保护法规，在带来挑战的同时，也从客观上"倒逼"银行加强自身的数据治理能力建设。

第一，为了满足合规要求和支撑 AI 应用，银行必须更加重视数据的准确性、完整性、一致性和时效性，加大对数据质量的整治力度。

第二，跨系统的数据安全管控和隐私保护需求，客观上要求银行加快统一数据标准，打通数据孤岛，建立更完善的企业级数据视图和数据资产目录。

第三，为了在合规前提下实现数据的安全共享与联合分析，银行有更强的动力去探索和应用联邦学习、多方安全计算等隐私计算技术，这有助于打破数据壁垒，释放数据协作价值。

第四，银行需要持续投入，提升数据加密、脱敏、访问控制、安全审计、应急响应等方面的技术能力和管理水平。

推动技术创新、开放合作与生态建设

国家层面对人工智能发展的战略支持和一系列扶持性政策，为银

行的技术创新和应用探索营造了有利的环境。

第一，政策导向激励银行加大在 AI 基础研究、关键技术攻关和重点场景应用方面的投入，有助于提升银行的核心技术能力。

第二，政策鼓励银行与高校、科研院所、科技企业加强合作，共同开展技术研发、人才培养和成果转化，有助于银行更快地获取前沿技术和专业人才。

第三，国家对智算中心等新型基础设施的投入，有助于缓解银行在训练大模型等高算力场景下面临的资源瓶颈。

第四，对开源的鼓励有助于降低银行获取和使用 AI 技术的门槛，促进技术交流和生态繁荣。银行可以更方便地利用开源模型和工具进行二次开发和创新。

塑造公平竞争环境与防止垄断

政策制定者也关注到 AI 技术发展可能带来的市场集中和垄断风险，以及对中小机构可能产生的不利影响。

监管机构可能会对大型科技公司或大型金融机构在 AI 领域的并购、数据共享协议、平台服务等方面进行更严格的审查，防止利用技术优势形成市场垄断，保障市场公平竞争。

政策层面可能会出台针对中小银行数字化转型的支持措施，例如鼓励行业共享基础设施、提供技术援助、降低合规成本等，以避免数字化鸿沟进一步扩大。

政策也要求建立健全数据交易规则和市场秩序，确保数据要素能够在公平、合规的前提下有序流动和价值释放，避免数据资源被少数机构过度集中和滥用。

总体而言，政策与监管对银行应用 AI 的影响是双向且深刻的。一方面，严格的监管要求提升了合规门槛，增加了应用成本和风险考量，要求银行在创新探索中必须将安全、合规、公平、伦理置于核心位置。另一方面，国家战略的支持、扶持性政策的引导以及对市场秩序的规范，也为银行的 AI 创新营造了有利环境，提供了发展机遇。银行需要在这种机遇与挑战并存的政策环境中，找到一条平衡创新与合规、发展与风险控制的最佳路径。

三、银行的应对策略

面对日益复杂且动态变化的 AI 政策与监管环境，银行不能仅仅被动应对，而应主动作为，将政策要求转化为内在驱动力，构建一套系统性、前瞻性的应对策略框架。这个框架应旨在平衡创新探索与合规要求，最大限度地抓住政策机遇，有效管理潜在风险，确保 AI 战略能够稳健、可持续地推进，最终服务于高质量发展目标。以下是银行应对策略框架的关键组成部分：

建立健全政策跟踪、解读与合规内化机制

银行需要建立一个高效的机制来持续跟踪、深入解读并快速响应相关的政策法规变化，这是应对策略的基础。

第一，设立专门团队或指定牵头部门。明确由哪个部门（如战略部、合规部、法律部、科技部或专门的 AI 治理办公室）负责跟踪国内外 AI 及金融科技相关的政策动向、监管要求、行业标准等，并进行专业解读。

第二，建立常态化解读与培训机制。定期组织内部研讨、专家咨询和员工培训，确保管理层、业务部门、科技部门和风险合规人员都能准确理解政策内涵及其对具体业务的影响。

第三，将政策要求转化为内部规章制度。及时将外部的法律法规、

监管指引细化、内化为银行内部可执行的操作规程、管理办法、风险政策和技术标准，并确保有效落地执行。

第四，加强与监管机构的沟通。主动与监管机构保持良好沟通，及时了解监管思路和动态，反馈应用实践中的问题与建议，争取政策理解的一致性。

完善风险管理、内部控制与 AI 伦理审查体系

鉴于 AI 应用带来的新型风险和伦理挑战，银行必须将风险管理与合规控制嵌入 AI 的全生命周期。

首先，在现有模型风险管理体系基础上，针对 AI 模型（特别是大模型）的特点，制定更严格的开发验证标准、独立的评审流程、持续性的性能监控与预警机制以及清晰的退出策略。重点关注模型的稳健性、泛化能力、对抗攻击的脆弱性等。

其次，严格落实数据分类分级管理，确保敏感数据的采集、存储、使用、传输、销毁等环节均符合法律法规要求；推广应用数据脱敏、加密、匿名化、访问控制等安全技术；建立完善的数据泄露应急预案和响应机制。

再次，设立跨部门的 AI 伦理审查机制，制定明确的伦理准则和操作指引。在 AI 应用立项、设计、开发、上线前进行伦理风险评估，重点关注算法偏见、歧视风险、透明度、公平性以及对消费者权益和社会公共利益的潜在影响。

最后，将 AI 应用纳入内部审计的重点范围，定期对模型的合规性、风险控制措施的有效性进行独立审计。必要时引入独立的第三方机构进行评估认证。

优化数据治理架构，确保数据安全合规

数据是 AI 的基石，高质量、合规的数据治理是 AI 应用成功的关键保障。

需将数据治理提升到银行战略高度，明确数据治理的目标、原则、组织架构和职责分工，确保高层管理者的支持和资源的投入。

另外要建立企业级统一的数据标准和元数据管理体系，持续开展数据质量稽核与治理，提升数据的准确性、完整性、一致性和时效性。

同时需要建设支持数据分类分级、权限管控、安全审计、隐私计算等功能要求的现代化数据平台，并引入自动化数据治理工具，提高治理效率。

最后还要积极研究和试点联邦学习、安全多方计算、可信执行环境（TEE）等隐私计算技术，探索在满足合规前提下，安全地利用内外部数据进行联合建模和分析的可行路径，实现数据可用不可见。

积极审慎开展技术创新、试点与合作

在守住合规底线的同时，银行也应积极拥抱政策带来的创新机遇。

银行可以结合国家战略导向和自身业务需求，识别出具有高价值、风险相对可控的 AI 应用场景进行优先试点；采取"小步快跑、迭代优化"的敏捷方法，在试点中积累经验、验证效果、管控风险。

而对于关乎长远竞争力的基础模型和核心 AI 技术，银行应根据自身实力，考虑采取自研、合作研发或战略投资等方式进行布局，争取关键技术的主动权，同时也要关注技术的"自主可控"要求。

在与外部科技公司、云服务商、MaaS 平台合作时，银行需要进行严格的技术实力、安全合规性、服务能力、可持续性尽职调查；在合同中明确双方的权利、义务和责任，特别是数据安全和隐私保护方面的条款；优先选择符合国家信创要求或通过相关安全认证的供应商。

同时，银行也需要主动参与金融 AI 相关的行业标准、技术规范、伦理准则的制定工作，发出自己的声音；积极参与开源社区、产业联盟等，共享经验，共建生态。

加强算法透明度、公平性管理与审计

针对 AI 算法的"黑箱"和偏见问题，银行需要采取以下主动的管理措施。

首先，致力于推广可解释 AI 技术。在模型开发和应用中，尽可能采用或结合使用可解释性强的算法或 XAI 工具，努力理解模型决策的关键因素和逻辑。对于高风险决策场景（如信贷审批），探索向客户提供决策解释的可能性。

其次，建立公平性检测与缓解机制。在模型训练前、训练中、训练后，使用专门的工具和指标检测算法是否存在对特定人群的偏见。一旦发现偏见，应采取数据增强、算法修正、决策阈值调整等措施进行缓解。

最后，完善日志记录与审计追踪。确保 AI 系统的每一次关键决策、模型更新和数据访问都有完整且不可篡改的日志记录，以备后续审计、问责和问题溯源。

银行应对 AI 政策与监管的策略框架，是一个涉及战略、风险、合规、技术、数据、人才、合作等多个层面的系统工程。银行需要将遵守政策法规视为发展的基石而非障碍，将风险管理和伦理考量融入 AI 创新的基因，将数据治理视为核心能力，并在此基础上，积极、审慎、负责任地利用 AI 技术赋能业务，抓住政策带来的机遇，最终实现安全、合规、可持续的高质量发展。

第二部分

重塑之力

——大模型在银行的多元应用

第四章 客户服务智能化升级

一、银行智能客服进化：从规则引擎到智能交互

在数字化浪潮的席卷下，银行业面临着愈发激烈的竞争和客户需求的不断变化。智能客服作为银行与客户互动的关键渠道，其发展历程充分展现了技术革新对银行服务模式的深刻影响，从最初依赖规则引擎的初级阶段，逐步迈向追求智能交互的高级阶段。

早期智能客服主要依靠规则引擎技术——基于预先设定的规则集生成回答或执行操作。比如在常见问题解答上，它能快速匹配客户问题与预设的常见问题库，像账户余额查询、转账限额等问题，都能迅速给出标准回答。在业务流程自动化方面，以账户开立、贷款申请为例，系统将客户输入数据与预设规则比对，确认无误后自动完成后续操作，大大提高了效率，减少了人为错误。但规则引擎也存在明显缺陷：灵活性不足，面对复杂、非结构化问题难以应对；扩展成本高，业务需求变化时更新维护规则集难度大；提供的回答标准化，缺乏个性和情感交流，用户体验不佳。

为解决规则引擎的问题，银行引入机器学习技术。机器学习基于数据驱动，通过对大量客户问题和回答数据的分析，让模型学习问题与回答的关联，从而生成回答。在实际应用中，机器学习模型可对客户问题进行分类，准确判断问题所属业务领域；能分析客户问题的语

气和情感，识别情绪状态，提供更合适的回应；还能基于学习到的关联来回答，相比规则引擎更灵活，能处理更广泛的问题。然而，机器学习也有局限性，它对数据质量和数量要求高；决策过程像"黑箱"，难以解释答案形成的原因，易引发客户不信任；处理新问题时泛化能力有限，需不断更新和重新训练模型。

深度学习技术的兴起，进一步提升了智能客服的智能化水平，该技术通过构建深层神经网络，挖掘数据中的深层语义关联。在智能客服中，Seq2Seq、Transformer 等序列到序列模型能捕捉问题与回答的序列关系，生成连贯准确的回答；BERT、GPT 等预训练语言模型，在大规模文本数据上预训练，学习丰富语言知识，可直接应用或微调后用于智能客服；多模态模型融合文本、语音、图像等信息，如结合语音识别和自然语言理解实现语音交互，还能通过分析面部表情了解客户情绪，提供更全面准确的服务。深度学习赋予智能客服强大的语义理解能力，能准确把握客户意图，满足客户个性化需求，还有持续的自学习能力。

展望未来，智能客服将朝着智能交互方向发展。智能交互通过多模态、多渠道与客户自然流畅互动，不仅关注回答准确性，更注重互动过程和客户体验。其关键技术包括：多模态融合，综合文本、语音、图像信息，提供更全面服务；上下文理解，跟踪对话历史，理解问题背景，提供连贯回答；个性化推荐，依据客户历史行为和偏好推荐产品和服务。

智能客服从规则引擎到机器学习、深度学习，再到未来智能交互的进化，体现了技术对银行服务模式的深远影响。持续的技术创新和模式变革，让银行能为客户提供更智能、便捷、个性化的服务，提升客户体验和市场竞争力。在数字化时代，智能客服的全面进化将为银行业发展注入新动力，推动其更好地满足客户金融服务需求。

二、数字人全场景服务：从虚拟柜员到财富顾问的进化

在人工智能、虚拟现实和计算机图形学等前沿技术飞速发展的当下，虚拟数字员工如同雨后春笋般迅速崛起，成为各行业中一股不可忽视的新兴力量。在银行业，虚拟数字员工凭借其独特优势与广阔的应用前景，正逐步改写传统服务模式，重塑客户体验。下面具体探索虚拟数字员工在银行业的角色、功能及其发展趋势，洞悉其对未来银行服务生态产生的深远影响。

虚拟数字员工，也被称作虚拟助手、数字人或数字代理人，是借助人工智能、计算机图形学和虚拟现实等技术搭建而成，具备人类外观、行为以及交互能力的数字角色。它们能够在客户服务、营销推广、业务咨询等多种场景中为用户提供服务与支持。

虚拟数字员工有着诸多显著特点。首先是高度拟人化，通过先进的计算机图形学技术，它能呈现出极为逼真的人类外观和行为，像丰富的面部表情、自然的肢体动作以及生动的语音语调等。其次是智能交互，借助自然语言处理、机器学习和知识图谱等技术，它能够理解并生成自然语言，与用户进行智能互动，给出个性化的服务和建议。再者，它具备多模态输入输出能力，可以处理语音、文本和图像等多种形式的输入，相应地输出语音回复、文字信息和视觉展示等。最后，作为数字角色，它能够实现 7×24 工作，为用户提供不间断的服务和支持。

在银行业，虚拟数字员工的应用场景十分广泛。在客户服务方面，其前景尤为广阔。它可以充当智能客服机器人，为客户提供全天无休的咨询、投诉处理和业务办理等服务。咨询时，能解答客户关于银行产品和服务的疑问，提供账户余额查询、转账限额调整等信息；处理投诉时，可接收并跟进客户投诉，给出解决方案；办理业务时，能引导客户完成开立账户、申请贷款和购买保险等操作。

在营销推广领域,虚拟数字员工能成为银行的得力营销助手。它可以依据客户的历史行为和偏好,推荐合适的银行产品和服务,比如信用卡、理财产品和保险等;还能向客户推送银行的最新活动和优惠信息,吸引客户参与,提升客户满意度;会定期与客户互动,送上节日祝福、生日问候等关怀服务,增强客户的归属感和忠诚度。

作为业务顾问,虚拟数字员工能为客户提供专业的金融咨询和投资建议。进行理财规划时,会根据客户的风险偏好和投资目标,给出个性化的理财规划建议,涵盖资产配置、投资组合和风险管理等方面;在分析市场趋势和投资机会后,为客户提供及时的投资建议和策略调整;在税务规划上,也能为客户提供合理避税、优化财务结构的建议。

虚拟数字员工的实现综合运用了多个技术领域。计算机图形学用于构建其外观和行为,像三维建模、动画制作和渲染等;人工智能实现其智能交互能力,包括自然语言处理、机器学习和知识图谱等;虚拟现实则提供沉浸式的用户体验,涉及虚拟场景构建、用户交互设计和实时渲染等。

尽管虚拟数字员工应用前景广阔,但其技术实现和应用过程也面临挑战。首先,它需要处理大量用户数据,包括个人信息、交易记录和行为数据等,确保数据的隐私和安全至关重要。其次,它的实现涉及多个技术领域的综合应用,需要跨学科的团队合作和持续的研发投入。再次,作为新兴技术应用,用户对其接受度和信任度存在差异,需要通过良好的用户体验和持续的市场教育来提升。

随着技术的不断进步和应用的深入,虚拟数字员工在银行业的发展呈现出一系列趋势。第一,多模态交互不断增强,会结合语音、文本、图像和视频等更多模态信息,提供更丰富自然的交互体验。第二,行业应用不断拓展,从客户服务、营销推广和业务咨询等传统领域,延伸至风险管理、合规审计和内部运营等更广泛的领域。第三,人机协同更加深化，虚拟数字员工与人类员工形成更紧密的协同关系，共同完成复杂任务，提升工作效率和服务质量。

虚拟数字员工的崛起将深刻影响未来银行服务生态。它推动银行服务模式创新，从传统人工服务向智能化、个性化和全天候的服务模式转变；通过智能交互和个性化推荐，提升客户的服务体验和满意度，增强客户的忠诚度和口碑传播；借助自动化和智能化操作，减少人工成本和操作风险，提高银行的运营效率和盈利能力；成为银行业竞争的新焦点，拥有先进技术和优秀应用的银行将获得竞争优势，而落后的银行可能面临市场份额的流失。

三、个性化服务定制：深度挖掘客户画像，提升银行服务价值

在金融市场竞争日益白热化的当下，银行若想站稳脚跟，保持竞争力并实现长远的可持续发展，就必须勇于突破传统，不断创新服务模式。凭借深度挖掘客户画像这一有力手段，例如掌握金融需求、风险偏好、消费习惯等多方面信息，为客户量身打造专属的产品和服务，精准满足客户个性化需求，进而全方位提升客户体验与服务价值，这种个性化服务定制将是银行服务创新的关键方向。接下来，我们将深入探讨个性化服务定制在银行业的应用实践、技术实现路径以及未来发展趋势，为银行业从业者提供有深度的见解和可参考的实践指导。

个性化服务定制为银行带来的价值是多维度且极具意义的。首先，它极大地提升了客户满意度和忠诚度。通过提供贴合客户需求的个性化产品和服务，银行能够切实解决客户的金融痛点，让客户感受到被重视和关怀，从而提升对银行的好感度与忠诚度。其次，它为银行创造了更多交叉销售和增值服务的机会。借助对客户的深入了解，银行能

够精准发现客户的潜在需求，适时推荐相关的增值服务，增加客户在银行的业务办理量，提升客户的生命周期价值。再者，在竞争激烈的金融市场中，个性化服务定制成为银行脱颖而出的关键，帮助银行塑造差异化竞争优势，吸引更多优质客户，留住核心客源。最后，它有助于银行优化资源配置。通过精准的客户画像和个性化服务推荐，银行能够更合理地分配人力、物力和财力资源，避免资源浪费，提高运营效率和盈利能力。

要实现个性化服务定制，离不开一系列关键技术的支撑。客户画像的构建是个性化服务定制的根基。它通过整合分析客户多维度的数据，如基本信息、交易记录、行为数据等，勾勒出客户全面、立体的形象。数据来源涵盖了银行内部的交易记录、客户调查问卷，以及第三方数据提供商提供的数据等。收集到数据后，大数据技术和机器学习算法会对数据进行清洗、转换和整合，将杂乱无章的数据转化为结构化的数据集。接着，借助统计分析、数据挖掘和机器学习等技术，从数据中提炼出有价值的信息和模式，构建起客户画像的标签体系，让银行对客户有更清晰、深入的认识。

个性化推荐系统是实现个性化服务定制的核心技术。它通过剖析客户画像和产品特征，为客户精准推荐合适的产品和服务。常见的推荐算法有协同过滤、基于内容的推荐以及混合推荐。协同过滤通过分析用户历史行为和偏好，找出相似用户或产品进行推荐；基于内容的推荐则是依据产品特征和用户偏好，匹配相似产品；混合推荐综合多种算法优势，提供更精准的推荐结果。为了实现实时的个性化推荐，需要运用流计算技术对客户行为数据进行实时处理和分析，及时更新客户画像和推荐结果。同时，收集用户对推荐结果的反馈，如点击、购买、评分等行为，以此不断优化推荐算法和客户画像，提升推荐的准确性和用户满意度。

智能营销平台是个性化服务定制的综合性应用平台，它整合了客户画像、个性化推荐以及营销活动管理等功能，为银行提供一站式营销解决方案。在营销活动管理上，它助力银行设计并执行各类营销活动，如定向广告、个性化邮件、移动推送等，实现精准营销并跟踪营销效果。在渠道整合方面，能够融合银行的线上渠道（如网站、移动应用）和线下渠道（如网点、ATM），确保客户无论通过何种渠道与银行交互，都能获得一致的个性化服务体验。此外，智能营销平台还具备强大的数据洞察能力，提供丰富的数据分析和报表功能，帮助银行深入了解客户行为和营销效果，进而优化营销策略和资源配置。

在实际应用场景中，个性化服务定制在多个领域都展现出了巨大的价值。首先在个人贷款领域，前景广阔。银行通过分析客户的信用状况、收入水平、消费习惯等信息，为客户定制个性化的贷款产品和服务。在额度和利率定制上，依据客户信用评分和还款能力，给出合适的贷款额度和利率，既提高贷款审批效率，又让客户满意。在还款方式上，根据客户现金流状况和偏好，提供等额本息、等额本金、按月付息到期还本等灵活方式，满足客户个性化需求。在贷款审批过程中，还能适时向客户推荐信用保险、还款提醒等增值服务，增加交叉销售机会。

其次在信用卡领域同样用途非常广泛。银行通过分析客户消费习惯、偏好和信用状况，定制个性化信用卡产品和服务。在卡产品定制上，根据客户消费场景和偏好，推出航空联名卡、购物返现卡、汽车加油卡等，满足不同客户需求。额度和优惠定制方面，依据客户信用状况和消费能力，提供个性化信用卡额度和优惠活动，如积分奖励、商户折扣、免息分期等，提升客户用卡体验和忠诚度。还能根据客户账单情况和还款能力，推荐个性化账单分期方案，减轻客户还款压力，增加银行中间业务收入。

最后在投资理财领域，个性化服务定制也大有可为。银行通过分析客户风险偏好、投资目标和财务状况，提供个性化投资理财产品和服务。在资产配置建议上，根据客户风险承受能力和投资目标，给出股票、债券、基金、保险等不同资产类别的配置比例，助力客户实现财富增值。在产品推荐方面，依据客户投资偏好和市场趋势，推荐股票型基金、债券型基金、指数基金等，提高客户投资收益和满意度。同时，银行会定期监控客户投资组合表现，提供个性化投资建议和调整方案，帮助客户应对市场变化，达成投资目标。

展望未来，随着金融科技的持续发展和广泛应用，个性化服务定制在银行业呈现出一系列显著的发展趋势。第一，智能化水平将不断提升，借助人工智能、机器学习等技术，进一步提高客户画像的准确性和个性化推荐的智能化程度，提供更精准、更贴心的个性化服务。第二，多渠道整合的步伐会加快，将银行线上线下渠道深度融合，为客户提供无缝衔接、一致的个性化服务体验，提升客户满意度和忠诚度。第三，实时化服务成为必然趋势，利用流计算、实时数据处理等技术，及时响应客户需求和行为变化，为客户提供即时的个性化服务。第四，生态化发展也是重要方向，银行将与第三方机构加强合作，整合更多数据和服务资源，构建开放的金融服务生态，为客户提供更全面、更个性化的金融解决方案。

银行业应积极顺应这一变革潮流，充分利用金融科技的力量，不断提升个性化服务定制的能力和水平，实现可持续发展和长期成功。

四、国内外银行案例：应用大模型实现客服智能化

在银行业，其客服中心作为连接银行与客户的关键桥梁，每天都面临着海量的客户咨询与服务请求。这些咨询和请求涵盖了账户管理、理财产品咨询、贷款业务办理、电子银行操作等多个方面，种类繁杂

且数量巨大。在以往的客服模式下，客服人员需要凭借自身的专业知识和经验，逐一应对这些多样化的客户需求，这不仅对客服人员的业务能力提出了极高的要求，而且在处理效率和服务质量上也存在一定的局限性。

为了突破这一困境，银行业积极拥抱金融科技的浪潮，将大模型技术与智能客服结合，为提升客服效率、改善客户体验提供了新的解决方案。本节将通过具体案例，展示国内外银行如何利用大模型技术实现客户服务的智能化。

中国工商银行：对客服务人工智能辅助系统

1. **事前精准预测客户需求**。该系统犹如一位敏锐的"需求洞察者"，通过对客户历史行为数据的深度挖掘和分析，例如客户的交易记录、咨询内容、登录时间与频率、产品浏览轨迹等多维度信息，运用深度学习算法和大数据分析技术，对这些数据进行整合与分析，从而预测客户在未来可能产生的需求。例如，当系统分析到某客户近期频繁登录手机银行查询理财产品信息，且过往投资偏好显示其对稳健型理财产品较为关注时，系统便会提前预测该客户可能会进一步关注的信息，如收益率、投资期限、风险等级等。基于此预测，系统准备好相关的知识资料和解决方案，包括各类稳健型理财产品的详细介绍、收益对比分析、购买流程指南等，为后续的客服工作做好充分准备，确保能够迅速、准确地回应客户需求。

2. **事中实时辅助员工服务客户**。当客户提出问题时，系统化身"智能助手"，迅速捕捉到客户话语中的关键信息，并利用自然语言处理技术对问题进行分析和理解。随后，系统在庞大的知识库中进行快速检索，筛选出与客户问题最为相关的知识和解决方案，并以直观、简洁的方式呈现给客服人员。例如，当客户询问关于信用卡申请条件的问题时，系统在毫秒级时间内分析问题，从知识库中提取出信用卡申请所需的年龄要求、收入证明标准、信用记录要求等详细信息，并提供常见问题解答示例，帮助客服人员快速准确地回答客户的问题。同时，系统还会根据客户的历史信息和当前问题情境，提供个性化的建议，如针对该客户的信用状况，推荐合适的信用卡类型和额度范围，使客户服务更加贴心、专业。

3. 事后精准反馈和提升服务能力。客服过程结束后，系统又承担起"质量评估师"和"培训导师"的角色，对整个客服过程进行全面、深入的分析，包括客服人员与客户的对话内容、问题解决时间、客户满意度反馈等多方面数据，并发现客服工作中存在的问题和改进点。例如，系统发现某客服人员在处理理财产品咨询时，对某类产品的介绍不够准确或详细，导致客户满意度较低，便会为该客服人员提供个性化的培训建议，推荐相关的培训课程和学习资料，帮助其提升业务知识水平和服务能力。此外，系统还会对整体客服质量进行评估，总结经验教训，为银行优化客服流程、完善知识库提供有力的数据支持。

中国邮储银行：大模型应用实践

1. 多场景深度渗透的陪伴型数字员工。开发具有多场景深度渗透的陪伴型数字员工，以手机银行数字客服为基础，拓展到多个应用场景。在小微易贷助手场景，针对小微企业贷款额度评估、申请流程、还款方式等问题，依据企业经营数据、信用状况和行业特点提供专业解答与建议；在预约开户助手场景，为客户介绍开户资料、流程和注意事项，缩短开户周期；在"邮你同赢平台"票据议价助手场景，根据市场行情、企业资金需求和票据风险评估提供议价策略，助力企业在票据交易中获利。这些应用满足了客户在不同业务场景的个性化需求。

2. 智能体技术驱动的精准服务。提供智能体技术驱动的精准服务，融合检索增强、会话智能、智能体等技术。检索增强功能连接银行庞大知识库，能快速定位并整合相关信息；会话智能使系统理解客户话语语义、情感和潜在需求，如客户对金融产品有担忧时，能针对性提供风险应对策略和产品优势解读；智能体技术让数字员工可根据问题复杂程度，调用不同算法模型和知识模块生成个性化解决方案，如处理复杂信贷业务咨询时，综合多方面因素为客户定制信贷方案。

微众银行：人工智能体（AI Agent）实践

1. **智能语音**。首先来看智能语音功能，该功能融合语音识别和自然语言理解技术，实现与客户自然语音交互。客户来电时，能精准识别语音并转化为文本，分析语义、意图和情感，从知识库检索匹配答案。比如客户咨询微粒贷额度提升，能介绍额度评估因素并给出建议。

2. **相似问题生成**。再来看相似问题生成功能，该功能运用深度学习和语义分析技术，根据客户问题快速生成相似问题及答案。客服遇到表述不同但本质相同的问题时，可参考此功能快速准确作答，提高效率。如客户询问小微企业贷款申请，它能生成相关条件、流程等相似问题及答案。

3. **摘要和小结**。还有摘要和小结生成功能，该功能在对话结束后自动梳理分析，提取关键信息生成对话摘要，涵盖核心问题、解决方案和客户满意度反馈。客服无需手动整理记录，节省时间精力，提高工作准确性和规范性，也为银行服务评估和业务优化提供数据支持。

江苏银行：利用大模型提高智能客服应答准确率

1. **智慧小苏 L1 模型**。江苏银行的智能客服系统中，智慧小苏 L1 模型扮演着关键的"信息检索官"角色。当客户提出问题时，它迅速启动，运用先进的向量检索技术，对用户提问进行深入分析。这种向量检索技术就如同在一个庞大的知识宝库中，快速精准地定位与客户问题相关的信息。它会在银行精心构建的知识库中进行全方位搜索，将匹配到的向量检索内容巧妙地转化为对 L2 模型的提示工程。例如，当客户咨询关于个人贷款的利率调整问题时，智慧小苏 L1 模型会快速在知识库中检索出过往利率调整案例、相关政策文件以及常见问题解答等内容，为后续的精准回复奠定基础。

2. L2 模型。L2 模型则是整个智能客服系统的"智慧大脑"。它在银行客服场景下经过了针对性的微调训练，能够充分理解和运用 L1 模型提供的提示信息。当知识反馈融入提示工程后，L2 模型会对这些信息进行深度分析与整合，然后以清晰、准确的方式进行反馈和输出。继续以个人贷款利率调整咨询为例，L2 模型会结合当前市场利率动态、银行最新政策以及客户的具体贷款情况，为客户详细解读利率调整的影响、可能的变化趋势以及应对建议，确保客户获得全面且专业的解答。

Tonik 银行：生成式 AI 聊天机器人

生成式 AI 聊天机器人宛如一位贴心且专业的客服专员，拥有强大的语言理解和回应能力。它能够以近乎人类的理解能力，精准剖析客户的每一个查询意图。无论是客户对账户操作的疑惑，还是对复杂金融产品的咨询，聊天机器人都能迅速捕捉到关键信息，并以充满同理心的方式给予回应。当客户询问关于贷款申请流程时，它不仅会详细介绍从提交申请资料到最终获批的每一个步骤，还会根据客户的实际情况，提供一些实用的建议，比如如何准备更完善的申请材料以提高审批通过率等，为客户提供即时且有效的信息和解决方案。

通过以上案例可以看出，大模型技术在银行业客服智能化方面具有广泛的应用前景和显著的效果。无论是国内还是国外的银行，都通过引入大模型技术，提高了客服效率，改善了客户体验，降低了运营成本。未来，随着大模型技术的不断发展和完善，其在银行业客服智能化方面的应用将更加深入和广泛。银行业需要积极拥抱这一变革，通过技术创新和模式创新，实现可持续发展和长期成功。

第五章　精准营销变革

一、客户需求洞察：基于大数据与模型的分析

深入了解客户需求与偏好，银行能提供个性化产品和服务，如依据客户消费习惯和风险偏好定制理财产品、保险方案，助力客户财富增值与风险保障，从而提升客户满意度和忠诚度；挖掘客户潜在需求，通过分析交易记录和行为数据，根据客户消费能力和偏好，推荐信用卡、个人贷款、保险等相关金融产品和服务，增加交叉销售和增值服务机会，提高客户生命周期价值；助力银行形成差异化竞争优势，精准把握市场需求后及时调整产品和服务策略，推出创新产品和服务，吸引并留住优质客户，提升市场竞争力；通过分析客户需求和偏好，银行可将有限资源聚焦于高价值客户和高潜力市场，优化资源配置，提高运营效率和盈利能力。

客户需求洞察的方法与技术

客户需求洞察依托特定的方法与技术得以实现。首先是数据收集与整合，丰富的数据资源像客户基本信息、交易记录及行为数据等，是洞察的基础。银行需借助网上银行、手机银行、ATM、网点等多种渠道收集数据，并加以整合与清洗，保障数据准确且完整。

其次为数据分析与挖掘，这是关键环节。运用统计分析、机器学

习、数据挖掘等技术，从海量数据中提取有价值信息与模式。常用方法包括描述性分析，通过统计客户基本特征、交易行为及偏好形成初步认识；关联分析，分析客户行为关联关系以发现潜在需求和偏好，如从购买记录发现购买理财产品的客户也倾向买保险产品；聚类分析，依据年龄、收入、消费习惯等特征将客户划分为不同群体，为个性化营销提供依据；预测分析，建立预测模型预测客户未来行为和需求，例如依据还款记录和信用状况预测违约风险。

客户画像构建

客户画像是客户需求洞察的结果，通过整合和分析客户数据，包括客户的基本信息、行为特征、偏好、需求等多个维度，为个性化营销提供依据。例如，根据客户的年龄、性别、收入、职业等基本信息，以及客户的交易记录、浏览记录、点击记录等行为数据，构建客户画像，分析客户的需求和偏好。

客户需求洞察的应用场景

在产品设计与优化方面，客户需求洞察是银行产品创新与迭代的指南针。银行借助对客户需求和反馈的深度挖掘，能够精准把握市场动态和客户期望。以信用卡产品为例，通过细致分析客户对现有信用卡产品的使用频率、消费场景偏好以及对各类权益的满意度，银行能够敏锐地察觉到产品在积分兑换规则、年费政策、特色权益设置等方面存在的不足，进而迅速调整优化，推出更具吸引力的信用卡产品。同时，基于对客户消费习惯、理财规划和生活阶段特点的深入研究，银行可以捕捉到新的市场需求，及时推出诸如定制化消费返现信用卡、针对年轻创业者的专属金融服务套餐等创新产品和服务，满足不同客户群体的个性化需求，显著提升产品在市场中的竞争力，使银行在产品维度上脱颖而出。

精准营销与推广是客户需求洞察的又一重要应用领域。银行依据客户的偏好和需求，能够构建高度个性化的营销体系。比如，对于热衷于线上消费且经常购买电子产品的客户，银行可以精准推送具有线上消费优惠、电子产品分期免息等权益的信用卡或消费信贷产品，极大地提高客户对产品的兴趣和购买意愿。同时，通过全面分析客户的行为数据，包括登录时间、浏览页面、交易渠道等信息，银行可以精准定位客户的活跃时段和渠道偏好。若发现某一客户群体在晚上8点至10点活跃于手机银行APP，且经常浏览理财页面，银行便可以在该时段通过手机银行APP推送个性化的理财产品和专属优惠活动，这种精准的营销方式极大地提高了营销活动的针对性和效果，有效提升了营销投资回报率，使银行在有限的营销资源下实现效益最大化。

在客户关系管理中，客户需求洞察发挥着核心作用，它是银行维系良好客户关系的纽带。通过对客户交易记录和行为数据的持续监测与分析，银行能够实时掌握客户的需求变化和潜在问题。当发现某客户的资金流动出现异常波动，可能面临资金周转困难时，银行可以主动与客户取得联系，了解客户的实际情况，并为其提供灵活的信贷解决方案或个性化的理财建议，帮助客户解决问题。此外，根据客户的生命周期价值和风险状况，银行可以制定差异化的客户管理策略。对于高价值、低风险的优质客户，提供专属的客户经理服务、优先办理业务权限以及高端定制的金融服务；对于潜在高价值客户，加大营销与服务力度，挖掘其更多的业务需求，提高客户的忠诚度和贡献度，使银行与客户之间建立起长期稳定、互利共赢的合作关系。

风险管理与合规同样离不开客户需求洞察的支持。银行通过对客户交易记录和行为数据的深度分析，能够及时发现异常交易和潜在的欺诈行为。例如，当监测到某客户账户在短时间内出现大量异常资金转移，且交易行为与该客户的历史行为模式不符时，银行可以迅速启动风险预警机制，采取暂停交易、身份核实等风险控制措施，有效防范金融风险。同时，在产品设计和服务提供过程中，银行依据客户的需求和偏好，严格遵循监管要求，确保所推出的产品和服务合规合法。如在设计理财产品时，充分考虑客户的风险承受能力和投资目标，按照监管规定进行产品风险评级和信息披露，保障客户的合法权益，确保银行业务的合规性和可持续发展，维护银行在市场中的良好信誉和形象。

天阳科技助力区域银行：数据、场景、模型融合，精准洞察客户需求

在数字化转型浪潮中，银行业对公及普惠业务面临着诸多挑战，如客户画像构建困难、产业链协同模式认知不足、区域运营能力差异大。天阳科技通过打造"数据 + 场景 + 模型"三合一能力体系，助力各区域银行有效提升数字化拓客能力，深入洞察客户需求，取得了显著成效。

首先，通过数据整合与分析为精准营销奠定基础。天阳科技帮助银行整合产业、企业和客户的外部数据，并结合银行内部的金融产品、交易行为、渠道埋点标签等数据，进行产业链、供应链、资金链以及公私链网的全面分析。这一举措解决了银行内部数据分散、外部数据难以获取与整合的问题，为精准营销提供了坚实的数据支持。例如，华东区域商业银行项目通过整合产业链数据特征库，运用大数据技术深入分析上下游企业数据，构建供需匹配模型与产业链评价策略，借助 AI 和大数据算法确保数据精准，构建产业分类体系及知识图谱。最终，该银行产业特色客群准确率高达 90%，商机推送转化率较同期劲增 150%，精准定位客户需求，提高了营销效率。

第二，构建场景化营销方案，满足多元客户需求。围绕对公细分客群，天阳科技构建全生命周期的动态分析与策略匹配，形成"一链一

策""一户一策""一行一策"等数字经营闭环。华中地区银行分行项目聚焦关键客户构建核心客户生态圈，建立分层营销体系，打通数据链路搭建统一供应链平台。针对区域客群特色精准匹配众多差异化策略，存款联动客户数占对公账户 57%，对公联动客户数占比 62%，区域分行整体增额达 2 亿。通过深入洞察不同场景下客户的金融需求，提供针对性的金融服务，提升了客户满意度和市场份额。

第三，通过模型创新与应用驱动运营模式变革。天阳科技基于大模型训练和算力支撑，联合国家超级计算中心（长沙），形成"智能体 + 知识图谱"行业解决方案。华南区域商业银行项目搭建对公数字化营销平台，整合客户交互数据，构建产业评价模型，并运用数字化工具优化任务推进流程，通过开发数据分析与智能推荐模型建立完善的企业客户生命周期营销策略，新客营销触达 150w+，优质客户持续转化率超 80%。

ING Bank 借助大模型构建客户画像

ING Bank 作为一家总部位于阿姆斯特丹的荷兰跨国银行和金融服务公司，业务广泛涵盖零售银行、商业银行、投资银行等多个领域，总资产达 1.1 万亿美元，在全球金融领域占据重要地位。在竞争激烈的金融市场环境下，为提升营销效能，ING Bank 积极探索新技术应用，引入大模型技术开展精准营销。

在引入大模型技术之前，ING Bank 的营销活动面临诸多挑战。以往营销活动的策划周期冗长，有时超过 20 周，且成本高昂，效果却不尽如人意。同时，银行缺乏对客户的全面统一视角，各渠道之间缺乏有效协调与关联，导致营销活动缺乏针对性，不仅营销成本居高不下，营销效果也大打折扣。为扭转这一局面，ING Bank 开启了基于大模型的精准营销变革。大模型技术整合了多渠道的客户数据，包括线上银行、线下网点以及社交媒体等渠道，从而构建出精准的客户画像，全面展示客户的消费习惯、理财偏好、风险承受能力等特征。基于这些精准画像，大模型能够智能分析客户的潜在需求，为不同客户量身定制个性化的营销方案。例如，对于有子女教育规划的客户，推荐教育储蓄计划、教育金保险等金融产品；对于有购房意向的客户，提供住房贷款方案以及相关的理财建议。在营销活动执行过程中，大模型实时监测客户的反馈和行为数据，根据实际情况动态调整营销策略，确保营销活动始终保持较高的吸引力和有效性。自实施基于大模型的精准营销后，ING Bank 取得了显著成效。客户对营销活动的响应率提升了 3 倍，营销成本降低了 35%，成功实现了营销资源的高效利用。同时，交叉销售和向上销售的收入大幅增长，显著提升了整体营销投资回报率。

二、智能营销活动策划：全流程自动化与优化

在数字化时代，银行营销活动策划面临着日益复杂的市场环境和不断变化的客户需求。为了提高营销活动的效率和效果，银行需要借助智能化技术，实现营销活动策划的全流程自动化与优化。本节将详细探讨智能营销活动策划的内涵、技术实现、应用场景以及发展趋势，为银行业从业者提供深入的理解和实践参考。

智能营销活动策划的内涵与价值

智能营销活动策划是指利用人工智能、大数据、云计算等技术手段，实现银行营销活动策划的全流程自动化和智能化。它涵盖了从目标客户选择、营销策略制定、活动执行到效果评估的整个过程，旨在提高营销活动的精准度、效率和效果。它宛如一把"金钥匙"，为银行开启了营销变革的新征程，在多个关键维度展现出无可替代的价值。

提升营销精准度是智能营销活动策划的核心优势之一。在以往传统的营销模式下，银行往往难以精准地洞察客户的真实需求和潜在消费倾向，导致营销活动常常"广撒网"却收效甚微。而智能营销活动策划借助先进的数据分析技术，深入剖析客户数据和行为模式。以信用卡业务营销为例，通过对客户过往消费记录、消费频率、消费场景以及浏览行为等多维度数据的深度挖掘，能够精准识别出那些对旅游消费有浓厚兴趣且具备一定消费能力的客户群体。针对这一特定群体，银行可以制定极具针对性的营销策略，如推出带有高额旅游返现、机场贵宾厅权益以及旅游保险赠送等专属权益的信用卡产品，并通过个性化的推送渠道，如电子邮件、手机银行APP弹窗等，将这些产品精准地推送给目标客户。这种精准的营销方式极大地提高了营销活动的针对性和有效性，使营销资源得到了更为合理的配置，避免了不必要的浪费。

智能营销活动策划在提高营销效率方面同样表现卓越。营销工作中存在大量重复性的任务，如烦琐的数据收集与分析、策略的初步制定以及活动的部分执行环节，这些工作不仅耗费大量的人力和时间，而且容易因人为因素产生错误。智能营销活动策划系统则能够实现这些任务的自动化执行。例如，在每月的理财产品营销活动策划中，系统可以自动从银行的各个业务系统中抓取客户的最新财务数据、投资偏好以及风险承受能力等信息，并运用预设的算法模型对这些数据进行快速分析，生成初步的营销策略建议。同时，在活动执行阶段，系统能够自动按照既定策略，向目标客户发送营销短信、推送手机银行APP通知等，大大减少了人工操作的时间和错误率，极大地提高了营销活动的效率和响应速度，使银行能够在瞬息万变的市场中迅速做出反应，抢占先机。

优化营销效果是智能营销活动策划的重要价值体现。在营销活动开展过程中，实时监控和数据分析至关重要。智能营销活动策划系统具备强大的实时监测功能，能够对营销活动的各项数据，如客户点击率、转化率、投资金额等进行实时跟踪和分析。一旦发现营销活动的某个环节出现问题，如某款理财产品的点击量较高但转化率较低，系统会迅速发出预警信号。银行营销团队可以根据系统提供的数据分析结果，及时调整营销策略，比如优化产品介绍页面的内容展示方式、调整产品的收益预期宣传策略或者更换推送渠道等。通过这种动态的优化调整，营销活动的转化率和投资回报率得到了显著提高，为银行带来了更为可观的经济效益。

　　智能营销活动策划还在增强客户体验方面发挥着关键作用。客户在金融消费过程中，越来越期望得到个性化的服务。智能营销活动策划能够精准捕捉客户的需求和偏好，为客户提供个性化的产品和服务推荐。当客户登录手机银行 APP 时，系统会根据客户的历史投资记录和风险偏好，在首页为其精准推荐符合其需求的理财产品，如为风险偏好较低的客户推荐稳健型的债券基金，为追求高收益的年轻客户推荐成长型的股票基金。这种个性化的推荐服务让客户感受到银行对他们的关注和重视，提高了客户的满意度和忠诚度。同时，智能营销活动策划还可以根据客户在营销活动中的反馈，不断优化推荐策略，进一步提升客户体验，使银行与客户之间建立起更为紧密和长期的合作关系。

智能营销活动策划的技术实现

　　数据收集与整合是智能营销活动策划的根基。丰富且高质量的数据资源是精准营销的前提，银行需要广泛收集客户的各类数据，涵盖基本信息——如姓名、年龄、性别、联系方式、职业、收入水平等，还有交易记录——储蓄、贷款、信用卡消费、理财产品购买等各类金融交易详情，以及行为数据——网上银行或手机银行的登录频率、操作行为、浏览内容，ATM 的使用记录，甚至在银行网点的业务办理行为等。收集渠道多种多样，网上银行和手机银行凭借便捷性，成为客户日常操作的主要平台，能实时记录客户的线上行为数据；ATM 则记录客户的现金存取、转账等操作信息；银行网点在客户现场办理业务时，可收集到面对面交流产生的信息。

收集来的数据往往存在格式不统一、重复、错误等问题，所以整合和清洗工作必不可少。专业的数据处理工具和算法可以对数据进行标准化处理，去除重复数据，纠正错误数据，补充缺失数据，确保数据的准确性和完整性，为后续的营销分析和决策提供坚实的数据基础。

客户画像构建是智能营销活动策划的核心环节——通过对整合后的客户数据进行深度分析，构建出全面、立体的客户画像。客户画像包含多个维度：基本信息勾勒出客户的基础轮廓；行为特征展现客户的金融行为习惯，比如交易的频率、金额大小、偏好的交易时间等；偏好维度涵盖客户对不同金融产品的喜好，如更倾向于稳健型还是激进型的理财产品；需求维度则洞察客户在不同生活阶段的金融需求，如购房贷款需求、子女教育金储备需求等。

例如，银行通过分析一位 35 岁、男性、企业中层管理人员的客户数据，发现其每月有稳定的较高收入，经常使用手机银行进行线上支付和理财查询，过去一年多次购买中短期理财产品，且浏览记录显示对高端信用卡权益较为关注。基于这些信息，银行构建出该客户的画像，明确其具有一定的消费能力和理财需求，对便捷的线上金融服务和高端信用卡权益有偏好。这种精准的客户画像为个性化营销提供了有力依据。

基于客户画像和银行的业务目标，智能营销活动策划系统能够自动生成个性化的营销策略，根据客户的需求和偏好，为其匹配合适的产品和服务。如对于有购房计划的客户，推荐房贷产品，并根据其收入和信用状况提供合适的贷款额度和利率方案；而对于注重资金稳健增值的客户，推荐货币基金、大额存单等低风险理财产品。

优惠活动设计也体现个性化。对新客户，推出开户即享高额度积分或首笔交易返现活动；对长期优质客户，提供专属的折扣优惠，如信用卡分期手续费折扣、理财产品申购费减免等。

营销渠道选择同样关键，系统会根据客户的行为数据和偏好，选择最合适的渠道。年轻客户群体更活跃于社交媒体平台，银行可通过微信、微博等社交媒体投放个性化广告；对于商务人士，电子邮件营销可能更有效，可定期发送专属的金融产品推荐邮件。

智能营销活动策划系统还能够实现营销活动的自动化执行。系统可定时发送营销邮件，向设定的目标客户群体精准推送短信，在社交媒体平台自动发布广告。同时，系统实时监控营销活动的数据，包括点击率、转化率、参与度等关键指标。一旦发现某个营销渠道的点击率远低于预期，或者转化率不理想，系统会及时发出预警。比如，某银行在一次理财产品营销活动中，发现通过短信渠道推送的产品信息点击率较低，系统迅速分析数据，发现短信内容的吸引力不足，及时调整短信文案，重新推送后点击率明显提升。

效果评估与优化是智能营销活动策划的重要收尾工作，也是持续改进的关键。营销活动结束后，系统自动生成效果报告，从定量和定性两个方面评估营销活动的绩效。定量指标如点击率、转化率、销售额等，直观衡量营销活动的直接效果；定性指标如客户满意度调查结果、品牌认知度的变化等，反映营销活动的长期影响。

基于效果评估结果，系统提出优化建议。若发现某个营销活动的转化率低，可能是营销策略针对性不强，需要调整营销策略，重新细分目标客户群体；也可能是客户画像不够精准，需要进一步完善客户画像；或者是营销渠道选择不当，需要优化营销渠道组合。通过不断的效果评估与优化，银行的智能营销活动策划将更加精准、高效，为银行的业务发展提供强大动力。

智能营销活动策划的应用场景

智能营销活动策划不仅可以用于精准营销，在其他银行业务的多个关键领域也有着广泛且重要的应用。

在客户关系管理领域，通过分析客户交易记录和行为数据，能及时察觉客户需求变化和潜在问题。像在客户生日或重要节日时，智能系统自动发送个性化祝福和优惠券；如发现客户长时间未交易，发送关怀邮件或推荐新产品，以此提高客户满意度和忠诚度。

从交叉销售与增值服务角度看，它助力银行挖掘客户潜在需求，增加业务机会。根据客户交易记录和偏好，推荐信用卡、个人贷款、保险等相关金融产品和服务；依据客户投资组合，给出合适的理财产品推荐和投资建议。

在市场拓展与品牌建设上，智能营销活动策划通过分析市场趋势和竞争环境，制定差异化营销策略。针对新市场区域或客户群体，策划有针对性的营销活动；在重要事件或节日期间，开展品牌宣传活动，提升银行市场竞争力和品牌知名度。

上海农商银行与画龙科技合作案例

上海农商银行面对互联网时代竞争和庞大客户基础，为提升手机银行个性化、智能化营销能力、实现线上线下协同经营客户，携手画龙科技建设零售营销策略系统。

系统建设与大模型应用关联，实现智能营销。在 1.0 阶段，构建了数据中心、客群中心、策略中心、分析中心四大核心模块，实现基础系统搭建和行内各系统的打通，为大模型运行提供基础数据支持和系统框架支撑。在 2.0 阶段，深化智能化，进行数据分析、特征和 AI 模型的落地实施，大模型在此阶段发挥数据解析和智能决策作用，对接实时埋点数据，完成 AI 智能中心模块的部署。在 3.0 阶段，计划实现全生命周期运营场景逐步落地，引入更多活跃度价值度模型，进一步优化营销策略，实现运营场景化和智能化。

智能营销实施效果显著，累计触达人数较去年同期提升超过 10 倍，总体活跃度提升超过 45%。上线近百条自动化营销策略，覆盖六大运营节点，降低运营人工成本，提升了资产管理规模（AUM）、用户活跃度和产品交易转化，运营周期大幅缩短。

招商银行基于大模型的智能营销平台

在金融科技蓬勃发展的浪潮中，作为中国零售银行的佼佼者，招商银行始终秉持着创新精神，致力于通过技术创新不断提升客户体验和营销效果。为在竞争激烈的市场中实现精准营销，招商银行积极引入大模型技术，精心打造了智能营销平台，为金融营销领域带来了全新变革。

该智能营销平台具备强大且多元的系统功能。在数据整合方面，平台能将网上银行、手机银行、社交媒体等多渠道的客户数据进行全面整合，深度挖掘客户信息，从而构建出完整且精准的客户画像，为后续营销决策提供坚实的数据基础。基于大模型的智能算法，平台可自动生成个性化营销策略，无论是各类金融产品的精准推荐，还是营销活动的策划执行，或是营销渠道的合理选择，都能做到有的放矢，满足不同客户的个性化需求。同时，平台还具备实时效果评估功能，能对营销活动进行全方位实时监控，生成详细的效果评估报告，使银行能够及时洞察营销活动中的问题与机遇，迅速调整营销策略。

自智能营销平台应用以来，招商银行收获了显著成效。活动的转化率和投资回报率大幅提高。客户体验也得到了极大改善，增强了客户与银行之间的黏性。智能营销平台还能依据营销效果实时调配资源，将有限的人力、物力和财力集中于高价值客户和高潜力市场，显著提高了银行的运营效率和盈利能力，助力银行在市场竞争中实现资源的优化利用，创造更大的商业价值。

Capital One 智能化个性化营销

美国第一资本金融公司（Capital One）是一家知名金融机构，在传统营销模式下面临着诸多挑战。随着客户数量的快速增长和市场需求的日益多样化，传统的营销手段难以精准定位客户需求，营销活动的针对性和有效性较低。同时，客户数据分散在各个业务系统中，缺乏有效的整合与分析，无法形成全面、精准的客户画像，难以满足个性化营销的需求。

为了突破这些困境，美国第一资本金融公司决定引入大模型技术。大模型强大的数据分析和处理能力，能够对海量的客户数据进行深度挖掘和分析。整合来自信用卡业务、储蓄账户、贷款业务等多渠道的客户数据，包括客户的基本信息、交易记录、消费习惯、信用记录等。通过大模型的深度学习算法，对这些数据进行分析和建模，构建出了360度全方位的精准客户画像。

基于精准的客户画像，大模型为不同客户群体量身定制个性化的营销方案。例如，对于经常使用信用卡进行线上消费且消费金额较高的年轻客户群体，大模型分析出他们可能对消费返现、积分兑换等优惠活动感兴趣，以及对新兴的数字金融产品如虚拟信用卡、移动支付服务等有较高的接受度。因此，美国第一资本金融公司向这部分客户推送具有吸引力的线上消费返现活动，以及介绍虚拟信用卡便捷性和安全性的营销内容，成功吸引了他们的关注和参与。

在营销活动执行过程中，大模型实时监测客户的行为数据和反馈信息。如果发现某个营销活动在特定客户群体中的点击率较低，大模型会迅速分析原因，如营销文案不够吸引人、推送时间不合适等，并自动调整营销策略，比如优化营销文案，更换更具吸引力的图片或视频，或者调整推送时间，以提高营销活动的效果。

通过基于大模型的个性化营销，美国第一资本金融公司在多方面都取得了显著的成果。客户对营销活动的参与度大幅提升，信用卡新用户注册量增长了30%，储蓄账户的开户数量增长了25%。同时，客户满意度也得到了显著提高，客户投诉率降低了20%。此外，营销成本得到了有效控制，营销资源的利用效率得到大幅提升，投资回报率提高了40%。

三、营销效果实时评估与反馈：数据驱动的持续改进

在数字化时代，银行营销活动的效果评估与反馈已成为营销管理中的关键环节。传统的营销效果评估往往依赖于滞后的指标和有限的数据，难以及时发现问题并进行调整。然而，随着大数据和人工智能技术的发展，银行现在能够实现对营销效果的实时评估与反馈，从而实现数据驱动的持续改进。本节将详细探讨营销效果实时评估与反馈的意义、技术实现以及应用案例，为银行业从业者提供深入的理解和实践指导。

营销效果实时评估与反馈的意义

从客户体验角度来看，实时评估与反馈意义非凡。当银行发现客户对某款信用卡产品展现出浓厚兴趣，却在申请环节犹豫未完成购买时，银行可依据实时反馈及时跟进，为客户提供更详细的信用卡权益解读、

专属优惠活动信息等，有效促成交易，提供更个性化、贴心的服务，增强客户对银行的好感与信任。

在竞争白热化的金融市场中，能够实时评估与反馈营销效果的银行拥有显著的竞争优势。它们如同敏锐的猎手，能快速感知市场变化，及时调整营销方向，精准满足客户需求。相较于竞争对手，这些银行可以更高效地吸引新客户，稳固老客户，不断扩大市场份额，在激烈的市场竞争中脱颖而出，实现可持续发展。

营销效果实时评估与反馈的技术实现

通过数据收集与整合、数据分析与挖掘、实时计算与流处理以及反馈机制与自动化调整这一系列紧密相连的技术实现环节，银行能够实现营销效果的实时评估与反馈，在激烈的金融市场竞争中抢占先机，不断提升营销效能，实现可持续发展。

首先，是广泛且深入地收集整合来自多个维度渠道的数据，因为丰富的数据资源是营销效果实时评估与反馈的根基。线上渠道是数据的重要来源之一，银行网站、手机银行移动应用以及各类社交媒体平台，宛如一个个精密的传感器，默默记录着客户的一举一动，这些行为数据都蕴含着客户的兴趣点与潜在需求。线下渠道同样不容忽视，银行网点每天迎来送往大量客户，工作人员在协助客户办理业务、解答咨询时，所获取的客户交易数据和咨询内容都是宝贵的信息；而ATM作为客户自助服务的重要终端，其记录的取款、转账等交易数据，也为银行了解客户的资金流动和使用习惯提供了关键线索。其次，第三方数据犹如一块拼图的重要补充部分，信用报告能够让银行清晰了解客户的信用状况，市场调研数据则从宏观层面和细分市场角度，为银行提供了更广阔的视野，补充和丰富了银行内部的数据体系，使银行对客户和市场的认知更加全面。

收集到的数据就像未经雕琢的璞玉，需要经过精细的数据分析与挖掘，才能绽放出价值的光芒。银行运用多种分析方法，从不同角度对数据进行深度剖析。

描述性分析通过统计和可视化技术，将营销活动的基本情况和趋势以直观的方式呈现出来，让银行能够快速了解营销活动的整体态势，例如营销活动的参与人数、覆盖范围、不同产品的关注度等。诊断性分析则像是一位侦探，通过因果分析和相关性分析，深入探寻影响营销效果的关键因素，比如在分析某一信用卡营销活动的效果时，诊断性分析可以找出是广告投放的内容、投放渠道，还是目标客户群体的定位等因素，对信用卡的申请量和激活率产生了重要影响。预测性分析借助机器学习和预测模型，预测未来的营销效果和客户行为，例如可以根据过往的营销数据和客户行为模式，预测在不同营销策略下，客户对新产品的接受程度和购买可能性，从而提前做好资源配置和市场布局。规范性分析则是银行的决策智囊，通过优化模型和决策支持系统，为银行提供改进营销策略的建议和方案，比如当发现某一营销活动的转化率较低时，规范性分析能够从多个维度提出改进措施，如调整产品定价、优化营销渠道组合等。

为了实现营销效果的实时评估与反馈，数据分析需要在流处理平台上高效进行，以应对高速、实时的数据流。在这个过程中，一系列先进的流处理技术发挥着关键作用。Apache Kafka 就像是一条畅通无阻的信息高速公路，将来自多个数据源的数据快速收集到流处理引擎中，确保数据的实时传输和高效汇聚；Apache Flink 则如同一位技艺精湛的工匠，无论是窗口计算、精准统计某一时间段内的客户行为数据，还是状态管理、跟踪客户在营销活动中的不同阶段状态，都能出色完成；Apache Beam 则为银行提供了更大的灵活性，它用于构建可移植的流处理管道，可以在不同的执行引擎上运行，让银行能够根据自身的技术架构和业务需求，选择最合适的运行环境。

实时评估与反馈的结果只有通过有效的反馈机制传达给相关人员，并触发自动化的调整措施，才能真正发挥作用。首先关键指标和分析结果会以可视化的方式直观展示，让相关人员能够一目了然地了解营销活动的进展和效果。然后系统开启自动化通知，通过邮件、短信、即时消息等方式，将异常情况和重要洞察及时传递给相关人员，确保问题能够在第一时间被发现和处理。工作流引擎则根据预设的规则和条件，自动执行调整措施，当发现某一广告投放渠道的点击率过低时，自动调整广告出价，或者当客户在购买流程中出现犹豫时，自动改变推荐算法，为客户提供更具吸引力的产品推荐，从而实现营销活动的动态优化和持续改进。

建设银行基于大模型的精准营销

在金融科技飞速发展的当下，为了更好地挖掘数据价值，提升营销效果与客户满意度，建设银行引入大模型技术，构建起精准营销体系。

该体系功能强大，通过整合多维度数据，构建出精准、立体的客户画像，清晰呈现客户全貌与需求特点。基于客户画像，大模型能够智能分析客户金融需求与行为模式，预测潜在需求，实现个性化产品和服务推荐。例如，为有子女教育规划的客户推荐合适的教育储蓄计划，为有房产投资意向的客户提供房产贷款方案和理财建议。在营销活动方面，大模型自动生成定制化方案，涵盖活动主题、优惠内容、推广渠道等，并且实时监控活动效果，依据客户反馈和参与数据动态调整策略，提升活动吸引力与参与度。此外，大模型还能分析海量客户数据与市场信息，精准评估客户信用风险、市场风险等，保障客户资产安全。

自应用该精准营销体系后，建设银行业务收入持续攀升，其市场竞争力和在金融行业的地位都得到了增强。具体表现在：营销精准度大幅提升，避免了资源浪费，提高了投资回报率；客户获得更贴心的服务，满意度显著提高，与银行的信任和粘性也得到了增强；业务增长显著，客户转化率提高，客户金融产品持有量和交易量增加，

桂林银行全渠道智能投放平台案例

在数字化浪潮下，桂林银行积极探索金融服务创新，打造了全渠道智能投放平台，实现了从"单渠道触达"到"全渠道立体化触达"的变革，推动经营机制向"实时营销"转变。

该平台融合了行内营销平台、标签平台、客户旅程洞察平台、客户关系管理（CRM）系统以及手机银行等线上线下渠道，部署基于用户协同过滤的机器学习推荐模型。通过流批一体计算，实时处理引擎对接各渠道，保障内容精准投放，实现数据的时效性和精准性；离线处理引擎则处理客户多维标签、投放效果追踪等工作，构建用户行为分析和产品转化漏斗分析功能，促进营销闭环与后评估分析能力的提升。同时，平台还运用 Redis 集群和内存压缩与高性能检索技术，将响应时间控制在 100 毫秒以内，并采用双模态架构服务，确保渠道端客户体验的流畅性。

平台上线后，成效显著。月均精准营销策略超 40 个，月均触达人次达 6000 万以上，日常支撑超 1000 万客户的精准营销服务。业务人员 10 分钟就能一站式上线横跨多渠道的投放策略，而且可随时查看策略运营数据与指标变化情况。经 AB 测试对比，用例组平均点击率提升超 20%，转化率提升超 10%，切实提升了数字营销能力，支撑业务实现业绩增长。

第六章　风险管理革新

一、信用风险评估优化：多源数据融合与模型校准

在金融体系里，信用风险评估是银行业务的核心环节之一，与银行的资产质量、盈利能力以及可持续发展紧密相连。随着金融市场变得愈发复杂，客户需求日益多样化，传统的信用风险评估方法渐渐难以满足现代银行业的发展需要。所以，如何借助先进技术手段来优化信用风险评估，已然成为银行业亟待解决的重要问题。

本节将深入探讨信用风险评估优化的价值、技术实现方式、应用场景以及未来发展趋势，为银行业从业者提供深入的理解与实践指导，重点介绍多源数据融合与模型校准在信用风险评估优化中的关键作用，并结合实际案例进行分析解读。

信用风险评估优化的价值

首先，它能提高银行的风险管理能力。通过优化信用风险评估，银行能够更精准地识别和量化信用风险，并在风险与收益之间找到最佳平衡点，保障业务的稳健发展。比如，对高风险客户审慎授信，及时预警违约风险，快速处置不良资产等。其次，还能提升客户服务水平。优化后的信用风险评估，不仅有助于银行更好地管理风险，还能让银行通过准确评估客户信用状况，为客户提供个性化的金融产品和服务，

满足不同客户的需求。例如，对于信用良好的客户，银行可给予更高的贷款额度和更优惠的利率；对于信用一般的客户，银行可提供消费金融产品或信用卡等。再次，能够增强银行的市场竞争力。在激烈的市场竞争中，银行需要不断创新和改进风险管理方法，优化的信用风险评估可以帮助银行在风险定价、信贷审批和组合管理等方面做出更明智的决策，提高市场竞争力，还能更好地应对监管要求和合规挑战，确保业务合规且可持续发展。

多源数据融合

多源数据融合是将来自不同渠道、不同格式的数据进行整合和分析，以获得更全面、更准确的客户画像，在信用风险评估优化中有着重要应用。传统的信用风险评估主要依赖客户的财务报表、征信记录等结构化数据，但随着大数据时代的来临，社交媒体信息、电商交易记录等非结构化数据以及文本、图像等半结构化数据都成为可用的数据源。这些丰富的数据能够提供更全面、更丰富的客户信息，帮助银行更准确地评估信用风险。

实现多源数据融合可以通过以下几种方法：一是数据清洗与转换，对来自不同渠道的数据进行清洗和转换，使其具有一致的格式和结构，方便后续的整合和分析；二是特征工程，从原始数据中提取有用的特征，像客户的消费习惯、社交网络特征等，并转化为数值或类别变量，用于模型训练；三是数据集成，将清洗和转换后的数据进行集成，构建一个统一的数据仓库或数据湖，实现跨部门、跨业务的数据共享和分析。

模型校准

模型校准是指对风险评估模型进行调整和优化，使其能更准确地反映实际的违约风险。在信用风险评估中,模型校准通常包含以下几个步骤:首先是模型选择, 根据数据的特点和业务需求选择合适的风险评估模型, 如逻辑回归、决策树、随机森林等; 接着是参数估计, 使用历史数据对模型的参数进行估计, 使其拟合数据的分布和特征; 然后是模型验证, 使用验证集或交叉验证等方法对模型进行验证, 评估其预测能力和泛化能力; 最后是模型调整, 根据验证结果对模型进行调整, 如增加或减少特征、调整参数等, 以提高模型的准确性和鲁棒性。

实现模型校准可以通过以下几种方法:一是正则化技术, 如 L1 正则化、L2 正则化等, 用于防止模型过拟合, 提高模型的泛化能力; 二是交叉验证, 将数据集划分为训练集和验证集, 用训练集训练模型, 用验证集评估模型的性能, 并根据评估结果对模型进行调整; 三是集成学习, 将多个模型的预测结果进行集成, 如使用 Bagging、Boosting 等方法, 提高模型的准确性和鲁棒性。

信用风险评估优化的应用

信用风险评估优化在多个领域都有广泛的应用场景。

在个人贷款领域, 优化的信用风险评估可以帮助银行更准确地评估客户的信用状况和还款能力, 从而做出更明智的信贷决策。例如, 通过分析客户的消费记录、社交媒体行为等多源数据, 银行可以更全面地了解客户的收入水平、消费习惯和信用历史, 进而更准确地评估其违约风险。

在中小企业贷款领域, 由于中小企业的财务数据通常不完整或不透明, 传统的信用风险评估方法难以准确评估其风险水平, 而优化的信用风险评估通过引入多源数据融合和模型校准技术, 能够帮助银行更全面地了解中小企业的经营状况、市场前景和信用历史, 更准确地评估其违约风险。

在信用卡领域，优化的信用风险评估有助于银行更好地管理信用卡风险，通过分析客户的交易记录、行为特征等多源数据，银行可以更准确地评估客户的信用状况和还款能力，从而做出更明智的信用卡审批和额度管理决策，减少欺诈和违约的发生。

在消费金融领域，优化的信用风险评估能帮助银行更好地满足消费者的金融需求，同时有效控制风险，通过分析消费者的消费记录、信用历史等多源数据，银行可以更准确地评估消费者的信用状况和还款能力，提供个性化的消费金融产品和服务。

拓尔思数星智能风控服务平台

拓尔思与某国有制银行合作建设风险监控平台，借助人工智能大模型赋能多源数据融合与模型校准，实现信用风险评估优化，充分展现了这一技术应用的优势。

首先，在多源数据融合方面，拓尔思数星智能风控服务平台开展网络数据多渠道采集和规范化处理。在对公信贷场景下，针对银行内部企业信息维度单一的问题，平台 7×24h 实时采集企业动态、新闻资讯、上市公司信息、司法、信用、知识产权、招聘信息等公开信息，并通过 1000 多种数据清洗规则，确保采集文本数据的内容干净及统一规范。同时，将上述数据与企业流水、资产负债、涉税、质检、环保、海关、产业链等异构数据进行统一加工，结合大模型对企业名称、经营范围、经营活动、相关描述、重要指标等信息进行自动识别、打标、提取等，形成高质量金融风控数据集，全面丰富了银行风控数据种类，实现了外部风控数据的优质供给。

其次，在模型校准上，围绕公司治理、经营管理、财务风险、信用风险、声誉风险、关联风险等一级风险指标构建了一套金融客户风险体系，风险标签包括 80 多个大类和 260 多个小类。结合知识图谱和大模型，可精准识别企业复杂关系、分析群体特征、监控区域性风险。基于人工智能体，在风险预警、风险报告生成和风险摘要生成等场景提供智能工具链应用，优化用户体验。通过这些技术的运用，平台预警信号准确率超98%，风险识别准确率超85%，为100万家企业授信客户实时监控风险、推送风险信号，形成跟踪反馈闭环，大幅降低了不良率。

二、市场风险监测与预警：实时数据处理与风险预测

在金融市场的复杂环境里，市场风险是银行业面临的重要风险之一，涵盖了利率风险、汇率风险、股票价格风险以及商品价格风险等。这些风险犹如潜藏的暗礁，稍有不慎就可能对银行的财务状况和盈利能力造成重大冲击。建立完善的市场风险监测与预警机制，才能助力银行及时察觉潜在风险，并迅速做出应对。

本节将全方位、深入地探讨市场风险监测与预警的重要性、技术实现方式、应用场景以及未来发展趋势，为银行业从业者提供深入的理解与切实可行的实践指导。重点聚焦实时数据处理与风险预测在市场风险监测与预警中的关键作用，并结合实际案例展开细致分析与解读。

市场风险监测与预警的重要性

完善的市场风险监测与预警机制有助于银行在风险定价、产品设计和组合管理等方面做出更科学合理的决策，提升银行在市场中的地位。还能提升银行的声誉和品牌形象，吸引更多客户和投资者，为银行发展注入源源不断的动力。

从提高风险管理能力角度来看，完善的监测与预警机制能使银行及时发现并评估市场风险，进而采取对应的风险管理措施，比如及时调整风险头寸，制定合理的对冲策略，优化风险资本配置等。同时，它

能提升决策效率，为银行管理层提供及时、准确的风险信息，让管理层在面对复杂多变的市场情况时，尤其是市场波动较大时，能够迅速了解风险状况，做出明智决策以保护银行利益，还能为业务部门提供风险预警，帮助其及时调整业务策略，有效避免潜在损失。

实时数据处理

实时数据处理在市场风险监测与预警中发挥着不可或缺的作用。市场风险监测与预警需要处理海量的数据，这些数据来源广泛，涵盖了市场价格数据、交易数据、宏观经济数据等，并且来自银行内部交易系统、市场数据提供商、新闻媒体等不同渠道和系统。银行必须建立统一的数据平台，将各类数据源整合起来，进行实时的数据处理与分析。

实现实时数据处理的方法众多，像流处理技术，以 Apache Kafka、Apache Flink 等为代表，能实时采集和处理高速、大规模的数据流；内存计算技术，如 Apache Spark，可在内存中快速进行数据计算和分析，大大提高数据处理的速度与效率；分布式计算技术，例如 Hadoop，能在分布式系统中处理海量数据，还具备高可用性和可扩展性。

通过实时数据处理，银行收获诸多优势。首先是及时性，能及时提供风险信息，助力银行迅速发现并应对市场风险；其次是准确性，有效减少数据错误和延迟，提升风险评估的精准度；最后是灵活性，可依据市场变化和业务需求灵活调整，提供个性化的风险监测与预警服务。

风险预测

风险预测在市场风险监测与预警中同样扮演着关键角色，是指利用历史数据和统计模型对未来风险进行估计和预测。具体步骤包括：一是数据准备，即收集、整理市场价格数据、交易数据等历史数据，并完成数据清洗和预处理；二是根据数据特点和业务需求选择合适的预测模型，如时间序列模型、机器学习模型等；三是运用历史数据训练模型，并进行参数调整和优化；四是使用验证集或交叉验证等方法验证模型，评估其预测能力和泛化能力；五是用训练好的模型预测未来风险，并依据预测结果进行风险预警和提供决策支持。

实现风险预测的方法有：时间序列模型，如ARIMA模型、GARCH模型，用于对市场价格的时间序列建模和预测；机器学习模型，像随机森林、神经网络，从历史数据中学习风险模式来进行风险预测；蒙特卡洛模拟，通过模拟市场价格的随机波动，进行风险情景分析和压力测试。

通过风险预测，银行获得了前瞻性，能够提前察觉潜在风险并做好应对准备；提高了风险评估的准确性，减少预测误差，使决策更具可靠性；同时拥有灵活性，可根据不同市场环境和业务需求灵活调整，提供个性化的风险预测服务。

市场风险监测与预警的应用

市场风险监测与预警在多个领域有着广泛的应用场景。在利率风险管理方面，能帮助银行及时发现和评估利率风险，通过实时监测利率市场变化，及时调整利率衍生品头寸来对冲风险，还能助力银行预测未来利率走势，制定合理的资产负债管理策略。在汇率风险管理中，可以及时发现和评估汇率风险，实时监测汇率市场变化后及时调整外汇衍生品头寸，帮助银行预测未来汇率走势，制定外汇交易策略。在股票价格风险管理中，能及时察觉和评估股票价格风险，实时监测股票市场变化以调整股票衍生品头寸，助力银行预测未来股票价格走势，制定投资组合管理策略。在商品价格风险管理中也是如此，通过实时监测商品市场变化调整商品衍生品头寸，帮助银行预测未来商品价格走势，制定供应链管理策略。

重庆农商行应用 DeepSeek 加强风险监测预警

重庆农商行作为全国资产规模最大的农商行、全国首家"A+H"股农商行，在数字化转型的大背景下，积极探索人工智能技术在金融领域的应用，以提升金融服务水平和风险管理能力。2025 年春节期间，国产开源大模型 DeepSeek 凭借其卓越的性价比，成为全球增速最快的 AI 应用，为重庆农商行的数字化转型提供了新的技术手段。2 月 5 日，重庆农商行成功实现 DeepSeek R1 模型（671B）私有化部署，并迅速进入智能知识检索和编码辅助两个应用场景的测试阶段。2 月 8 日，重庆农商行与腾讯云合作，在其移动办公平台同步上线"AI 小渝"智能助手应用，成为全国首家接入腾讯云 DeepSeek 大模型的金融机构。

重庆农商行计划在智能风控领域，利用 DeepSeek 的实时联网搜索与检索增强生成（RAG）能力，动态识别欺诈行为，提升风险预警的精准度，从而实现对市场风险的实时监测与预测。同时，通过大模型挖掘行内金融数据的价值，在数据决策方面优化信贷评估与市场策略，更精准地处理实时数据，为市场风险监测与预测提供有力支持。在场景金融方面，构建分钟级响应的智能客服系统，结合知识库实现个性化财富管理建议，从侧面辅助市场风险的管理和决策。

三、操作风险防控：流程智能化与异常检测

操作风险是指由于内部程序存在漏洞、人员操作失误或系统突发故障等因素，导致银行面临损失的风险。为有效管控这类风险，银行急需借助智能化技术和方法，对业务流程展开全方位监控与优化，以便及时察觉并处理各类异常情况。

本节将深入剖析操作风险防控的重要性、技术实现路径、应用场景以及未来发展趋势，为银行业从业者提供全面且深入的理解，同时

给出极具实操性的指导建议。重点阐释流程智能化与异常检测在操作风险防控中所发挥的关键作用，并结合实际案例展开详细分析与解读。

操作风险防控的重要性

操作风险防控对于银行稳健运营意义重大。从风险管理角度而言，完善的防控机制能助力银行及时捕捉并评估操作风险，进而采取有效管理措施。这涵盖对业务流程进行持续监控与优化，对异常状况迅速发出预警，以及对风险事件做出快速响应。有效的防控机制能够协助银行在风险与收益之间找到平衡，保障业务平稳发展。

操作风险防控还能显著提升运营效率，通过自动化和智能化监控手段，银行可以及时发现并解决业务流程中的阻碍和问题，降低人工操作产生的错误与延误，提高业务处理的速度和准确性。当银行能够有效防控操作风险，减少业务中断和错误发生，客户的交易和查询得以快速、准确处理，客户满意度也会随之大幅提升，对银行的信任度和忠诚度也随之增强。

此外，操作风险防控也是银行业监管的重点内容，建立健全防控机制，能使银行满足监管机构要求，避免因操作风险事件遭受处罚。

流程智能化

流程智能化在操作风险防控中有着广泛应用。流程自动化是其基础，通过将人工操作转变为自动化系统流程，可有效减少人为错误和操作风险。客户服务方面，借助智能客服机器人和自助服务终端这类自动化客户服务系统，能提供全天候不间断的客户支持，极大减轻人工客服工作量，降低操作风险；交易处理上，依靠网上银行和手机银行等自动化交易处理系统，实现交易实时处理与确认，减少人工操作失误和延迟；合规管理领域，运用反洗钱监控系统和合规报告系统等自动化合规管理系统，确保业务操作符合监管要求，降低合规风险。

流程优化也是关键环节，针对业务流程进行分析和改进，可以提高效率、降低风险。银行可以通过全面的流程分析，包括绘制流程图、识别瓶颈和评估流程等，找出流程中的不足与改进方向；对业务流程重新设计优化，如简化流程、并行处理和引入自动化等，提升流程效率和可靠性；对优化后的业务流程持续监控评估，跟踪关键风险指标，分析流程绩效，及时发现并解决新问题。

异常检测

异常检测在操作风险防控中也发挥着重要作用。异常检测是利用统计模型和机器学习算法，对业务流程中的异常情况进行识别和预警。具体步骤包括收集业务流程中的交易记录、日志文件、用户行为等相关数据；从收集的数据中提取交易金额、交易时间、用户 IP 地址等有用特征；运用历史数据训练异常检测模型，并进行参数调整和优化；利用训练好的模型分析新业务数据，识别异常情况并进行风险评估和预警；最后根据检测结果采取人工审核、交易冻结和安全加固等响应措施。

实现异常检测的方法有多种，统计方法如 Z-score、Grubbs' test 等，用于检测数据中的异常值和离群点；机器学习方法如孤立森林、自编码器等，通过学习历史数据中的正常模式来识别异常情况；规则引擎则基于预定义的规则和逻辑，对业务数据进行实时监控和异常检测。通过异常检测，银行能够及时发现并预警异常情况，快速响应和处理风险事件；提高异常识别的准确性，减少误报和漏报；还能根据不同业务场景和风险特征灵活调整，提供个性化的风险防控服务。

操作风险防控的重要场景

操作风险防控在多个业务领域有着广泛应用场景。在客户服务领域，借助智能客服机器人和自助服务终端实现服务自动化和智能化，减少人工操作失误和延迟。同时利用异常检测及时发现处理欺诈交易和账户劫持等异常情况，提高客户满意度；交易处理领域，自动化交易处理系统提高交易处理速度和准确性，减少操作风险。异常检测能及时处理重复交易和错误扣款等异常；合规管理领域，自动化合规管理系统实现合规检查和报告自动化，提高管理效率和准确性。异常检测及时发现处理洗钱交易和虚假申报等异常，确保业务操作合规；内部控制领域，通过流程自动化和优化实现内部控制标准化和规范化，提高控制效率和效果。异常检测及时发现处理权限滥用和数据泄露等异常情况，加强内部控制。

大模型赋能流程智能化在银行的应用案例

中国工商银行引入金智维RPA，超90家境内外机构共上线1700多个业务场景，每年人力成本累计节省超过1500元／人。2024年，金智维进一步将大模型与机器人流程自动化（RPA）融合，新增"智能流程开发助手功能"，用户输入需求后，开发助手可自主生成自动化脚本，简化流程开发过程。这不仅解决了大模型在业务场景中落地难的问题，还极大地推动了流程智能化，有助于工商银行加强操作风险防控，提高业务处理的准确性和效率，减少人工操作可能带来的风险。

某西北地区有重要影响力的省级城市商业银行，将数字化转型作为高质量发展的必由之路。金智维依托RPA、人工智能、大模型等数字技术，帮助该行在业务流程、风险管控等关键环节实现智能升级。通过数字员工接管耗时、高频、低价值的操作，重塑业务流程，达到智能风控、智慧运营等目标，有效推动业务流程智能化建设，满足银行的数据处理和业务开展需求，提升了区域金融竞争力。

桂林银行以RPA数字员工为推动数字化转型的重要抓手，利用其非侵入式集成的能力，与现有系统和应用程序无缝对接和集成，实现跨系统数据的实时更新和同步，解决数据孤岛和系统孤岛问题。通过打造 RPA 数字员工队伍，将高重复性、规则性劳动交由数字员工完成，使普通员工专注于创新型、价值型工作。同时，RPA 数字员工管理平台中的机器人和设计器可以整合 AI 能力，完成更具智能化的工作，如对业务流程进行自动化、可视化处理，对各流程处理逻辑进行标准化文档管理，形成知识沉淀，有效应对人员流动带来的操作风险。

四、风控模型智能升级：人工智能大模型的创新赋能

在金融行业不断发展的今天，银行面临的风险形势日益复杂，传统风控模型在应对这些挑战时逐渐显露出局限性。人工智能大模型技术的兴起，为银行风控模型的建模、优化与应用带来了全新的机遇，推动风控模型实现智能升级，提升银行风险管理的效能与精准度。

建模：开启全新范式

传统风控模型建模依赖大量人工特征工程，从海量数据中筛选、提取和组合特征，不仅耗时费力，还可能因人为因素导致特征遗漏或偏差。大模型赋能建模则开创了新路径。以自然语言处理大模型为例，在处理非结构化数据，如企业年报、新闻舆情等时，能自动识别关键信息，抽取风险相关特征，像企业经营状况描述、重大事件提及等，将其转化为可量化指标融入风控模型。

在信贷风控建模中，大模型可整合多源数据，包括客户交易流水、社交媒体行为数据、地理位置信息等。它通过强大的深度学习能力，自动挖掘数据间复杂的非线性关系，构建更全面精准的客户风险画像，而无需人工预先定义复杂规则。例如，基于 Transformer 架构的大模型能

对序列数据进行深度分析，捕捉客户消费行为随时间的变化趋势，预测潜在违约风险，极大丰富了建模的数据维度与分析视角。

优化：提升模型性能

模型训练过程中，超参数调整是影响性能的关键环节。传统方法依赖人工经验尝试不同参数组合，效率低且难以找到全局最优解。大模型可以运用强化学习算法进行超参数自动优化。通过模拟不同超参数设置下模型在训练数据上的表现，以奖励机制引导模型自动搜索最优超参数配置，大幅缩短模型训练时间，提高模型的泛化能力与稳定性。

在模型更新优化方面，大模型能实时跟踪市场动态和客户行为变化。利用增量学习技术，大模型快速将新信息融入已有模型，无需重新进行大规模训练，但能保持模型对最新风险状况的敏感度。例如，在市场风险模型中，大模型可实时捕捉股票价格、利率、汇率等金融市场数据的波动，及时调整风险评估参数，优化风险预测模型，确保银行在瞬息万变的金融市场中准确把握风险。

应用：拓展风控边界

在信贷审批场景，大模型赋能的风控模型使审批流程更智能高效。以往审批依赖固定规则和有限数据，难以全面评估客户风险。现在，大模型可快速分析客户多维度信息，实时给出风险评估结果与授信建议。对于复杂业务，如中小企业贷款，大模型能综合分析企业供应链上下游关系、行业发展趋势等因素，精准判断企业信用风险，为银行提供更合理的信贷决策依据，既降低不良贷款率，又支持实体经济发展。

在反欺诈领域，大模型通过对海量交易数据和欺诈案例的学习，构建精准的欺诈识别模型。它能识别出传统规则难以发现的复杂欺诈模式，如团伙欺诈、新型网络欺诈等。利用实时数据处理技术，大模型对每一笔交易进行实时监测，一旦发现异常交易模式，立即发出预警，阻断欺诈行为，保障银行资金安全与客户权益。

风控模型智能升级的案例

江苏银行剖析数百个风控模型的底层逻辑，提炼出超 4000 条适用规则，生成约 800 项常用组件。依托"智慧小苏"大模型服务平台，发挥其在代码生成、文本字段提取、语义理解与泛化能力等方面的优势，配合自动化脚本，通过数据收集清洗、组件智能生成与人工审核三大阶段，实现组件的高效生成与精准合并，组件准确率超 90%，实现了风控模型从建模、编译、部署到监控的全生命周期管理，提升了风险管控能力，规范了风控模型的开发和维护流程。

法海风控携手百家银行开展"涉诉风控规则调优"专项 AI 赋能活动，凭借独创的涉诉风险信号分级算法和司法一体化大模型，为银行提供定制化的风控规则诊断与优化服务。银行借助该服务能够精确区分案件的当前风险与历史风险，准确统计纠纷涉及的总体欠款金额，量化各类纠纷与违约风险之间的关系，还能预测潜在纠纷和风险，自动跟踪案件进展，及时更新赔付情况等，极大提升了金融机构在涉诉风险防控上的精准度与效率。

第七章　智能财富生态构建

一、智能投顾模型构建：资产配置策略与算法

在数字化时代，随着金融市场的复杂化和客户需求的个性化，传统的投资顾问服务已难以满足现代投资者的需求。智能投顾（Robo-Advisor）作为一种新兴的金融科技，通过利用人工智能、大数据和机器学习等技术，为投资者提供个性化、智能化的投资建议和资产配置方案。本节将详细探讨智能投顾模型的构建过程，包括资产配置策略和算法的设计与实现，为银行业从业者提供深入的理解和实践指导。

构建智能投顾模型的必要性

智能投顾模型构建具有多方面的重要意义。首先，它能够提高投资效率，依据投资者的目标和风险偏好，自动生成个性化的资产配置方案，并实时进行投资组合优化，提升投资决策的效率与准确性。相较于传统人工投顾服务，智能投顾可处理大规模数据和复杂算法，为投资者提供更全面、及时的投资建议。其次，它能提升客户体验，根据客户的行为数据和偏好信息，提供个性化的投资建议和产品推荐。客户可通过智能投顾平台随时随地获取投资建议、查看投资组合表现，并与智能投顾互动，增强参与感和满意度。同时，智能投顾模型有助于增强风险管理，利用大数据和机器学习算法对市场环境和投资组合进

行实时监控与分析，及时发现潜在风险，并提供风险管理措施，如进行投资组合压力测试、风险因子分析以及情景模拟等，助力投资者更好地管理投资风险。此外，智能投顾模型的构建需符合金融监管机构的要求，包括数据隐私保护、算法透明性以及投资合规性等方面。银行通过建立完善的智能投顾模型，可确保投资建议和资产配置方案符合监管要求，避免因不合规行为受罚。

资产配置策略的设计

资产配置策略的设计是智能投顾模型构建的关键环节。首先要对投资者目标与风险偏好进行分析，了解投资者的投资期限、预期收益率、风险承受能力以及投资限制等因素，以制定合适的资产配置策略。投资期限影响资产配置的流动性和风险水平，长期投资者可承担更高风险以追求高收益率，短期投资者则更注重资产的流动性和安全性；预期收益率影响资产配置中不同资产类别的权重，高预期收益率往往伴随着高风险，需在资产配置中权衡；风险承受能力决定资产配置中不同资产类别的风险水平，高风险承受能力的投资者可配置更多股票等高风险资产，低风险承受能力的投资者则更关注资产安全性；投资限制会影响资产配置的范围和灵活性，如投资者有特定行业偏好或税务考虑，需在资产配置中相应调整。

确定投资者目标和风险偏好后，要选择合适的资产类别并进行权重分配。常见资产类别有股票、债券、现金、房地产、大宗商品等，各有独特的风险和收益特征。股票通常风险和收益较高，适合长期投资者和高风险承受能力者，可根据市场趋势和行业前景选择配置；债券风险和收益较低，适合保守型投资者和低风险承受能力者，可依据利率环境和信用风险选择；现金风险和收益最低，适合短期投资者和流动性需求高的投资者，可根据市场环境和投资策略选择现金工具；房地产风险和收益中等，适合长期投资者和寻求分散投资的投资者，可根据房地产市场趋势和地理位置选择项目；大宗商品风险和收益也为中等，适合寻求分散投资和对冲通胀的投资者，可根据市场供需和价格波动选择。

在确定资产类别和权重后，需对资产配置策略进行优化和调整，以实现最佳投资组合表现。这包括：第一再平衡，即根据市场变化和投资者需求定期调整资产配置中不同资产类别的权重，保持投资组合的平衡和稳定；第二税务优化，根据投资者的税务状况和投资目标调整资产配置，最大化投资收益并最小化税务负担；第三风险管理，对投资组合进行监控和分析，及时发现潜在风险并提供相应措施，保护投资者资产安全。

算法的设计与实现

算法的设计与实现同样至关重要。构建智能投顾模型时，要收集和预处理大量数据，包括来自金融市场、投资者调查问卷以及银行内部系统等不同渠道的市场数据、投资者数据和历史投资组合数据。市场数据如股票价格、债券收益率、汇率、商品价格等，用于评估不同资产类别的表现和风险；投资者数据包括目标、风险偏好、行为数据等，用于个性化的资产配置和投资建议；历史投资组合数据涵盖过去投资组合的表现、风险水平、资产配置等，用于模型的训练和评估。

收集和预处理数据后，要进行特征工程，提取有用特征用于模型训练和预测。首先对市场数据进行技术分析，如使用移动平均线、相对强弱指标、布林带等技术指标预测市场趋势和价格波动，同时也需要进行基本面分析，如通过市盈率、股息率、财务报表等基本面指标评估公司价值和盈利能力。其次对投资者数据进行行为和心理的分析，依据投资者的交易记录、持仓情况、偏好信息，评估其风险承受能力、投资风格、情绪波动等。之后选择合适的机器学习模型，如线性回归、决策树、随机森林、支持向量机、神经网络等，用于资产配置策略的优化和投资建议的生成。

选择模型后，使用历史数据进行训练，通过交叉验证和超参数调优确保模型的准确性和泛化能力。将数据划分为训练集、验证集和测试集，用训练集训练模型，用验证集进行模型选择和超参数调优，用测试集进行模型评估和性能测试。训练和评估完成后，将模型部署到生产环境，集成到智能投顾平台，提供个性化投资建议和资产配置方案，并实时监控和更新，定期评估模型性能和效果，按需进行更新和优化。

智能投顾应用案例

北京银行的 AIB 人工智能创新平台，深度融入 AIGC 技术，以"双客"体验为设计核心，利用 GPT 大模型、机器学习小模型、语义搜索等数字化技术，打通行内业务系统、办公系统、数据系统、操作系统。该平台的北银投顾机器人主要服务理财经理，它汇集了丰富的金融市场资讯、产品信息资源以及专业的投顾策略，可以根据客户的投资偏好和目标，量身定制个性化的投资策略。平台还利用知识图谱和搜索增强技术，提升大模型的可解释性；集成行内应用插件，打造可执行的大模型对话机器人；基于大模型应用平台，建设 AIB 平台 AI Agent 能力；开发模型市场，建设开放多元的大模型生态系统；利用国产算力进行模型微调和推理，提升大模型的场景适配能力。目前，AIB 平台已推出包括北银投顾在内的首批 7 款智能产品，以及 80 项大模型服务、52 项智能应用，为银行的智能投顾业务提供了强大的技术支持和服务保障。

九方财富与科大讯飞、华为云合作打造了"九方智能投顾数字人"。该数字人以科大讯飞的星火大模型、华为云的盘古大模型以及九方财富研发的大模型为基础，结合九方财富在证券投资咨询领域的深厚沉淀和九方智投的丰富经验打造而成，具备市场分析、板块挖掘、热点追踪、个股诊断、策略生成、金融百科、事件推理、情绪陪伴等八大核心能力；能够从技术面、基本面、资金面、消息面四大主流分析体系出发，以简单易懂、一问一答的方式为投资者提供实时的证券投资资讯，帮助普通投资者更专业、专业投资者更高效。

智能投顾模型的构建是实现个性化、智能化投资顾问服务的核心。银行通过设计合理的资产配置策略和算法，能为投资者提供全面、及时的投资建议和资产配置方案，提高投资效率、提升客户体验、增强风险管理，并符合监管要求。未来，随着金融科技的持续发展和应用，智能投顾模型将不断发展完善，为银行业带来更多创新与变革。

二、个性化投资组合定制：客户风险偏好与目标适配

在金融市场中，每个投资者都有其独特的风险偏好和投资目标。为了满足投资者的个性化需求，并实现最佳的投资回报，银行需要提供个性化的投资组合定制服务。本节将详细探讨个性化投资组合定制的必要性、技术实现、应用场景以及发展趋势，为银行业从业者提供深入的理解和实践指导。

个性化投资组合定制的重要性

在金融服务领域，个性化投资组合定制有着不可忽视的重要性，它为银行与客户双方都带来了显著价值。从客户角度而言，当银行提供个性化的投资组合定制服务，便能精准契合客户的投资需求与风险偏好，极大提升客户满意度与忠诚度。客户一旦感受到银行对自身需求的关注以及个性化服务的贴心，就更倾向于选择该银行开展长期投资合作。而且，这一服务还能助力银行挖掘客户潜在需求，为交叉销售和增值

服务创造更多机会。比如依据客户的投资组合与风险偏好，银行可推荐保险、信托、税务规划等相关金融产品与服务，进一步提升客户的生命周期价值。

从银行自身发展角度来看，个性化投资组合定制同样是关键助力。在竞争愈发激烈的金融市场中，它能帮助银行塑造差异化竞争优势，吸引并留住优质客户。银行通过精准把握客户需求，及时调整产品和服务策略，推出契合市场需求的创新产品与服务，进而提升市场竞争力。同时，个性化投资组合定制还有利于银行优化资源配置，借助精准的客户画像和个性化服务推荐，将有限资源聚焦于高价值客户和高潜力市场，提高运营效率和盈利能力，实现资源的优化利用。

个性化投资组合定制的技术实现

实现个性化投资组合定制主要包括以下步骤：客户画像的构建、风险偏好的评估、投资目标的确定、资产配置模型的设计和个性化投资组合的生成。

客户画像是实现个性化投资组合定制的基石。通过整合分析客户的多维度数据，像基本信息、交易记录以及行为数据等，我们得以对客户形成全面且立体的认识。客户画像的数据来源广泛，涵盖银行内部的交易记录、客户调查问卷，还有第三方数据提供商。借助大数据技术和机器学习算法，我们对这些客户数据进行清洗、转换与整合，使之成为结构化的数据集。随后运用统计分析、数据挖掘和机器学习等技术，从客户数据中提取出有价值的信息和模式，进而构建起客户画像的标签体系。

风险偏好是个性化投资组合定制的关键要素之一，它体现了客户对投资风险的态度和承受能力。银行需要运用科学的方法和工具来评估与分类客户的风险偏好。比如设计结构化的风险承受能力问卷，涵盖客户年龄、收入、投资经验、财务目标等信息，以此评估客户的风险承受能力。同时，利用客户的历史交易记录和投资行为数据进行行为分析，剖析客户的风险偏好和投资风格，以此补充和验证问卷结果。最后，依据问卷结果和行为分析，将客户的风险偏好分为保守型、稳健型、平衡型、成长型和激进型等不同类别。

投资目标是个性化投资组合定制的另一关键因素，它反映出客户的投资目的和期望回报。银行需要与客户展开深入沟通和分析，从而确定其投资目标。首先，要进行财务目标分析，了解客户的短期和长期财务目标，如教育储蓄、退休规划、购房计划等，据此确定投资期限和期望回报。其次，评估客户的投资经验，了解其投资经验和知识水平，用于确定投资策略的复杂性和透明度。最后，对当前的市场环境和经济形势进行分析，以便确定投资组合的资产配置和风险管理策略。

资产配置模型是个性化投资组合定制的核心所在。它依据客户的风险偏好和投资目标，来确定不同资产类别的权重和配置策略。在资产类别选择上，根据客户的风险偏好和投资目标，挑选合适的资产类别，像股票、债券、现金、房地产、大宗商品等。接着根据市场环境和经济形势，确定不同资产类别的权重，以实现最佳的风险回报比。同时建立动态调整机制，依据市场变化和客户需求，定期对资产配置模型进行调整和优化。

在完成客户画像、风险偏好评估、投资目标确定和资产配置模型设计后，银行就可以借助算法和模型，自动生成个性化的投资组合。利用组合优化算法，例如均值方差优化、风险评价模型等，依据资产配置模型和市场数据，生成最优的投资组合。然后根据投资组合的资产配置和风险管理策略，选择合适的投资产品，如股票基金、债券基金、ETF 等。最后建立组合再平衡机制，根据市场变化和客户需求，定期对投资组合进行调整和优化，以此保持投资组合的平衡和稳定。

个性化投资组合定制的应用场景

个性化投资组合定制在个人客户领域有着广阔的应用前景。银行通过分析个人客户的财务状况、风险偏好和投资目标，为他们提供个性化的投资组合建议，助力实现财富增值与风险管理。在财富管理方面，为高净值个人客户提供全面的个性化服务，涵盖资产配置建议、投资产品推荐以及税务规划等；在养老规划上，协助个人客户进行养老金账户管理、退休收入规划等；在教育储蓄领域，为个人客户提供教育基金管理、学费规划等个性化建议。

在企业客户领域，个性化投资组合定制同样具有重要价值。银行通过分析企业客户的财务状况、风险偏好和投资目标，提供个性化投资组合建议，帮助企业实现资金增值和风险管理。例如，在现金管理方面，为企业提供流动性管理、短期投资等个性化服务；面对汇率风险、利率风险等，给出个性化的风险对冲建议；投资组合管理上，提供资产配置建议、投资产品推荐等个性化服务。

个性化投资组合定制在机构客户领域也有广阔的应用空间。银行依据机构客户的投资目标、风险偏好和资金规模，提供个性化投资组合建议，帮助机构实现投资回报和风险管理。对于基金公司，提供资产配置建议、投资策略优化等个性化基金管理服务；针对保险公司，在保险资金管理方面提供资产负债匹配、风险管理等个性化服务；为捐赠基金提供资产配置、投资策略等个性化投资组合建议。

大模型用于个性化投资组合定制的案例

在探索 ChatGPT 在投资组合优化中的应用时，有团队进行了相关实践。首先，利用 ChatGPT 的 API 来生成潜在的投资股票列表，向模型提供类似"使用领先的基金投资原则，创建一个包含至少 x 只股票的理论基金，这些股票来自 S&P500 指数，目标是超越 S&P500 指数"

的提示，从模型的响应中提取股票代码，并多次重复该过程以确保股票列表的多样性和可靠性。

得到股票列表后，采用哈里·马科维茨的现代投资组合理论，通过均值—方差分析来进一步优化投资组合，计算股票的预期回报率和协方差矩阵，构建均值—方差有效前沿。同时，对 ChatGPT 推荐的权重进行优化，设置资产权重总和等于 1 且每个资产的权重在一定范围内等约束条件，以确保投资组合的多样性，防止过度集中在单一资产上。

通过将 ChatGPT 的直觉性股票选择与量化金融模型的精确性相结合，构建出了"GPT-weighted"投资组合，并与"equally-weighted"投资组合以及基于马科维茨模型的最小方差、最大预期回报和最大夏普比率等投资组合进行比较，最终实现了在投资组合管理中更高层次的效率和效果，提高了投资决策的准确性，为投资者提供了一种新的、基于 AI 的决策支持工具。

三、投资绩效跟踪与动态调整：市场变化响应机制

在金融市场中，投资组合的绩效是投资者最为关注的指标之一。为了确保投资组合能够持续满足投资者的目标和风险偏好，并应对市场环境的变化，银行需要建立完善的投资绩效跟踪与动态调整机制。本节将详细探讨投资绩效跟踪与动态调整的价值、技术实现、应用场景以及发展趋势，为银行业从业者提供深入的理解和实践指导。

投资绩效跟踪与动态调整的价值

投资绩效跟踪与动态调整对银行投资业务意义重大。通过定期跟踪投资组合绩效，银行能及时知晓投资组合是否契合投资者预期目标，一旦发现绩效与目标存在偏差，便可采取相应调整措施，确保投资目

标得以实现。金融市场复杂多变,投资者偏好和市场环境变化都会影响投资组合绩效,建立动态调整机制,银行就能依据市场环境变化及时调整投资组合的资产配置和风险管理策略,有效应对市场风险和不确定性。及时、准确地提供投资绩效跟踪和动态调整服务,能增强客户对投资组合的信心,让客户感受到银行对其投资的重视和专业管理,进而提高客户满意度和忠诚度,使客户更愿意选择该银行开展长期投资合作。投资绩效跟踪与动态调整还有助于银行更好地配置资源,借助精准的绩效分析和动态调整,将有限资源聚焦于高绩效的投资组合和高潜力市场,实现资源的优化配置,提升运营效率和盈利能力。

投资绩效跟踪的技术实现

第一,收集与整合数据。投资绩效跟踪离不开丰富的数据资源作为支撑,这些数据涵盖市场数据、投资组合数据以及投资者数据等多个方面。例如,从金融市场获取的股票价格、债券收益率、汇率、商品价格等市场数据,能用于评估不同资产类别的表现和风险;从自身业务系统中获取的投资组合的持仓情况、交易记录、收益率等投资组合数据,能用于评估投资组合的绩效和风险;通过与投资者的互动以及对其行为的监测,所收集的投资者的目标、风险偏好、行为数据等,能用于进行个性化的绩效跟踪和动态调整。在收集完成后,银行还需对数据进行整合和清洗,确保数据的准确性和完整性,为后续的分析工作筑牢基础。

第二,计算与评估绩效指标。要全面、客观地评估投资绩效,离不开一系列关键的绩效指标。其中,绝对收益用来衡量投资组合的绝对回报水平,通常以百分比的形式呈现,直观反映投资组合在一定时期内的收益情况。而相对收益则是衡量投资组合相对于基准指数或同类产品的回报水平,一般以超额收益来体现,让投资者了解投资组合相较于参照对象的表现优劣。最后，风险调整后收益考虑了投资组合在承担一定风险水平下的回报水平，常以夏普比率、信息比率等指标来表示，帮助投资者更科学地评估收益与风险的平衡关系。这些指标相互补充，为银行评估投资组合的绩效提供了多维度的视角。

第三，绩效归因分析。为了深入剖析投资组合的绩效来源，银行需要开展绩效归因分析。这一过程包括对投资组合的收益来源进行详细分解，具体分析不同资产类别、行业、证券对投资组合绩效的贡献。资产类别归因分析股票、债券、现金等不同资产类别各自对投资组合收益的贡献程度，了解投资组合在各类资产上的配置效果；行业归因则聚焦于金融、科技、医疗等不同行业对投资组合收益的影响，明确哪些行业为投资组合带来了更多的收益；证券归因分析个股、债券等不同证券对投资组合收益的贡献，帮助银行精准把握具体投资标的的表现。通过绩效归因分析，银行能更清晰地了解投资组合绩效背后的驱动因素。

第四，绩效报告的生成与展示。银行需要定期生成投资绩效报告，及时向投资者展示投资组合的绩效情况。报告内容丰富多样，首先是绩效指标，会清晰展示投资组合的绝对收益、相对收益、风险调整后收益等关键指标，让投资者对投资组合的收益和风险状况一目了然。其次是绩效归因，详细呈现投资组合的收益来源，涵盖资产类别、行业、证券等方面，帮助投资者了解收益是如何产生的。此外，报告还会分析当前的市场环境和经济形势，从宏观角度对投资组合的绩效进行解释和预测，让投资者更好地理解投资绩效与市场环境之间的关联，为投资者后续的投资决策提供全面的参考依据。

动态调整的技术实现

为及时响应市场环境变化，银行需建立市场环境监测机制，实时监测和分析市场趋势、经济指标、政策变化等。其中市场趋势监测涵盖对股票市场、债券市场、外汇市场等的实时监测与市场趋势及波动性分析；经济指标监测聚焦对GDP、CPI、失业率等经济指标的实时监测以分析经济形势和政策变化；政策变化监测则针对货币政策、财政政策、监管政策等，分析其对市场的影响。基于市场环境的变化，银行还需及时调整投资组合的风险管理策略以应对市场风险和不确定性，如根据市场波动性和风险水平调整止损策略的触发条件和止损幅度，依据市场趋势和风险因子调整对冲策略的对冲工具和对冲比例，按照市场流动性和投资者需求调整投资组合的流动性管理策略。

资产配置模型的优化

为确保投资组合能持续契合投资者的目标与风险偏好，银行需要定期对资产配置模型进行优化。一方面，基于市场环境以及投资者需求，对不同资产类别的权重和配置策略做出调整，实现资产类别优化；另一方面，依据市场风险状况和投资者偏好，调整不同风险因子的暴露程度以及对冲策略，完成风险因子优化。此外，还需建立动态调整机制，以便根据市场变化和投资者需求，定时对资产配置模型加以优化和调整。

大模型赋能投资绩效跟踪与动态调整的案例

工商银行打造千亿级金融大模型技术体系，在金融市场领域，利用大模型打造的ChatDealing产品建设报价员助手，能更好地根据市场动态进行投资操作，有助于投资绩效跟踪与调整。该模型依托量化策略模型，为小额交易提供智能报价，实现对客交易效率提升3倍。

交通银行的"交心大模型"在信用风险领域，通过机器学习技术完善风险监测预警机制，建立信贷逾期预测模型，帮助银行及时发现投资风险，以便对投资组合进行动态调整，保障投资绩效。目前已前瞻精准识别风险资产超百亿元，年回收资产数十亿元。

蚂蚁集团的"支小宝"拥有基金测评、保险咨询、收益分析和持仓分析功能，可以迅速为客户提供资产配置方案；"支小助"面向证券分析师，基于信息提炼、报告生成、深度分析推理等多种能力，能动态学习专家的思考方式，为投资决策提供支持，助力投资绩效的跟踪与优化。

招商银行基于大模型开发 DataGPT，提供大模型交互式数据分析问答能力，实现数据查询、图表绘制、深度分析等功能，从而更好地跟踪投资绩效，为动态调整提供数据支持和决策依据。

中信集团在债券投资方面开发了"大模型驱动的新一代债券智能助手"，在外汇市场风险定价和投资组合管理、本币市场的收益率曲线构建方面，均采用了基于 AI 的智能风控体系，能对投资风险和绩效进行实时监测和评估，以便及时调整投资组合。

四、数字人投顾

在科技飞速发展的当下，金融行业正经历着深刻变革，数字人投顾与元宇宙财富空间作为创新的前沿领域，正逐步改变着金融服务的模式与体验。这两者不仅是技术的创新应用，更是对金融服务理念的重塑，为投资者带来了全新的财富管理与投资咨询体验。

数字人投顾：智能时代的投资伙伴

数字人投顾是人工智能技术在金融领域的深度应用。随着人工智能技术的不断进步，数字人投顾从最初简单的问答机器人，发展到如今能够进行复杂的投资策略分析与个性化服务。它利用自然语言处理技术，实现与投资者的流畅对话，准确理解投资者的问题与需求；借助机器学习算法，对海量的市场数据进行分析挖掘，预测市场趋势，识别投资机会与风险。

以九方智能投顾数字人为例，它依托华为 AI 算力云平台，融合科大讯飞星火认知大模型，通过对证券行业通用数据以及九方八大证券专业知识库的整合，进行证券领域大模型的知识增强训练。这种技术架构使得数字人投顾能够深度理解证券市场的复杂信息，包括实时的指数走势、异动板块及个股、北向资金动向等，为投资者提供全面的 A 股全景市场及行业趋势分析。

数字人投顾的交互服务优势

在个性化服务方面，数字人投顾可以根据投资者的风险偏好、投资目标、资产规模等因素，量身定制投资策略。对于风险偏好较低的投资者，它可能推荐稳健型的债券基金组合；对于追求高收益的投资者，则会提供成长型股票投资建议。通过持续学习投资者的行为模式和投资反馈，数字人投顾能够不断优化服务，满足投资者动态变化的需求。

投资过程中，投资者常常需要了解各种金融知识和市场信息。数字人投顾就像一个随时在线的金融百科全书，能够解答投资者关于金融术语、投资策略、市场热点等方面的疑问。例如当投资者对"量化投资"概念不理解时，数字人投顾可以用通俗易懂的语言进行解释，并结合实际案例说明其在投资中的应用。

数字人投顾还能够识别投资者的情绪状态，在市场下跌投资者感到焦虑时，给予安抚和理性的分析，帮助投资者避免因情绪冲动而做出错误的投资决策。它通过多种互动对话方式，陪伴投资者度过市场波动期，增强投资者的投资信心。

数字人应用案例与效果

上海银行与商汤科技合作打造的"海小智"和"海小慧"，基于商汤"商量"语言大模型和"如影"数字人视频生成技术，提供业务咨询、业务指导、银行品牌文化宣传、营销主播、产品推荐等服务。客户可通过自然聊天方式，让数字人查询余额和明细、转账、缴费、介绍理财等，例如询问"查询养老金"，数字人可引导完成养老金查询业务，同时提供余额查询等 10 余个多轮交互场景，辅助老年客户办理移动端业务。目前，已完成 2000 条问答数据和 10 万条语料数据的知识库训练，精通全行 4000 多款金融产品细节。自上线后，客户问题的准确回复比例持续大幅提升，在不增加服务部门人数的前提下，实现了更高频的客户服务量。

百信银行的数字员工 AIYA，通过数字人直播的形式，可 24 小时全天候与进入直播间的客户互动。能向客户讲解各类金融知识，如净值化概念、风险等级评价等，还会送福利、推荐产品等。AIYA 实现了全天候直播，用户可随时随地获取金融资讯和产品信息，数字人主播高度智能化和互动性，能实时回答用户问题，提供专业、个性化的建议，以更活泼、沉浸式的方式实现与用户的品牌心智对话。

兴业银行的"兴业数字人平台"推出的 3D 数字人"小兴"，支持数字人动作、表情、音色、语速等多要素编排，实现了在资讯播报、客户服务等众多细分场景的落地。未来还将探索数字人在手机银行渠道实现用户陪伴、数字人外呼赋能数字化营销、数字人＋RPA＋大模型应用实现数字化劳动力、数字人融合元宇宙虚拟现实技术赋能未来银行建设等新场景。

中信银行的智能财富顾问数字人"小信"，以投研体系为牵引，综合应用大模型、自然语言处理、知识图谱、多轮对话等技术，能实时智能解答各类投资疑虑，为全行亿级客户提供服务，打造普惠型财富管理。"小信"获评 2024 年服贸会服务示范案例，以创新性、领先性、普惠性的优势，破解财富管理行业中专业财富顾问人员有限、难以满足大众客户需求的难题。

长沙银行远程银行利用虚拟数字人技术结合该行 IP 形象，打造了元宇宙数字员工。同时也计划探索将 ChatGPT 大模型与元宇宙数字员工融合的交互应用，构建虚拟的、沉浸式的、智能化的金融服务空间，为客户提供有温度且更加拟人化的服务体验。

五、元宇宙财富空间：沉浸式金融体验的新探索

元宇宙财富空间的构建与技术支撑

元宇宙财富空间是基于虚拟现实（VR）、增强现实（AR）、3D 引擎以及区块链等技术构建的沉浸式金融服务场景。以建行为例，其手机银行推出的 AI 元宇宙空间，为用户打造了一个包含主广场、财富空间、车生活空间等多个区域的虚拟世界。在这个空间里，用户拥有自己的虚拟形象，可以自由穿梭于各个区域，进行金融服务的体验与操作。

VR 和 AR 技术为用户带来身临其境的感受，让用户仿佛置身于真实的金融营业厅或投资交易场所。3D 引擎技术则为元宇宙财富空间提供了精美的画面和流畅的交互体验，使虚拟场景更加逼真。区块链技术的应用则确保了用户资产和交易的安全，同时为数字资产的流通和管理提供了可靠的基础。

元宇宙财富空间的服务内容与创新

探索沉浸式投资教育。在元宇宙财富空间中，投资者可以参加各种形式的投资教育活动。通过虚拟课堂，投资者可以与知名金融专家进行面对面的交流，学习投资知识和技巧；利用模拟交易场景，投资

者可以在虚拟环境中进行投资实践，积累经验，而无需承担真实的投资风险。

推动虚拟资产展示与交易。元宇宙财富空间为投资者提供了展示和交易虚拟资产的平台。投资者可以展示自己的数字资产组合，如数字货币、虚拟房地产等，也可以在这个空间中进行虚拟资产的交易，体验全新的投资方式。

促进社交互动与合作投资。元宇宙的社交属性在财富空间中得到充分体现。投资者可以与其他投资者建立社交关系，分享投资经验和见解。一些元宇宙财富空间还支持合作投资模式，投资者可以组成投资小组，共同制定投资策略，实现资源共享和风险共担。

面临的挑战与发展前景

尽管元宇宙财富空间具有巨大的发展潜力，但目前也面临一些挑战。一方面，技术的成熟度和稳定性仍有待提高，如VR设备的佩戴舒适度、网络延迟等问题，可能影响用户体验；另一方面，法律法规和监管政策在元宇宙领域还存在空白，虚拟资产的合法性、交易规范等问题需要进一步明确。

然而，随着技术的不断进步和监管的逐步完善，元宇宙财富空间的发展前景依然广阔。据相关预测，未来几年元宇宙市场规模将持续增长，元宇宙财富空间有望成为金融机构提升服务竞争力、拓展业务边界的重要手段。

大模型赋能银行元宇宙的案例

上海银行携手中科金财打造的元宇宙银行，以元宇宙、区块链及AIGC技术为依托。其财富馆运用大模型技术，能以全新视角呈现热门理财产品，用户可获得全流程伴随式服务体验，还可探索获取在现实世界兑换的真实权益。用户进入元宇宙银行空间后，可创建数字分身，自由漫游包括财富馆在内的多个场馆，与数字员工"海小慧"互动交流，了解金融产品。作为市场上首家集成可漫游、可互动、可交易功能的数字银行，为客户提供"无界、智能、有温度"的金融创新体验，在获客、新的交易渠道、私域流量运营等方面有着广阔前景。

建行手机银行 2024 版推出 AI 元宇宙空间，运用相关技术为用户打造了包含财富空间等多个区域的元宇宙场景。在财富空间中，有"银行卡荷包""总资产时光机""总负债时光机""账户明细时光机"等功能，可帮助用户查询储蓄卡、信用卡的明细、额度等，显示用户的总资产、昨日收益、近一年的资产走势等。这种创新的交互逻辑，让使用手机银行变得更有趣、更多元，为用户提供了全新的交互方式和财富管理体验。

第八章　运营管理智能化

在数字化转型的汹涌浪潮中，银行运营管理智能化已成为银行提升效率、降低成本、增强竞争力的关键举措。在当今金融市场，客户需求日益多样化，市场竞争愈发激烈，传统运营模式难以满足发展需求。AI 大模型凭借其强大的数据分析、自然语言处理和决策支持能力，正深刻改变着银行运营管理的模式与流程，推动银行向智能化运营迈进。

一、传统银行运营管理的痛点

烦琐与效率低下

传统银行运营涵盖众多复杂的业务流程，账户开户、贷款审批、资金清算等。这些流程往往需要多个部门、多个环节协同完成，部分环节依赖人工操作和纸质文件传递，导致流程烦琐、处理时间长。以企业贷款审批流程为例，从收集企业资料开始，尽职调查团队需深入企业实地考察，了解企业经营状况、财务状况等信息，随后风险评估部门依据调查结果进行风险评估，最后才进入审批环节，可能要经过多个部门层层审核，耗时数周甚至数月。这不仅降低了客户体验，也影响银行对市场机会的响应速度，使银行在面对快速变化的市场时难以迅速做出决策。

人力成本高

账务核对、报表生成、客户信息录入等大量重复性、规律性工作，都需要投入大量人力。随着银行业务规模不断扩大，人力成本也在持续攀升。以一家中型银行为例，仅运营部门的人力成本就占总成本的相当大比例。这部分成本不仅包括员工工资、福利，还涉及培训、管理等费用，对银行的盈利能力构成了严峻挑战。而且，人力操作还存在疲劳、出错等问题，进一步影响工作效率和质量。

数据处理与分析能力有限

虽然银行积累了海量的数据，但传统运营管理模式下的数据处理和分析能力相对薄弱。数据分散在各个业务系统中，由于系统架构、数据格式等差异，难以实现有效整合和深度挖掘。运营人员往往只能获取到有限维度的数据报表，无法从全局视角对运营状况进行深入分析，难以发现潜在的问题和优化点。这使得银行在制定战略决策、优化业务流程时缺乏充分的数据支持，容易导致决策失误或错失发展良机。

二、大模型助力运营流程优化

大模型赋能自动化流程执行

大模型可以与机器人流程自动化（RPA）技术相结合，实现运营流程的自动化执行。通过对业务流程的梳理和建模，理解各个环节的操作逻辑和规则，在大模型的指挥下自动完成重复性任务。例如在账务处理流程中，RPA机器人可以自动登录各个系统，下载交易数据，进行数据核对和账务记账。同时大模型会根据预设的规则判断数据的准确性和合规性，若发现异常则及时发出警报。这种自动化处理方式大大提高了处理效率，减少了人工操作可能出现的错误，让银行员工能够将更多精力投入到高价值的业务中。

大模型赋能流程优化决策支持

大模型通过对历史流程数据的深度分析，能够识别出流程中的瓶颈环节和低效节点。以贷款审批流程为例，大模型分析各个环节的处理时间、通过率等数据，找出导致审批时间过长的关键环节，如可能是某一部门的审核标准过于严格或信息传递不及时。同时，大模型可以通过模拟不同的流程优化方案，预测其对整体流程效率、风险控制等方面的影响，为银行提供多种决策方案，也能帮助银行选择最优的流程优化策略，实现效率与风险的平衡。

大模型促进智能流程监控与异常处理

在运营流程运行过程中，大模型实时监控各项流程指标，业务处理速度、错误率、合规性等。大模型运用机器学习算法对这些指标进行实时分析，一旦发现异常情况，能够迅速定位问题所在，并提供相应的解决方案。当发现某笔转账交易的金额异常或操作频率过高时，大模型立即触发预警，并通过对历史类似交易数据的分析，判断该交易是否存在风险。大模型还会结合实时的市场数据、客户行为数据等，给出是否暂停交易、进一步核实身份等处理建议，保障运营流程的安全和稳定。

三、大模型提升数据管理与分析能力

推动数据整合与标准化

大模型能够整合来自银行不同业务系统、不同格式的数据，以及结构化的交易数据、半结构化的合同文本和非结构化的客户反馈等，并使其具有一致性和可用性。例如在整合客户信息时，大模型会将不同系统中记录的客户名称、地址、联系方式等信息进行统一规范，统一客户名称的大小写格式、地址的详细程度等，为后续的数据分析奠定坚实基础。

助力深度数据分析与洞察

基于整合后的标准化数据，大模型可以进行深度数据分析，挖掘数据背后隐藏的价值和规律。大模型通过分析客户交易行为数据，发现客户的消费习惯、资金流动规律以及潜在的业务需求，分析客户在不同时间段的消费金额、消费类型等，预测客户未来的消费趋势，为精准营销和产品创新提供依据；在运营管理方面，大模型分析各分支机构的业务量、成本支出、客户满意度等数据，找出运营效率高和低的区域，分析原因并提出改进措施。例如发现某分支机构业务量增长缓慢但成本较高，通过进一步分析发现是人员配置不合理导致，从而提出优化人员配置的建议。

推进实时数据可视化与决策辅助

大模型将分析结果以直观的可视化方式呈现给运营管理人员，生成实时业务报表、风险预警图表、流程效率看板等。这些可视化工具采用简洁明了的图表、图形展示数据，使管理人员能够快速了解运营状况，及时发现问题和趋势。同时，大模型根据实时的资金流动性数据和市场利率变化，分析不同资金配置方案的收益和风险，提供调整资金配置策略建议。

四、大模型在运营风险管理中的应用

操作风险识别与防范

大模型建立操作风险预警模型，利用机器学习算法对大量历史操作数据进行学习，建立正常操作行为的模型。同时对运营操作数据的实时监测和分析，当员工的操作行为偏离正常模型时，如频繁进行异常权限操作、在非工作时间进行敏感操作等，大模型及时发出警报，提醒管理人员进行调查和干预，防止操作风险事件的发生，保障银行运营的安全稳定。

合规风险监控

银行业面临着严格的监管合规要求，而大模型可以通过对法律法规和监管政策的文本解析，利用自然语言处理技术理解政策条款，建立合规规则库，并将其应用于业务数据的审查。在反洗钱监控中，大模型根据合规规则对客户交易进行筛查，识别可疑交易模式，如短期内资金频繁进出、交易金额与客户身份不符等，及时发现潜在的洗钱风险，帮助银行满足监管要求，避免合规风险带来的损失和声誉损害。

声誉风险监测与应对

大模型通过监测社交媒体、网络论坛等渠道的舆情信息，利用自然语言处理技术判断舆情的严重程度和影响范围，及时发现与银行相关的负面评价和潜在声誉风险。若发现某一负面舆情在短时间内迅速传播，大模型会分析舆情传播路径和关键节点，建议银行及时与相关媒体、意见领袖沟通，发布准确信息，有效应对声誉风险，维护良好的品牌形象。

第九章　反洗钱效能提升

一、反洗钱现状与挑战：交易复杂性与监管要求的提高

反洗钱（Anti-Money Laundering，AML）是金融行业中一项至关重要的任务，旨在预防和打击通过金融系统进行的非法资金流动。随着全球经济的一体化和金融市场的复杂化，反洗钱工作面临着日益严峻的挑战。本节将详细探讨反洗钱的重要性、监管要求、反洗钱实践、现状与挑战，以及发展趋势，为银行业从业者提供深入的理解和实践指导。

反洗钱的重要性

在当今复杂的金融环境中，反洗钱工作具有举足轻重的地位，其重要性体现在多个关键方面，对于维护金融稳定、保护客户利益以及遵守法律法规都具有至关重要的意义，是金融行业健康发展不可或缺的重要环节。

从维护金融稳定的角度来看，洗钱活动犹如隐藏在金融体系中的一颗毒瘤，对金融市场的正常秩序造成了极大的破坏。犯罪分子通过一系列复杂的手段，将非法所得伪装成合法资金，混入正常的金融交易流程中。这不仅干扰了金融机构对资金流向的正常判断，扭曲了金融资源的合理配置，还为恐怖主义、毒品走私、腐败等严重犯罪活动提供了源源不断的资金支持，使得这些犯罪行为得以持续蔓延，严重

威胁到社会的安全与稳定。例如,某些恐怖组织可能通过洗钱将非法募集的资金投入到恐怖袭击活动中,给无辜民众带来生命和财产的巨大损失。而有效的反洗钱措施就像是一道坚固的防线,银行等金融机构通过建立完善的客户身份识别系统、交易监测机制等,可以及时发现和拦截非法资金,防止其进入金融体系,从而维护金融市场的稳定和正常秩序,保障广大金融消费者的合法权益。

保护客户利益也是反洗钱工作的重要使命。洗钱活动往往伴随着各种欺诈行为,如虚假交易、身份盗窃等。犯罪分子可能利用非法获取的客户身份信息,进行虚假的金融交易,将非法资金混入正常的交易流中,这不仅导致客户的财产安全受到直接威胁,还可能使客户的个人信息被泄露和滥用。一旦客户的个人信息落入不法分子手中,他们可能面临更多的诈骗风险,个人隐私也将荡然无存。银行通过实施严格的反洗钱措施,如加强对客户身份的验证、对异常交易的实时监控等,可以及时发现和阻止这些欺诈行为,保护客户的合法权益,维护客户对银行的信任和忠诚度。只有客户相信银行能够切实保障他们的利益,才会更加放心地与银行开展业务往来,促进金融行业的健康发展。

从遵守法律法规的层面来说,反洗钱工作是金融机构不可推卸的责任。各国政府都深刻认识到洗钱活动的严重危害,因此纷纷制定了严格的法律法规和监管要求,以打击洗钱犯罪行为。银行作为金融体系的核心组成部分,在金融交易中扮演着关键角色,必然成为反洗钱工作的重点监管对象。如果银行不遵守反洗钱法律法规,不认真履行反洗钱义务,将会面临极其严重的后果。巨额罚款是最直接的经济惩罚,这将给银行的财务状况带来沉重打击;声誉损失更是难以估量,一旦银行因反洗钱不力而被曝光,其在客户和市场中的信誉将一落千丈,客户可能会纷纷撤离资金,导致银行的业务量大幅下滑;在某些严重情况下,银行相关责任人还可能面临刑事指控,承担相应的法律责任。

例如，曾经有一些银行因未能有效识别和阻止洗钱交易，被监管部门处以巨额罚款，并引发了广泛的社会关注，对其自身的发展产生了长期的负面影响。所以，银行必须严格遵守反洗钱法律法规，积极主动地履行反洗钱义务，确保自身运营在合法合规的轨道上。

反洗钱的现状和日趋严格监管要求

在全球金融一体化的大背景下，洗钱活动因其复杂性和隐蔽性，对金融秩序和社会稳定构成了严重威胁。世界各国纷纷采取行动，构建和完善反洗钱体系，以应对这一全球性挑战。

从国际层面来看，洗钱活动手段不断翻新，给反洗钱工作带来巨大挑战。随着金融创新和科技进步，跨境金融交易、虚拟资产和数字货币的应用日益增多，为洗钱提供了更多隐蔽渠道。例如，新加坡作为全球重要的国际金融中心，地理位置优越且经济体制高度开放，资本流入频繁，但也成为洗钱活动的高风险地带。据新加坡金融管理局（MAS）数据显示，2023年新加坡银行业共报告超过5000宗可疑交易，金额超50亿新元，其加密货币交易量在2023年约为400亿美元，这无疑增加了监管难度。面对日益复杂的洗钱活动，各国积极探索反洗钱策略。新加坡发布《国家反洗钱策略》，从全社会协调与合作、法律与监管框架完善以及国际合作等多维度打击洗钱活动。在全社会协调合作上，建立全政府数据共享界面NAVIGATE，成立反洗钱意识工作组，设立反洗钱案件协调与合作网络（AC3N）；法律与监管框架方面，2024年修订法案扩大可疑交易报告共享范围，提高处罚力度，加强情报分析能力；国际合作层面，积极参与国际反洗钱金融行动特别工作组（FATF），计划修订《刑事司法互助法》提升跨境案件协查效率。在具体执行中，强调预防、侦测和执法三大支柱协同作用，加强对高风险行业监管，推出金融机构间信息共享平台（COSMIC）平台用于侦测可疑交易。

再看国内,中国打击治理洗钱违法犯罪工作取得显著成效。在法律制度方面,不断健全完善,新修订的《中华人民共和国反洗钱法》关于洗钱罪上游犯罪范围的表述与《中华人民共和国刑法》相关规定保持一致,为防范打击洗钱犯罪提供有力法律保障。工作机制逐步完善,金融机构洗钱风险防控体系也在不断优化。然而,当前洗钱犯罪形势依然严峻复杂。洗钱犯罪活动持续活跃,手段更加多样和隐蔽,且呈现出专业化、职业化特征。为积极推动打击治理洗钱违法犯罪工作,中国从多方面着手。在夯实制度基础上,依法开展工作;加强协作配合,加快修订《反洗钱工作部际联席会议制度》,完善部门间各项工作机制,提升打击合力;坚持严厉打击,保持对洗钱犯罪的严打高压态势,提高侦查、起诉和审判质效,针对不同类型洗钱犯罪加大打击力度;加强源头治理,强化反洗钱监管,指导金融机构完善风险管理措施,增强洗钱风险识别和防控能力,充分发挥金融机构反洗钱第一道防线作用。

在洗钱威胁日益严峻的当下,各国政府和监管机构深刻认识到反洗钱工作的紧迫性与重要性,持续强化反洗钱监管力度,对银行提出了更为严苛的要求。监管层面要求银行在客户尽职调查环节大幅提升标准,深入挖掘客户身份、家族背景、社会关系网络等潜在影响因素,探究客户商业活动真实目的、过往经营异常情况,运用多种专业手段追溯资金,从源头上识别高风险客户,降低洗钱风险;期望银行扩大监控范围涵盖所有交易类型及各类交易场景,借助先进技术实时分析海量交易数据,及时发现异常波动,遏制洗钱活动在交易环节发生;要求银行面对疑似洗钱交易行为时做到报告的及时性与准确性,在规定时间内将详细交易信息、可疑点分析及初步调查结果准确提交给监管机构,为后续调查提供坚实数据基础;还要求银行建立更完善且行之有效的反洗钱内部控制制度,明确各部门、各岗位职责分工,加强内部培训教育,提升反洗钱意识和专业技能,保障反洗钱措施切实有效执行。随着监管要求不断提高，银行反洗钱工作面临新的挑战与机遇，只有积极适应并不断优化自身反洗钱工作体系，才能更好地履行反洗钱职责，维护金融秩序的稳定。

银行反洗钱实践要求

在反洗钱的庞大体系中，银行占据着关键位置，承担着不容小觑的重要责任。其在反洗钱工作中的实践，对于维护金融秩序稳定、遏制违法犯罪活动有着至关重要的作用。

客户尽职调查。当银行与客户建立业务关系之初，深入开展客户尽职调查工作是关键的第一步。这要求银行对客户的身份进行全面且细致的核实，绝不能仅仅停留于表面的信息收集。除了确认客户的基本身份信息，如姓名、身份证号码、联系方式等，还要深入了解客户的背景，包括其职业性质、工作单位、经营状况等。同时，对于客户资金来源的调查更是重中之重，需要追溯资金的源头，判断其是否合法合规。通过严谨的客户尽职调查，银行能够对客户有一个较为全面和深入的认识，从源头上降低洗钱风险，为后续的业务开展筑牢安全防线。

交易监控。在与客户保持业务往来的过程中，银行需要对客户的交易进行实时且持续的监控。利用先进的技术手段和科学的风险评估模型，对每一笔交易的金额、频率、流向等关键要素进行分析。一旦发现交易行为出现异常，如短期内资金频繁进出且金额巨大、交易流向与客户正常业务范围不符等情况，银行便会立即启动调查程序。及时准确的交易监控能够敏锐捕捉到潜在的洗钱线索，为及时阻止洗钱活动提供有力支持。

可疑交易报告。当银行在交易监控过程中识别出疑似洗钱的交易行为时，按照规定，必须迅速且准确地向监管机构提交可疑交易报告。这份报告不仅仅是简单地记录交易信息，更要详细阐述交易的异常之处、银行的分析判断依据等。监管机构在收到报告后，会依据专业的调查手段和丰富的经验，对这些可疑交易进行深入调查。银行积极履行可疑交易报告义务，能够使监管机构及时掌握洗钱活动的动态，形成打击洗钱犯罪的强大合力。

内部合规管理。银行要建立一套健全且完善的反洗钱内部控制制度，这是确保反洗钱措施得以有效实施的核心保障。从制度层面明确各部门、各岗位在反洗钱工作中的职责与分工，制定详细的操作流程和规范。加强对员工的培训教育，提升员工的反洗钱意识和专业能力，使其能够准确识别和应对各种洗钱风险。同时，建立有效的内部监督和审计机制，定期对反洗钱工作进行检查和评估，及时发现并纠正存在的问题。通过完善的内部合规管理，使银行的反洗钱工作形成一个有机的整体，持续、高效地运行。

银行反洗钱面临的挑战

银行反洗钱工作遭遇了诸多棘手的挑战，其中交易复杂性的不断攀升，已然成为摆在银行面前的一道难题。

跨境交易增多。在全球经济一体化的浪潮下，各国之间的经济联系愈发紧密，跨境交易呈现出前所未有的繁荣景象。企业拓展海外市场、个人进行国际投资等活动日益频繁，这使得资金在全球范围内快速流动。然而，这种频繁的跨境资金流动在促进经济发展的同时，也为洗钱活动提供了更多的操作空间。不同国家和地区的金融监管制度、法律法规存在差异，这就导致资金在跨境流转过程中，银行想要全面、准确地监测其来源和去向变得极为困难。例如，一些不法分子会利用某些国家宽松的金融监管环境，将非法资金混入正常的跨境贸易结算中，通过复杂的贸易链条和多地区的账户转移，巧妙地掩盖资金的非法性质，使得银行难以察觉其中的异常。

金融产品创新。金融市场的创新步伐从未停歇，各种复杂的金融产品和新颖的交易结构如雨后春笋般不断涌现。从结构化理财产品到资产证券化产品，这些创新型金融工具为投资者提供了更多的投资选择和融资渠道，但也在不经意间为洗钱行为打开了方便之门。复杂的金融产品往往涉及多个参与方和复杂的交易流程，资金的流向和实际控制人难以追踪。例如，某些嵌套式的投资产品，其多层嵌套的结构使得资金来源和最终用途变得扑朔迷离，不法分子可以利用这种复杂性，将非法资金混入其中，实现洗钱目的。银行在面对这些创新金融产品时，传统的反洗钱监测手段往往难以发挥作用，需要投入更多的人力、物力和技术资源来识别和防范洗钱风险。

技术手段更新。随着科技的飞速发展，犯罪分子也紧跟时代步伐，开始利用先进的技术手段进行洗钱活动，这无疑给银行反洗钱工作带来了更大的挑战。以加密货币和区块链技术为例，加密货币具有去中心化、匿名性等特点，交易记录被加密存储在分布式账本上，使得银行难以追踪资金的流向和交易主体的真实身份。犯罪分子可以利用加密货币进行快速、隐蔽的资金转移，逃避监管。而区块链技术虽然具有不可篡改、可追溯等优点，但在实际应用中，其复杂的技术架构和智能合约的应用，也为洗钱分子提供了新的作案手段。银行需要不断提升自身的技术水平，跟上犯罪分子的技术更新速度，才能在这场反洗钱的较量中占据主动。

面临着诸多资源与技术方面的限制。首先，人力资源不足成为突出问题，反洗钱工作对专业人才和团队有着较高要求，须具备金融知识、法律知识以及对各类洗钱手段的敏锐洞察力，但银行常常难以配备足够的专业人员，来应对日益复杂多变的反洗钱任务，这使得在客户尽职调查、交易监控等关键环节，难以投入充足人力，保障工作的全面与深入开展。其次，技术手段落后也制约着反洗钱工作的推进，随着洗钱方式不断翻新，如加密货币、区块链等新兴技术被不法分子用于洗钱活动，而银行现有的反洗钱技术手段，在面对这些复杂的洗钱方式时，往往显得力不从心，难以有效追踪资金流向、识别异常交易行为。再者，数据质量问题也给银行反洗钱工作带来阻碍，在进行客户尽职调查和交易监控时，银行常面临数据不完整、不一致等情况，数据的不准确和缺失使得风险评估与分析难以精准进行，影响反洗钱工作的效率和效果。这些资源与技术上的限制，给银行反洗钱工作带来严峻挑战，亟待解决。

客户体验与合规平衡难度大。在客户信息收集环节，银行开展客户尽职调查时，必须收集大量客户个人信息，涵盖身份、财务状况、交易背景等多方面，这一过程极易引发客户对隐私保护的深切担忧，使客户在与银行互动时产生不安与抵触情绪。而在交易限制方面，为有效防范洗钱风险，银行不得不对客户交易进行限制，如限定交易金额上限、控制交易频率等，尽管这些措施是出于合规考量，但不可避免地会影响客户正常业务需求，导致客户在资金使用上受限，降低其业务开展的效率与灵活性。再者，合规成本也是一个关键因素，为满足反洗钱监管要求，银行需要投入大量人力用于客户调查、交易监控以及报告撰写，物力上需配备先进的技术设备和系统，财力上要承担技术研发、人员培训、数据存储等费用，这些高昂的合规成本不仅增加了银行运营成本，还可能间接影响到银行对客户服务的投入与优化，进一步加大了在反洗钱工作中实现客户体验与合规平衡的难度。

反洗钱的发展趋势

随着金融科技的发展，银行需要借助大数据分析客户交易数据以发现异常，运用人工智能验证和识别客户身份，利用区块链技术的特性监控和追溯交易，全方位加强反洗钱工作，提升反洗钱效率与准确性。

跨境交易的增加促使银行强化与国际反洗钱组织合作，通过共享客户信息和交易数据、联合开展调查以及协调反洗钱标准，共同打击跨境洗钱活动，提高反洗钱工作的一致性和有效性。

面对不断提高的监管要求，银行需要运用监管科技，实现反洗钱合规工作自动化，对洗钱风险进行评估和管理，生成符合要求的反洗钱报告，提升合规效率、风险识别与应对能力，确保报告的及时性和准确性。

反洗钱作为金融行业的一项重要任务，银行作为关键参与者，通过技术创新、跨境合作和监管科技等手段积极应对，提高反洗钱工作的准确性、效率和有效性，为维护金融稳定、保护客户利益和遵守法律法规做出积极贡献。

二、大模型提高反洗钱效能的技术路径

大模型作为人工智能领域的一项关键技术，凭借其强大的数据处理能力和卓越的模式识别能力，为反洗钱工作开辟了一条崭新的解决路径。在接下来的内容中，我们将深入且详细地探讨大模型提升反洗钱效能的技术原理与实现路径，涵盖异常交易识别、风险评分模型、智能调查与分析、实时监控与预警以及合规与审计等多个重要方面。

异常交易识别

异常交易识别在反洗钱工作中占据着举足轻重的地位，其核心目标是精准发现并及时报告可疑的交易行为。要达成这一目标，银行首先需要广泛收集海量的交易数据，这些数据涵盖了客户的账户信息，包括开户时间、账户余额等基本信息；交易记录，如交易时间、交易对手、交易金额等详细数据；以及地理位置，即交易发生时的 IP 地址对应的

地理位置等多维度数据。在成功收集到这些丰富的数据后，紧接着便要开展数据预处理工作，这一过程包含了数据清洗，去除数据中的噪声、重复数据以及错误数据；格式转换，将不同来源、不同格式的数据统一转换为便于分析的格式；还有特征提取，从原始数据中提炼出如交易金额、交易频率、交易时间等关键特征，为后续的深入分析和建模筑牢基础。

大模型在异常交易识别方面展现出了独特的优势，主要通过以下几种方式显著提高异常交易识别的效率和准确性：一是特征学习。大模型能够运用自监督学习或无监督学习的方法，自动从原始交易数据中挖掘并提取出有价值的特征。例如，通过对大量交易数据的学习，精准识别出交易金额的波动规律、交易频率的变化特点以及交易时间的分布特征等。二是模式识别。借助深度学习算法，如卷积神经网络（CNN）、循环神经网络（RNN）等，敏锐地识别出交易数据中的异常模式。例如远超其日常交易金额数倍甚至数十倍的大额交易，又如不符合日常习惯的频繁小额交易。三是实时监控。利用流式计算框架，如Apache Flink、Apache Kafka等，大模型能够实现对交易数据的实时监控和异常检测，一旦发现异常情况，便能立即触发警报并迅速报告给反洗钱部门，为及时阻止洗钱行为赢得宝贵时间。

摩根大通银行采用大语言模型技术分析交易欺诈行为及欺诈可能性。大语言模型相对于传统技术的优势更加明显，它可以更加广泛地分析已有的非结构化数据，从中高效提取实体，深度分析实体之间的关联关系，进而更加精准挖掘交易背后可能存在的欺诈风险。卢森堡国际银行采用大模型技术方案升级了核心业务系统，把大模型集成到银行核心业务和反洗钱犯罪系统中，可以从大量数据中提取可靠的风险分析情报，大幅提升了反洗钱处理的响应速度和效率。

风险评分模型

风险评分模型是反洗钱工作中常用的有效工具，其主要作用是对客户的洗钱风险等级进行科学评估。传统的风险评分模型大多依赖规则引擎，通过预先设定一系列的规则和阈值来判断客户的风险程度。然而，这种方式存在明显的局限性。一方面，规则往往具有滞后性，难以快速适应不断变化的金融犯罪形势；另一方面，阈值的设定存在主观性，不同的操作人员可能会设定不同的阈值，从而影响评估结果的准确性和一致性。

大模型在风险评分模型领域的应用，为解决上述问题带来了新的契机，主要体现在以下几个方面：一是数据融合。大模型能够将来自不同渠道的数据进行有机融合，包括交易数据、客户信息、外部数据等。通过整合这些多源数据，大模型可以从更全面的视角评估客户的风险状况，为风险评分提供更丰富、更准确的依据。二是特征工程。借助自动化的特征工程技术构建出更为复杂、精准的风险评分模型，从而更准确地评估客户的洗钱风险。三是模型训练。大模型采用监督学习的方式，利用大量的历史数据对风险评分模型进行训练，不断优化自身的评估能力，从而提高风险评分的准确性。

汇丰银行就充分利用大模型技术搭建了一套先进的风险评分模型。该模型通过对客户的交易记录、交易行为、市场数据等多个维度的数据进行综合分析，实现了对客户洗钱风险的精准评估。

智能调查与分析

在反洗钱工作中，调查与分析环节至关重要。银行需要对可疑的交易行为展开深入调查，以确定其是否与洗钱活动有关。然而，传统的调查与分析方式存在诸多弊端，如不同调查人员的判断标准和分析方法可能存在差异；同时，信息获取往往存在滞后性，难以在第一时间获取全面、准确的信息，这在一定程度上影响了调查工作的效率和效果。

大模型在智能调查与分析方面发挥着重要作用，主要通过以下几种方式提升效率和准确性。一是信息检索。运用自然语言处理技术，大模型能够从海量的文本数据中快速检索出与调查相关的信息，如新闻报道、社交媒体信息等。这使得调查人员能够在短时间内获取更多的线索和信息，拓宽调查思路。二是知识图谱。借助知识图谱技术，大模型可以将调查过程中获取的各类信息进行结构化处理，构建成知识图谱。调查人员可以更直观地了解案件中的人物关系、交易关联等信息，从而更好地理解和分析案件。三是智能问答。大模型还可以通过智能问答技术，为调查人员提供实时的问答服务，大大提高了调查工作的效率。

例如，瑞银集团利用大模型技术打造了一套智能调查与分析系统。该系统通过对客户的多个维度的数据进行深度分析，能够对可疑的交易行为进行全面、深入的调查。在实际应用中，它能够自动生成详细的可疑交易调查报告，并以可视化的方式呈现分析结果，帮助调查人员更直观、更清晰地理解和分析案件。

实时监控与预警

实时监控与预警在反洗钱工作中同样是不可或缺的重要环节。银行需要对客户的交易行为进行实时跟踪和监控，以便及时发现并报告可疑的交易行为。然而，传统的实时监控与预警方式存在数据处理延迟、预警规则滞后等问题。随着金融交易的日益频繁和复杂，这些问题愈发凸显，严重影响了反洗钱工作的及时性和有效性。

大模型在实时监控与预警方面展现出了强大的优势，主要通过以下几种方式提升效率和准确性。一是流式计算。利用流式计算框架，如 Apache Flink、Apache Kafka 等，大模型能够对交易数据进行实时监控和处理。在交易数据实时流动的过程中，大模型可以迅速分析数据，一旦

发现异常情况，立即触发警报，实现对可疑交易行为的快速响应。二是
自适应学习。大模型采用自适应学习算法，能够根据实时监控的数据
不断调整预警规则和阈值，及时优化预警策略，提高预警的准确性和
及时性。三是多模态融合。借助多模态融合技术，大模型可以将来自不
同渠道的数据进行融合，如交易数据、地理位置、社交网络等，从而
提供更全面、更精准的监控和预警依据，有效提升反洗钱工作的效果。

ING Bank 利用大模型技术构建了一套功能强大的实时监控与预警
系统。该系统通过对客户的交易记录、地理位置等多个维度的数据进行
实时分析，实现了对客户交易行为的全方位实时监控。在实际运行中，
它能够及时发现异常情况并迅速触发警报，为银行及时采取调查和处
理措施提供了有力支持。

合规与审计

在反洗钱工作中，合规与审计是确保银行反洗钱工作合法、有效
的关键环节。银行必须确保其反洗钱措施严格符合相关的法律法规和
监管要求，并定期进行全面的审计和评估。然而，传统的合规与审计
方式存在人工操作主观性强、审计范围有限等问题。

大模型在合规与审计方面的应用，为提升工作效率和准确性提供
了新的途径，主要体现在以下几个方面。一是自动化合规。通过与相
关法律法规和监管要求进行比对，大模型可以快速、准确地判断银行
的反洗钱措施是否合规，大大提高了合规评估的效率和准确性。二是
智能审计。大模型可以对银行的反洗钱数据进行全面、深入的审计和
分析，并根据分析结果提供针对性的改进建议，帮助银行不断完善反
洗钱工作。三是知识管理。大模型还可以通过知识管理技术，将合规
与审计过程中获取的知识和经验进行结构化处理，形成知识库。这个
知识库可以为银行工作人员提供参考，帮助他们更好地理解和应对反

洗钱合规要求，提升银行整体的反洗钱能力。

一些银行正在探索利用大模型技术构建先进的合规与审计系统。该系统通过对银行的反洗钱措施和数据进行深入分析，能够对银行的合规情况进行全面、细致的评估和审计。在实际应用中，它能够自动生成详细的审计报告，并以可视化的方式呈现分析结果，帮助银行更直观、更清晰地了解自身的合规状况，及时采取措施加以改进。

综上，大模型作为人工智能领域的重要技术，凭借其强大的数据处理和模式识别能力，为反洗钱工作提供了创新的解决方案。展望未来，随着大模型技术的持续发展和不断完善，其在反洗钱领域的应用必将更加深入和广泛，为维护金融秩序的稳定与安全发挥更大的作用。

三、成功案例分析：大模型促进反洗钱、反欺诈

随着金融科技的快速发展，银行业面临的反洗钱和反欺诈挑战也日益复杂。为了应对这些挑战，一些银行开始引入大模型技术，以提升反洗钱和反欺诈的效率和准确性。本节将通过具体案例，展示大模型在反洗钱和反欺诈领域的应用效果。这些成功案例充分展示了大模型技术在金融风险防范领域的巨大潜力和广阔应用前景，也为其他金融机构提供了宝贵的借鉴经验。

案例一：美国运通的反欺诈应用

美国运通（American Express）作为全球最大的支付服务提供商之一，其业务广泛且深入地渗透到信用卡、旅行支票以及旅游服务等多个重要领域，在全球金融支付领域无疑占据着举足轻重的地位。在业务蓬勃发展的同时，保障客户资金安全始终是美国运通工作的重中之重，而防范欺诈行为则是其中关键的一环。

美国运通凭借先进的大模型技术，精心打造了一套功能强大且高效的反欺诈系统。这套系统以深度学习算法为核心驱动力，具备卓越的智能分析能力，能够自动从海量的交易数据中学习并精准识别欺诈模式，进而依据这些模式对每一笔交易展开全面且细致的风险评估。

该系统宛如一位不知疲倦的卫士，时刻保持高度警惕，能够对每一笔交易进行实时、全方位的监测，同时结合该客户的历史交易数据，运用复杂而精密的算法模型进行深入分析，从而迅速且准确地评估每一笔交易的风险程度。一旦识别出高风险交易，系统会立即果断阻止交易的进行，从源头上避免客户资金遭受损失；对于一些风险程度处于中等水平的交易，系统则会要求客户进行额外的身份验证，如发送动态验证码到客户预留手机、要求客户回答预设的安全问题等，通过这些方式进一步确认交易的真实性和合法性，确保交易的安全进行。它会持续收集和分析最新的欺诈案例数据，从中挖掘新出现的欺诈模式和特征，进而自动更新自身的算法模型。通过这种持续学习和动态更新的机制，系统能够始终紧跟欺诈手段的变化步伐，保持对各类欺诈行为的敏锐洞察力和精准打击能力。

在大模型强大的数据分析和模式识别能力的加持下，反欺诈系统的准确性得到了质的飞跃。它能够更加精准地从海量交易中识别出欺诈交易，有效避免了误判和漏判的情况发生。同时得益于系统高效的实时监测和快速的数据分析处理能力，其响应速度得到了极大的提升。在欺诈交易发生的瞬间，系统能够迅速捕捉到异常信号，并在极短的时间内做出反应，及时阻止交易的进行。随着反欺诈系统准确性和响应速度的提升，美国运通在欺诈损失方面得到了显著的控制。这不仅为公司带来了直接的经济效益，还使得公司能够将更多的资源投入到提升服务质量和创新业务发展等方面，进一步增强了公司在市场中的竞争力。

案例二：Capital One 的反欺诈应用

在全球金融版图中，Capital One 作为屈指可数的银行业巨头，其业务广泛延伸至信用卡、贷款、投资等多个关键领域，服务着庞大的客户群体。在金融市场环境日趋复杂、欺诈风险层出不穷的当下，保障客户资金安全成为 Capital One 不容有失的核心任务，而防范欺诈行为则是其中的关键着力点。

Capital One 依托前沿的大模型技术，匠心打造了一套精密且高效的反欺诈系统。该系统以机器学习算法为基石，赋予其强大的智能分析与自适应能力，能从海量的交易数据洪流中自主学习，精准勾勒出欺诈行为的独特轮廓，进而依据这些识别出的模式，对每一笔交易进行细致入微的风险评估。

该系统仿若一位目光如炬的守护者，时刻坚守岗位，它深度剖析交易金额的大小波动、交易发生的具体时间节点、交易所处的地理位置、交易涉及的对手信息等关键特征，同时紧密结合客户过往的交易历史数据，运用精妙的算法模型展开深度挖掘分析，从而迅速且精准地判定每一笔交易的风险等级。依据交易风险评估的结果，系统会依照预先设定的科学风险等级体系，自动触发一系列极具针对性的应对举措。该系统还具备强大的自我进化与更新能力。它会持续追踪并深度分析最新涌现的欺诈案例数据，从中敏锐捕捉新出现的欺诈模式与特征，进而自动对自身的算法模型进行优化升级。

自引入大模型技术构建反欺诈系统后，它显著增强了对欺诈行为的识别与拦截能力，为客户的资金安全撑起了一把更为坚实可靠的保护伞。在欺诈交易发生的瞬间，系统便能迅速捕捉到异常信号，并在极短的时间内做出反应，及时阻止交易的继续进行。通过减少欺诈交易导致的资金损失，以及降低处理欺诈案件所耗费的人力、物力和时间成本，Capital One 的整体运营成本实现了显著降低。

第三部分

技术融合

——大模型与现有系统的协同发展

第十章　大模型与银行现有系统的关系剖析

一、数据交互

在银行业中，数据是业务运营和决策支持的核心。本节将详细介绍银行传统系统之间的数据交互、银行现有系统与大模型可能进行的数据交互、大模型如何利用现有系统数据进行训练与优化，以及现有系统如何利用大模型生成的数据等内容。

银行传统系统之间的数据交互

在传统的银行业务中，各个系统之间通常通过接口或数据仓库进行数据交互。例如，核心系统（Core Banking System）负责处理账户开立、交易处理等业务操作，而信贷系统（Loan System）则负责处理贷款申请、审批等业务流程，核心系统需要将客户的账户信息传递给信贷系统，以便信贷系统能够根据客户的信用状况进行贷款审批。

此外，银行还拥有其他业务系统，如客户关系管理系统（CRM）、风险管理系统等。这些系统之间也通过接口或数据仓库进行数据交互，以实现信息的共享和业务的协同。

银行现有系统与大模型可能进行的数据交互

随着大模型技术的发展，银行开始探索如何将大模型应用于现有的业务系统中，以提升数据的处理和分析能力。在这种场景下，银行现有系统与大模型之间可能进行以下几种数据交互方式：一是数据输入。银行现有系统将数据输入给大模型，以便大模型能够进行训练和推理。例如，风险管理系统可以将历史风险事件数据输入给大模型，以便大模型能够学习到风险的特征和模式。二是数据输出。大模型将处理后的数据输出给银行现有系统，以便银行现有系统能够利用这些数据进行业务决策。例如，大模型可以将预测的风险结果输出给风险管理系统，以便风险管理系统能够根据这些预测结果进行风险预警和控制。三是数据共享。银行现有系统与大模型之间进行数据共享，以实现信息的互通和业务的协同。例如，风险管理系统可以将客户的信用信息共享给大模型，以便大模型能够更准确地预测风险。

大模型利用现有系统数据进行训练与优化

大模型可以通过以下几种方式利用现有系统的数据进行训练和优化：一是银行可以通过数据采集工具或接口从现有系统中采集数据，并将其用于大模型的训练和优化。二是银行可以通过人工或自动化的方式对采集到的数据进行标注，明确每个交易的类型、金额、时间等信息，以提升数据的质量和可用性。三是银行可以通过数据增强技术对采集到的数据进行随机扰动或合成处理，以提升数据的多样性和鲁棒性。四是银行可以通过模型微调技术对大模型进行优化，使其能够更好地适应银行业务的需求。

大模型在处理和分析数据的过程中，可能会生成一些有价值的信息或预测结果，而银行现有系统可以通过以下几种方式利用这些信息与结果。一是将大模型生成的预测结果用于业务决策中。二是将大模型生成的数据用于优化业务流程中。三是将大模型生成的数据用于提升客户体验。总之，通过合理的数据交互机制，银行可以实现传统系统之间的数据共享和业务协同，同时也可以利用大模型技术来提升数据的处理和分析能力，从而推动业务的创新和发展。

二、功能互补

在银行业中，大模型和现有系统之间的功能互补是推动业务创新和发展的关键，借此可以实现更高效、更智能的业务运营。本节将详细介绍大模型和现有系统在数据处理、风险管理、智能客服等方面的功能互补。

数据处理

大模型在数据处理方面具有强大的能力，可以对海量数据进行高效的存储、计算和分析。而银行现有系统则通常专注于特定的业务场景，如信贷审批、风险评估等，对数据的处理能力相对较弱。

通过将大模型的数据处理能力与现有系统的业务场景相结合，银行可以实现更高效的数据处理和分析。例如将大模型应用于信贷审批流程中，快速分析客户的信用状况、还款能力等信息，从而提高信贷审批的效率和准确性。

此外，大模型还可以帮助银行现有系统进行数据的清洗、转换和增强，以提高数据的质量和可用性。例如将大模型应用于风险管理系统中，将不同来源、不同格式的数据进行整合和标准化，从而提高风险评估的准确性和全面性。

风险管理

大模型具有智能的分析和预测能力，可以对潜在的风险进行识别、评估和预警。而银行现有系统则通常专注于特定的风险管理场景，如信贷风险管理、市场风险管理等，对风险的智能分析能力相对较弱。

将大模型与现有系统的风险管理场景相结合，银行可以实现更智能的风险管理。例如预测客户的违约风险，从而提高信贷决策的准确性和效率。

此外，大模型还可以帮助银行现有系统进行风险的实时监控和预警。例如，银行利用其对市场环境的智能分析能力，预测市场的波动风险，从而及时采取相应的风险管理措施。

智能客服

大模型具有自然语言处理和知识图谱等技术能力，可以为客户提供智能的咨询和服务。而银行现有系统则通常专注于特定的业务场景，如账户查询、转账汇款等，服务能力相对较弱。

通过将大模型的智能客服能力与现有系统的业务场景相结合，银行可以实现更智能的客服体验。例如利用其对客户问题的智能理解和回答能力，为客户提供更准确、更快捷的咨询和服务。

此外，大模型还可以帮助银行现有系统进行客服知识的管理和更新，从而提高其可用性和准确性。

业务决策

大模型具有智能的分析和优化能力，可以为银行提供更准确、更全面的决策支持。而银行现有系统则通常专注于特定的业务场景，如营销活动策划、产品定价等，对业务决策的能力相对较弱。

通过将大模型与现有系统的业务场景相结合，银行可以实现更智能的业务决策。例如预测客户对不同营销活动的响应概率，从而优化营销活动的策略和效果。

此外，大模型还可以帮助银行现有系统进行业务规则的管理和优化。例如将大模型应用于产品定价中，优化产品定价策略，从而提高产品的竞争力和盈利能力。

总之，通过将大模型的功能与现有系统的功能相结合，银行可以实现更高效、更智能的业务运营。不仅可以提升银行的业务效率和质量，还可以推动银行业务的创新和发展。

三、架构关联

通过将大模型的智能分析能力与现有系统的业务处理能力进行有机结合，银行可以构建出更加高效、智能的业务处理流程。本节将详细介绍大模型与现有系统在架构层面的关联，包括数据层、模型层、服务层和应用层的协同设计。

数据层

在银行业中，数据的采集、存储和处理是业务运营的关键环节。而大模型需要大量的高质量数据进行训练和推理，而现有系统则需要实时、准确的数据进行业务处理。

在数据层，大模型与现有系统需要进行数据的共享和交互，包括数据的采集、存储和分发等环节。例如，银行可以通过数据仓库或数据湖等技术手段，将各个业务系统的数据进行整合和标准化，为大模型提供统一的数据源。同时，大模型也可以将处理后的数据反馈给现有系统，用于业务决策和优化。

模型层

模型层是大模型的核心，负责对数据进行智能分析和推理，包括各种机器学习和深度学习算法，用于风险管理、客户画像、智能客服等领域。

在模型层，大模型需要与现有系统进行模型的共享和调用，包括模型的训练、推理和更新等环节。例如，银行可以将大模型的预测结果作为现有系统业务决策的依据，从而提高决策的准确性和效率。同时，现有系统也可以将业务规则和经验反馈给大模型，用于模型的优化和改进。

服务层

服务层是大模型与现有系统进行功能交互的桥梁。在银行业中，服务层通常包括各种 API 接口和微服务架构，用于实现业务功能的解耦和复用。

在服务层，大模型需要与现有系统进行服务的共享和调用，包括服务的注册、发现和调用等环节。例如将大模型提供的智能客服服务作为现有系统的一部分，从而提高客服的效率和质量。同时，现有系统也可以将业务逻辑封装为服务，供大模型调用和使用。

应用层

应用层是大模型与现有系统进行业务协同的最终体现，通常包括各种业务系统和用户界面，用于实现具体的业务功能和用户体验。

在应用层，大模型需要与现有系统进行应用的集成和协同，包括应用的部署、运行和监控等环节。例如将大模型的智能推荐功能集成到现有系统的营销活动中，从而提高营销的效果和转化率。同时，现有系统也可以将用户反馈和业务需求反馈给大模型，用于应用的优化和改进。

架构设计原则

在构建大模型与现有系统的关联时，有若干核心原则不可或缺。

第一，松耦合原则是首要考量。其核心要义在于，需最大限度降低大模型与现有系统之间的相互依赖程度。过度关联易引发系统结构的复杂化，进而显著增加系统维护的难度与成本，削弱系统的稳定性与灵活性。

第二，高内聚原则亦极为关键。它要求大模型与现有系统的各个功能模块联系紧密且职责明确，从而有效提升系统的可维护性。当系统需要扩展或升级时，高内聚的模块结构能使调整过程更为顺畅，减少对整体架构的影响。

第三，可扩展性原则是确保架构长期适应性的关键。架构设计必须具备卓越的弹性与可扩展性，以灵活应对未来的不确定性，为系统的持续演进提供坚实支撑。

第四，可监控性原则对于保障系统稳定运行至关重要。通过实时监控大模型与现有系统的运行状态，及时捕捉潜在问题，并迅速采取针对性的优化措施，确保系统始终处于最佳运行状态。

第五，安全性原则是守护用户隐私与业务安全的基石。必须建立完善且可靠的安全保障机制，运用先进的加密技术、访问控制策略等手段，全方位保护数据的安全性与完整性。

银行若能严格遵循上述原则，精心构建大模型与现有系统的架构关联体系，将显著提升系统的运行效率与智能化水平，为金融业务的创新发展提供强劲动力，在激烈的市场竞争中占据优势地位。

四、小模型与大模型的关系

在银行业中，小模型和大模型是两种不同的技术，它们在规模、能力、应用场景等方面存在差异。然而，它们并不是相互独立，而是可以相互协作、相互补充的。本节将详细介绍小模型和大模型的关系，包括它们的定义、特点、应用场景以及如何在银行业务中进行协同工作。

小模型的定义和特点

小模型通常是指那些参数规模较小、复杂度较低的模型，它们通常用于解决特定的、相对简单的问题。小模型的特点包括：一是**轻量级**，小模型的参数数量和计算资源需求相对较少，可以快速部署和运行。二是**可解释性强**，小模型的决策过程相对简单，容易理解和解释。三是**灵活性高**，小模型通常基于特定的业务场景进行定制化开发，能够快速适应业务需求的变化。四是**可扩展性差**，小模型的规模和能力有限，难以处理大规模的、复杂的问题。

银行业应用成熟的小模型主要有：信用风险评估模型（如逻辑回归模型、线性判别分析模型、决策树模型）、市场风险计量模型（如 VaR 模型、压力测试模型）、客户细分模型（如 RFM 模型、聚类分析模型）、反欺诈模型（如规则引擎模型、机器学习反欺诈模型）、智能客服模型（如基于规则的客服模型、深度学习客服模型）等。

小模型与大模型的应用场景

在银行业中，小模型和大模型都有各自的应用场景。小模型通常用于解决特定的、相对简单的问题，如在风险评估中可以用于评估单个客户或交易的风险；在智能客服中可以用于回答客户的常见问题；在反欺诈中可以用于检测和预防欺诈行为。

大模型通常用于解决广泛的、复杂的问题，如在智能投顾中用于为客户提供个性化的投资建议；在智能风控中用于评估整个银行的风险状况；在智能营销中用于预测客户的需求和偏好。

小模型与大模型的协同工作

在银行业中，小模型和大模型可以进行协同工作，以发挥各自的优势。

1. **小模型作为大模型的补充**。在实际应用中，小模型可以用于解决特定问题或提供可解释性。例如，在风险评估中，小模型可以用于评估单个客户或交易的风险，而大模型则可以用于评估整个银行的风险状况。在这种情况下，小模型可以作为大模型的补充，提供更详细、更准确的风险信息。

2. **大模型作为小模型的基座**。在实际应用中，大模型可以作为小模型的基座，提供更广泛的知识和能力。例如，在智能客服中，小模型可以用于回答客户的常见问题，而大模型则可以提供更广泛的知识和能力，用于回答复杂的、不常见的问题。在这种情况下，大模型可以作为小模型的基座，提供更丰富的知识支持。

小模型与大模型的未来发展

随着人工智能技术的发展，小模型和大模型都将面临新的挑战和机遇。在未来的发展中，小模型可能会在轻量化、可解释性、灵活性等方面进行优化；而大模型则可能会在大规模、高容量、泛化能力等方面进行提升。同时，小模型和大模型之间的协同工作也将变得更加重要，通过相互协作、相互补充，它们将能够更好地满足银行业务的需求。

第十一章　基于大模型的系统升级策略

一、信贷管理系统升级

信贷管理系统是银行业务中至关重要的一环，它涉及客户信用评估、贷款审批、风险控制等多个方面。本节将详细介绍如何利用大模型来优化信贷审批流程、增强风险评估功能，以及大模型与小模型的集成应用。

利用大模型优化信贷审批流程

信贷审批流程是信贷业务中的关键环节，它决定了贷款的发放速度和质量。传统的信贷审批流程通常需要人工收集和分析大量的客户信息，包括财务状况、信用历史、职业背景等，然后根据这些信息进行风险评估和决策。这个过程不仅耗时费力，而且容易受到主观判断的影响，导致决策的准确性和效率较低。

大模型可以通过自然语言处理和机器学习技术，自动收集和分析客户信息，包括从各种渠道获取的文本数据、结构化数据和非结构化数据。然后利用这些信息生成尽职调查报告，包括客户的信用状况、还款能力、违约风险等。

利用大模型来生成尽职调查报告，能够减少人工操作的时间和误差，提高报告的准确性和全面性。而且，大模型还可以根据银行的业务规则和风险偏好，对客户进行智能评分和分类，为信贷决策提供更准确的依据。

风险评估功能增强

风险评估是信贷业务中的核心任务，它决定了贷款的违约概率和损失程度。传统的风险评估方法通常基于专家经验和统计模型，对客户的信用状况进行定性和定量的分析。然而，这些方法往往存在一定的局限性，如数据质量不高、模型参数难以确定等。

大模型可以通过对海量数据的分析和挖掘，发现行业内的潜在风险和趋势，包括经济环境变化、政策法规调整、市场竞争态势等。然后将这些分析结果提供给银行的风险管理部门，作为风险评估的参考依据。

在具体的风险计算与评估方面，小模型可以发挥重要作用，例如对客户的信用状况进行定量分析，包括计算违约概率、损失程度等。通过将大模型的行业风险分析参考与小模型的具体风险计算相结合，银行可以更全面、准确地评估贷款的风险。

大模型与小模型的集成应用

在信贷审批中，大模型和小模型可以进行集成应用，以提高决策的准确性和效率。具体来说，大模型可以利用其强大的数据分析和挖掘能力，对客户信息进行智能分析和挖掘，生成初步的建议和预测结果。然后，小模型可以利用这些初步结果进行详细的计算和验证，包括对客户的信用状况进行定量分析、对贷款的风险进行评估等。

总之，利用大模型来优化信贷审批流程、增强风险评估功能，以及将大模型与小模型进行集成应用，是银行业在信贷管理系统升级中的重要方向。通过这些技术手段的应用，银行可以提高业务效率、优化风险管理，并提供更好的客户体验。

二、银行核心系统升级

银行核心系统是银行业务运营的核心，它负责处理银行的交易、账户管理、风险控制等关键业务。随着金融科技的发展，大模型可以支持银行核心系统升级：增强智能化决策能力并提供个性化的产品和服务推荐；提升客户服务响应速度，提高客户服务的效率和质量；支持业务创新，提高银行的市场竞争力；提高系统安全性和可靠性，保护客户信息和交易安全。

本节将详细介绍大模型如何支持银行核心系统升级，包括增强核心系统的智能化决策能力、提升客户服务响应速度等方面的内容。

大模型支持银行核心系统升级的技术路径

1. **引入大模型的人工智能能力**。利用大模型的机器学习、深度学习等人工智能技术，提升银行核心系统的智能化决策能力。例如，通过大模型的预测模型，可以更准确地预测客户的贷款违约风险；通过大模型的推荐算法，可以为客户提供个性化的产品和服务推荐。

2. **优化系统架构**。引入大模型的计算能力，优化银行核心系统的架构设计，提升系统的处理能力和响应速度。例如，通过大模型的分布式计算框架，可以实现对大规模数据的快速处理和分析；通过大模型的并行计算技术，可以提高系统的并发处理能力。

3. **引入大模型的安全技术**。利用大模型的安全技术和优化系统架构，提高银行核心系统的安全性和可靠性。例如，通过大模型的加密算法和访问控制技术，可以保护客户信息的安全；通过大模型的异常检测和入侵防御技术，可以及时发现和阻止潜在的安全威胁。

4. **优化业务流程**。引入大模型的业务规则引擎等技术手段，优化银行核心系统的业务流程设计，提高业务处理的效率和质量。例如，通过大模型的规则引擎，可以实现对业务规则的自动化管理和执行；通过大模型的工作流技术，可以优化业务流程的执行顺序和效率。

5. **引入数据治理技术**。引入大模型的数据质量控制、数据生命周期管理等数据治理技术手段，提高银行核心系统的数据质量和数据管理能力。例如，通过大模型的数据质量控制技术，可以及时发现和纠正数据错误；通过大模型的数据生命周期管理技术，可以实现对数据的自动化管理和归档。

大模型支持银行核心系统升级的实施步骤

1. **需求分析**。明确银行核心系统升级的目标和需求，包括业务需求、技术需求、安全需求等。

2. **系统设计**。根据需求分析的结果，设计新的银行核心系统架构和技术方案，包括系统功能模块、数据模型、技术架构等。在这个过程中，需要充分考虑大模型的能力和特点，并将其与现有系统进行有机结合。

3. **系统开发**。根据系统设计的结果，进行系统开发工作，包括编码、测试、部署等。在这个过程中，需要充分利用大模型的人工智能能力、计算能力、安全技术和数据治理技术等，以实现系统升级的目标。

4. **系统集成**。将新的银行核心系统与银行其他业务系统进行集成，包括信贷系统、支付系统、风控系统等。在这个过程中，需要确保各个系统之间的数据和业务流程能够无缝衔接，以实现整体业务的协同运营。

5. **系统测试**。对新的银行核心系统进行全面的测试，包括功能测试、性能测试、安全测试等。在这个过程中，需要充分验证大模型的能力是否能够满足业务需求，以及系统的整体性能和安全性是否符合预期。

6. 系统上线。将新的银行核心系统正式上线运行，并进行监控和优化。在这个过程中，需要确保系统的稳定性和可靠性，并及时解决可能出现的问题和故障。

7. 持续改进。根据业务需求和技术发展，对新的银行核心系统进行持续改进和优化。在这个过程中，需要不断引入新的大模型能力和其他金融科技手段，以提升系统的竞争力和适应性。

三、其他系统升级思路

在银行业中，除了信贷管理系统和核心系统外，还有其他一些关键业务系统也需要进行升级。本节将详细介绍其他系统升级的思路，包括支付清算系统、财务管理系统等与大模型的结合点。

支付清算系统升级

支付清算系统是银行业务中重要的一环，它负责处理客户的支付和清算业务。在支付清算系统升级中，大模型可以发挥重要作用。首先，大模型可以利用其强大的数据分析和挖掘能力，对客户的支付行为进行智能分析和预测，从而优化支付路由和清算策略，提高支付效率和准确性。其次，大模型可以利用其智能风控能力，对客户的支付交易进行实时监控和风险评估，从而及时发现和阻止异常交易和欺诈行为，保护客户资金安全。此外，大模型还可以利用其智能客服能力，为客户提供智能客服和咨询服务，提升客户体验和满意度。

财务管理系统升级

财务管理系统是银行业务中重要的支持系统，它负责处理银行的财务核算、预算管理、成本控制等业务。

在财务管理系统升级中，大模型可以发挥重要作用。首先，大模型可以利用其强大的数据分析和挖掘能力，对银行的财务数据进行智能分析和预测，从而优化财务核算和预算管理流程，提高财务数据的准确性和及时性。其次，大模型可以利用其智能决策能力，对银行的成本控制和资源配置进行智能优化，从而提高资源利用效率和成本控制效果。此外，大模型还可以利用其智能报告能力，为银行管理层提供智能财务报告和决策支持，提升管理决策的科学性和准确性。

除了支付清算系统和财务管理系统外，银行业中还有其他一些关键业务系统也需要进行升级。对于**风险管理系统升级**，大模型可以利用其智能风控能力，对银行的风险进行智能分析和预测，从而优化风险管理策略和流程，提高风险管理效果。对于**客户关系管理系统升级**，大模型可以利用其智能客服和营销能力，对客户进行智能分析和服务，从而提升客户体验和忠诚度。对于**人力资源管理系统升级**，大模型可以利用其智能分析和预测能力，对银行的人力资源进行智能优化和管理，从而提高人力资源利用效率和员工满意度。对于**数据仓库和商业智能系统升级**，大模型可以利用其智能分析和挖掘能力，对银行的数据进行智能分析和可视化展示，从而提升数据价值和决策支持能力。对于**合规管理系统升级**，大模型可以利用其智能合规能力，对银行的合规风险进行智能分析和预警，从而提升合规管理效果和合规文化建设。对于**运营支持系统升级**，大模型可以利用其智能运维能力，对银行的运营支持系统进行智能优化和管理，从而提高运营效率和支持效果。对于**创新实验室系统升级**，大模型可以利用其创新能力，为银行的创新实验室提供智能支持和服务，从而推动业务创新和发展。

四、银行业大模型从单模态向多模态的升级

在数字化浪潮的席卷下，银行业正经历着深刻的变革，大模型技术的应用成为行业发展的关键驱动力。近年来，银行业大模型逐渐从单模态向多模态升级，这一转变不仅是技术的革新，更是业务模式与服务体验的全面重塑。

单模态大模型在银行业的应用与局限

早期，银行业主要应用单模态大模型，以自然语言处理（NLP）技术为核心，专注于文本数据的处理与分析。在智能客服领域，单模态大模型能够理解客户的文本咨询，快速给出标准化的回答，显著提高了客服效率，降低了人力成本。在风险评估方面，通过对大量文本形式的信贷数据、客户资料等进行分析，模型可以预测风险概率，为信贷决策提供支持。

然而，单模态大模型存在明显的局限性。由于其仅能处理单一类型的数据，信息获取维度有限，难以全面洞察客户需求与市场动态。在复杂的金融场景中，仅依靠文本分析无法充分挖掘图像、音频等多源数据背后的潜在价值。在信用卡申请审核时，单模态大模型只能依据文字资料评估风险，而无法利用申请人提供的身份证照片、视频认证等信息进行更全面的身份验证与风险判断。

多模态大模型的技术优势与应用场景

多模态大模型能够融合文本、图像、音频、视频等多种类型的数据，实现对信息的全方位理解与处理。

在智能客服场景中，多模态大模型的应用使交互更加自然和高效。客户可以通过语音、文字甚至手势与客服系统进行交流，系统能够根

据客户的语音语调、表情动作等多模态信息，更准确地理解客户的情绪和意图，提供更贴心的服务。当客户情绪激动地咨询信用卡被盗刷问题时，多模态客服系统不仅能理解客户的文字诉求，还能通过语音识别感知客户的焦急情绪，及时安抚客户并快速启动应急处理流程。

在风险管控方面，多模态大模型结合文本数据与图像识别技术，可以更精准地进行身份验证和反欺诈检测。在开户环节，利用人脸识别技术对客户身份证照片和现场视频进行比对，同时结合文本信息进行交叉验证，有效防止身份冒用。多模态大模型可以同时监测交易行为的异常模式，如通过分析交易 IP 地址的变化、设备指纹信息以及客户的行为习惯等多模态数据，及时发现潜在的欺诈交易。

在营销领域，多模态大模型助力银行实现更精准的客户画像与个性化营销。通过分析客户在社交媒体上发布的图片、视频以及文字评论等多模态数据，银行可以深入了解客户的兴趣爱好、消费偏好和生活方式，从而制定更具针对性的营销策略。如果发现某客户在社交媒体上频繁发布旅游相关的图片和文字，银行可以为其推荐旅游信用卡或旅游贷款产品。

银行业多模态大模型的发展现状与挑战

目前，部分头部银行已率先开展多模态大模型的探索与应用，并取得了一定成效。工商银行建成全栈自主可控的千亿级参数规模 AI 大模型技术体系，在金融市场、信贷风控、网络金融等领域数十个业务场景落地应用，其中不乏多模态技术的创新实践。交通银行与科大讯飞、华为等头部科技企业合作，构建出多层次、多能力、多形态的千亿级金融大模型，在多模态融合应用方面积极探索。

然而，银行业多模态大模型的发展仍面临诸多挑战。从技术层面看，多模态数据的融合与协同处理是一个复杂的问题，需要解决不同模态数据之间的语义对齐、特征融合等难题，以确保模型能够准确理解和处理多源信息。同时，多模态大模型的训练需要消耗大量的计算资源和时间，对银行的算力基础设施提出了更高要求。

在合规方面，多模态大模型的应用涉及更多的隐私和安全问题，如人脸识别数据的使用、语音信息的保护等，银行需要严格遵守相关法律法规，确保客户数据的合法合规使用。

随着人工智能技术的不断进步，银行业多模态大模型有望迎来更广阔的发展前景。例如，量子计算等新兴技术的发展，为多模态大模型的训练和应用提供了更强大的算力支持；更多多模态融合算法和模型架构方面的技术突破，也将进一步提高模型的性能和效率。

第十二章　处理好银行信息化建设与大模型建设的关系

一、统一规划原则

为了确保大模型与现有系统的融合能够顺利进行，银行需要制定统一的规划原则，以指导大模型的开发应用和现有系统的升级。

制定长期战略

长期战略关乎未来较长时间的发展方向与目标，不仅要契合银行整体发展的节奏和目标，还要与科技发展规划在技术应用、创新布局等方面形成有机统一。具体而言，要综合考虑多方面因素。业务需求方面，需依据自身业务情况确定大模型应用场景、目标以及现有系统升级方向；技术趋势上，应密切关注人工智能和大模型的最新动态及其在银行业的应用前景，保障战略的先进性与可行性；竞争环境层面，要深入分析竞争对手在大模型应用和系统升级的策略与行动，以获取竞争力和差异化优势；监管要求也不容忽视，需考虑监管机构对大模型应用和系统升级的要求与限制，确保战略合规且可持续。基于这些因素，银行可制定涵盖大模型应用方向、现有系统升级目标、技术路线图、组织架构调整等内容的长期战略，且这一战略的制定离不开高层管理层的支持与参与，只有这样才能保证战略的一致性和可执行性。

制定近期规划

银行制定近期规划，是为了明确在未来较短一段时间内信息系统融合建设的具体行动计划，这对银行的高效运营和业务推进起着关键作用。在拟定短期规划时，银行需全面考量诸多因素。资源约束方面，要精准评估自身所拥有的人力、物力以及财力等资源状况。例如，人力资源上需分析各岗位人员的数量、专业技能水平是否能满足规划任务的需求；物力方面，审视办公设备、营业网点设施等是否充足；财力上，核算可用于业务拓展、系统升级等方面的资金额度，以此确定短期规划的可行性和各项任务的优先级。

从业务重点来看，银行必须清晰界定当前的核心业务以及面临的挑战。例如，当下信用卡业务的风险控制、储蓄业务的客户拓展等是重点关注领域，便可以挖掘大模型提升信用卡风险评估以及优化流程来提升储蓄业务的办理效率。

技术能力的评估同样不可或缺。银行要对自身的数据质量进行核查，确认数据的准确性、完整性和时效性；考量计算资源是否足以支撑短期内业务数据处理和模型运行的需求；审视已有的算法模型是否适应业务发展的最新要求，以此确定短期规划在技术层面的可行性和潜在风险。

组织文化也是不容忽视的因素。银行需充分考虑自身的组织文化特点，以及变革管理能力。若银行内部文化相对保守，在推行新的业务流程或技术应用时，可能面临较大阻力；而强大的变革管理能力则能有效推动新规划的实施。通过对这些方面的考量，来确定短期规划在银行内部的接受度和推动力。

基于上述多方面因素的综合考量，银行就可以制定出科学合理的近期规划。这份规划涵盖大模型的具体应用项目，如在客户服务领域引入大模型实现智能客服；明确现有系统的升级任务，像对核心业务系统进行性能优化；规划资源配置计划，合理分配人力、物力和财力资源；制定详尽的时间进度安排，确保各项任务按计划有序推进。短期规划的成功制定也离不开中层管理层和业务部门的积极参与和大力支持——中层管理层能够将高层战略意图与基层实际情况相结合，业务部门则能从一线业务角度提供实际操作层面的建议。

统一规划原则的实施

确保大模型与信息系统统一规划原则的有效落地实施，是银行在科技驱动变革中取得成功的关键所在。为此，银行需要从多个维度、系统性地推进一系列重要举措。

高层引领是先决条件。高层领导作为银行数字化战略的领航者，他们对大模型与信息系统统一规划原则的全力支持和深度参与是融合发展的基石。只有高层深刻认识到统一规划对银行在数字化时代实现长远发展的战略价值，并积极投入其中，才能在战略制定、资源分配等关键环节发挥主导作用，确保从顶层设计到具体执行的每一个层面都保持战略方向的一致性，使规划不再只是理论设想，而是转化为切实可行的行动方案，为银行的科技变革筑牢根基。

跨部门协同是保障融合落地的核心环节。银行内部业务部门、技术部门、管理部门职责不同却又紧密相连。为打破部门间的沟通障碍，银行必须建立高效的跨部门协同机制。比如，定期组织跨部门沟通会议，让各部门围绕大模型与信息系统融合中的重点项目、关键问题进行充分交流；成立联合攻关小组，针对大模型与现有信息系统的深度融合等复杂任务开展协同工作。通过这些方式，促进各部门之间的信息流通与协同合作，确保统一规划在各个业务环节和职能领域都能顺利推进。

培训赋能是提升员工能力与认知的重要途径。在大模型与信息系统统一规划的实施过程中，员工是具体的践行者，他们的能力和对新技术的认知程度直接影响融合成效。银行应加强对员工的全面培训，内容涵盖大模型的技术原理和应用场景；传授信息系统优化与整合的方法，帮助员工掌握提升数据处理效率和业务流程自动化的技巧；讲解数字化转型中的组织管理变革，让员工能够积极适应并推动银行的科技变革。通过丰富多元的培训课程、线上学习平台、实际案例分享等形式，全面提升员工能力以及对统一规划的理解和执行能力。

激励驱动是激发员工积极性和创造力的有力工具。银行需要构建一套科学合理的激励体系，将绩效考核与大模型和信息系统统一规划目标紧密结合，对在融合实施过程中表现卓越、为推动大模型与信息系统融合发展做出突出贡献的员工给予绩效加分；提供更多晋升机会，让优秀人才在符合规划发展方向的工作中崭露头角；设立专项奖励计划，如技术创新奖、融合突破奖等，对在业务与技术融合、协同创新方面提出创新思路和有效方案的团队或个人给予物质奖励，充分激发员工的主观能动性。

监控优化是确保规划执行效果和持续改进的关键保障。银行需建立健全监控评估机制，精准设定与大模型和信息系统统一规划紧密相关的关键指标，如大模型在业务场景中的应用渗透率、信息系统整合后的运行效率提升率、客户体验改善率等。通过定期的检查和反馈，及时掌握规划执行进度，发现执行过程中的偏差和问题。例如，每月进行一次指标数据分析，每季度开展一次全面的规划执行情况评估，根据评估结果及时调整策略和行动计划，实现规划的持续优化和改进。

二、分步实施策略

分步实施路径是指将大模型的应用和现有系统的升级分解为多个阶段，每个阶段都有明确的目标、任务和时间节点，以确保业务的连续性和稳定性。

第一阶段：需求调研与分析

需求调研与分析是起步环节，其目的在于精准确定大模型的应用场景以及现有系统的升级需求。通过一系列细致的需求调研与分析工作，银行能够清晰明确大模型的应用场景、现有系统的升级需求、数据治理任务、合规管理任务以及项目的可行性和优先级，为后续工作的顺利开展奠定坚实基础。

具体而言，银行需要多方协同开展工作。在业务需求调研方面，与业务部门紧密合作，深入了解业务流程中存在的痛点以及实际需求，以此明确大模型的应用场景和目标，比如找出信贷审批流程中效率低下的环节，探索大模型如何优化审批流程；技术需求分析上，联合技术部门对现有系统的技术能力进行全面评估，从而确定系统升级的方向与目标，像是考量现有系统的运算速度、兼容性等，决定是否需要升级硬件或优化算法；数据需求分析时，和数据部门共同评估现有数据的质量与可用性，进而确定数据治理和数据准备任务，如检查数据的准确性、完整性，对数据进行清洗和整理；法规合规分析过程中，与合规部门协作，评估大模型应用和系统升级是否符合法规要求，明确合规管理任务，确保所有操作在法律框架内进行。同时，还要进行成本效益分析，全面评估大模型应用和系统升级所需的成本以及可能带来的效益，以此确定项目的可行性和优先级。

第二阶段：技术选型与采购

在第二阶段，银行需要有条不紊地开展技术选型与采购工作，精准确定大模型的技术和工具，同时制定出科学合理的现有系统升级方案。

首先是技术选型，银行要全面深入地评估市场上琳琅满目的大模型技术和工具。在此过程中，提前构建大模型性能评测数据集和试用案例库尤为重要。评测数据集应涵盖银行各类典型业务数据，如信贷数据、交易数据、客户信息数据等，确保数据的多样性、准确性和完整性，以全面检验大模型在不同业务场景下的表现。试用案例库则收集整理银行过往以及可能面临的实际业务问题和应用场景，例如复杂的金融风险预测场景、多样化的客户需求分析场景等。

利用构建好的评测数据集和试用案例库，对可供选择的大模型进行评测试用。通过一系列严格的测试流程，包括准确性测试，验证大模型对金融数据的分析结果与实际情况的契合度；效率测试，评估大模型处理海量金融数据的速度和响应时间；稳定性测试，观察大模型在长时间运行以及面对数据波动时的表现等。同时，结合银行业务的独特需求以及自身的技术能力，包括现有技术团队对新技术的掌握程度、技术基础设施的承载能力等，从而筛选出最契合的解决方案。

工具采购环节同样不容忽视，在选定大模型技术和工具后，就要着手采购相关的软件许可，确保合法使用各类先进的算法模型软件；采购适配的硬件设备，像高性能的服务器、存储设备等，为大模型的运行提供坚实的硬件支撑；以及根据自身业务特点和成本效益分析，选择合适的云服务，比如公有云、私有云或混合云，以满足数据存储和运算的需求。

制定现有系统的升级方案也是关键任务。这涵盖了系统架构调整，要根据大模型应用的需求以及未来业务发展方向，对现有系统架构进行优化，增强系统的稳定性和扩展性；功能模块升级，针对业务痛点和新的业务需求，对现有系统的功能模块进行改进和拓展，例如优化客户服务模块，使其能与大模型驱动的智能客服更好地协同工作；接口对接工作也极为重要，确保大模型与现有系统之间、现有系统各模块之间的数据交互顺畅，打破信息孤岛。

供应商管理在这一阶段也扮演着重要角色。银行要审慎选择合适的供应商，尤其要注重大模型供应链安全。对于大模型技术供应商，除了考察其技术实力、行业口碑、售后服务等常规因素外，还需深入评估其供应链的安全性和稳定性。确认供应商是否具备完善的数据安全防护体系，防止数据泄露风险；了解其技术研发和更新的可持续性，避免因供应商自身问题导致技术供应中断。对于系统集成商，要求其具备丰富的金融行业项目经验，能够高效地将大模型与现有系统集成在一起，同时确保集成过程中的数据安全和系统稳定。数据服务商则要保证数据的质量、安全性和供应的稳定性，严格遵守数据隐私保护法规，防止数据被恶意篡改或滥用。

项目预算管理是保障项目顺利开展的重要因素。银行需制定详细的项目预算计划，全面涵盖采购成本，即购买大模型技术和工具、硬件设备等所需的费用；实施成本，包括系统集成、测试、培训等过程中的费用支出；运营成本，如后期系统维护、技术升级、人员薪酬等费用。通过精确的预算管理，合理分配资源，确保项目在预算范围内高质量完成。

第三阶段：项目实施与测试

进入至关重要的第三阶段，银行将全力聚焦于项目实施与测试，旨在把精心规划的大模型应用和现有系统升级方案转化为实际运行的成果，并通过严格验证确保其质量与效能。

在项目实施环节，银行需严格依据前期制定的项目计划和精准预算，有条不紊地推进大模型应用和现有系统升级的落地工作。这要求项目团队对每个任务的时间节点、责任人以及交付成果都有清晰的界定和严格的把控。例如，明确规定在某一时间段内，完成大模型核心算法的部署，以及现有系统中特定模块的升级改造任务，确保各项工作按部就班地开展，不出现延误或资源浪费的情况。

系统集成是该阶段的关键步骤，它涉及将大模型技术与现有系统进行深度融合。数据集成方面，要对银行现有的海量数据进行梳理和整合，消除数据冗余和不一致性，建立统一的数据标准和规范，确保大模型能够获取准确、完整的数据进行分析和学习；接口对接工作则需确保大模型与现有系统之间的通信顺畅，对接口的稳定性、兼容性和安全性进行严格测试，防止出现数据传输错误或接口崩溃等问题；流程优化也是系统集成的重要部分，要根据大模型应用和现有系统升级后的功能特点，重新审视和优化业务流程，减少不必要的人工干预，提高工作效率。

用户培训对于确保新系统的顺利使用至关重要。银行要分别对业务部门和 IT 部门开展针对性的培训。针对业务部门，培训内容侧重于让员工熟悉大模型应用和现有系统升级后的新功能和实际操作流程。通过实际案例演示、模拟操作和现场指导等方式，使业务人员能够熟练运用新系统完成日常工作，如客户服务人员能够利用大模型驱动的智能客服系统快速准确地解答客户问题，信贷人员能够借助新系统更高效地进行风险评估和贷款审批。对于 IT 部门，培训重点则放在系统的维护、管理和故障排除方面，使他们掌握大模型和现有系统的技术架构、运行原理以及常见问题的解决方法，确保在系统出现故障时能够迅速响应并解决问题，保障系统的稳定运行。

系统测试是保障系统质量的关键环节，银行需对大模型应用和现有系统升级进行全面、深入的测试。功能测试主要验证系统是否满足预定的业务功能需求，例如大模型在风险预测、客户分类等方面的功能是否准确无误，现有系统升级后的各个模块是否能够正常运行，各项业务操作是否符合预期。性能测试则关注系统在高并发、大数据量等情况下的运行表现，包括系统的响应时间、吞吐量、资源利用率等指标。例如，模拟大量客户同时进行在线交易，测试系统能否在短时间内准确处理交易请求，并且不出现性能瓶颈。安全测试尤为重要，要全面检测系统的安全性，包括数据加密、用户认证、权限管理等方面，发现并修复潜在的安全隐患，防止系统遭受黑客攻击、数据泄露等安全威胁。

在测试过程中，一旦发现问题，银行需迅速组织专业人员进行问题修复。这不仅要解决表面的故障，还要深入分析问题产生的根源，从技术架构、代码逻辑、数据质量等多个层面进行优化。例如，如果在性能测试中发现系统响应时间过长，可能需要对大模型的算法进行优化，或者对现有系统的硬件资源进行升级；如果在功能测试中发现某个业务功能存在错误，需要对相关的代码进行修改和调试。通过不断地修复问题和优化系统，提升大模型应用和现有系统升级的功能和性能，确保系统能够稳定、高效地运行。

第四阶段：上线运营与监控

在第四阶段，银行需要进行上线运营与监控，以确保大模型应用和现有系统升级的稳定运行和持续优化，并评估其对业务的价值和影响。具体步骤包括：

1. **系统上线**。将大模型应用和现有系统升级正式上线运行，并进行监控和运维。

2. **运营监控**。对大模型应用和现有系统升级进行持续的监控和运维，包括性能监控、故障排查、安全管理等。

3. **用户反馈**。收集业务部门和用户的反馈意见，了解大模型应用和现有系统升级的效果和改进需求。

4. **持续优化**。根据用户反馈和运营监控的结果，对大模型应用和现有系统升级进行持续的优化和改进。

5. **绩效评估**。评估大模型应用和现有系统升级的绩效，包括业务指标、技术指标、用户满意度等。

第五阶段：总结与回顾

在第五阶段，银行需要进行总结与回顾，以总结项目经验教训并指导未来的工作。具体步骤包括：

1. **项目总结**。总结大模型应用和现有系统升级项目的经验教训，包括成功因素、失败原因、改进建议等。

2. **知识管理**。将项目经验教训进行知识管理，包括文档记录、经验分享、培训教育等。

3. **绩效回顾**。回顾大模型应用和现有系统升级的绩效，包括业务指标、技术指标、用户满意度等。

4. **战略调整**。根据项目总结和绩效回顾的结果，调整银行的长期战略和短期规划。

5. **持续改进**。根据项目总结和绩效回顾的结果，推动银行的持续改进和文化变革。

通过总结与回顾，银行可以总结项目经验教训、推动知识管理、调整战略规划并推动持续改进。

三、人才与技术保障

在银行业中，大模型的应用和现有系统的升级需要强有力的人才与技术保障。人才是推动大模型应用和系统升级的关键，而技术则是实现这些目标的基础。本节将详细介绍银行业中人才与技术保障的重要性、实施策略以及未来展望。

人才保障的重要性

大模型的应用和系统升级涉及多个领域和专业的知识，包括人工智能、机器学习、数据科学、软件工程等。因此，银行需要具备跨学科、跨专业的复合型人才，以推动大模型的应用和系统升级。

1. **数据科学家**。负责收集、清洗和分析数据，构建和优化大模型的算法模型。

2. **机器学习工程师**。负责开发、训练和部署大模型，解决实际业务问题。

3. **软件工程师**。负责开发和维护现有系统，推动系统升级和优化。

4. **业务专家**。负责将业务需求转化为技术需求，推动业务与技术的融合。

5. **项目经理**。负责项目的计划、执行和监控，确保项目按时、按质完成。

技术保障的重要性

大模型的应用和系统升级涉及复杂的技术架构和算法模型，因此，银行需要具备先进的技术基础设施和技术能力，以支持大模型的应用和系统升级。

具体来说，银行需要以下方面的技术保障：

1. **计算资源**。包括高性能服务器、GPU 集群、云计算平台等，用于大模型的训练和推理。

2. **数据基础设施**。包括数据仓库、数据湖、数据治理工具等，用于数据的存储、管理和分析。

3. **软件工具**。包括大模型框架、开发工具、测试工具等，用于大模型的开发、测试和部署。

4. **网络安全**。包括防火墙、入侵检测系统、加密算法等，用于保护大模型和现有系统的安全性。

5. **运维能力**。包括监控工具、日志分析工具、自动化运维工具等，用于大模型和现有系统的运维和管理。

人才与技术保障的实施策略

为了保障人才和技术的供给，银行可以采取以下实施策略：

1. **内部培养**。通过内部培训、轮岗、导师制等方式，培养复合型人才和技术专家。

2. **外部招聘**。通过校园招聘、社会招聘等方式，吸引外部的优秀人才和技术专家。

3. **合作交流**。与高校、研究机构、科技公司等合作，进行技术交流、联合研究和项目合作。

4. **技术采购**。采购先进的技术工具和平台，提升银行的技术能力。

5. **持续学习**。鼓励员工持续学习和提升自己的专业技能，以适应技术的发展和变化。

未来展望

人才与技术保障是推动大模型应用和系统升级的关键。银行业需要注重人才的培养和技术的创新，以推动业务的发展和竞争力的提升。在人才方面，银行业需要加大对复合型人才和技术专家的培养力度，提高员工的专业技能和创新能力。同时，银行业也需要关注员工的工作生活平衡，提供有竞争力的薪酬福利和职业发展机会，以吸引和留住优秀的人才。

在技术方面，银行业需要加大对先进技术的研发和应用力度，推动技术的创新和发展。同时，银行业也需要关注技术的安全性和合规性，确保技术的使用符合法律法规的要求。

四、小模型与大模型的协同发展策略

在银行业中，小模型和大模型在解决不同业务问题方面具有各自的优势。小模型通常具有轻量级、可解释性强、灵活性高等特点，适用于解决特定的、相对简单的问题；而大模型则具有大规模、高容量、泛化能力强等特点，适用于解决广泛的、复杂的问题。因此，如何实现小模型与大模型的协同发展，需要综合考虑模型选择与集成、数据治理与共享、模型更新与维护等因素，这成为银行业的一个重要课题。

模型选择与集成

在实现小模型与大模型的协同发展时，首先需要根据具体业务需求选择合适的小模型与大模型进行集成。具体来说，需要考虑以下几个因素：

1. **业务问题的性质**。对于特定的、相对简单的问题，如风险评估、智能客服等，可以选择小模型进行解决；而对于广泛的、复杂的问题，如智能投顾、智能风控等，则可以选择大模型进行解决。

2. **数据的可用性**。对于数据量较小、质量较高的问题，可以选择小模型进行解决；而对于数据量较大、质量较低的问题，则可以选择大模型进行解决。

3. **计算资源的约束**。对于计算资源有限的问题，可以选择小模型进行解决；而对于计算资源充足的问题，则可以选择大模型进行解决。

4. 业务的时效性。对于对实时性要求较高的问题，可以选择小模型进行解决；而对于对实时性要求较低的问题，则可以选择大模型进行解决。

在选择合适的小模型与大模型后，需要进行集成设计以实现优势互补，包括模型的输入输出设计、模型的训练与推理流程设计、模型的部署与运维设计等，提高业务问题的解决效果。

数据治理与共享

在实现小模型与大模型的协同发展时，需要建立统一的数据治理体系，确保小模型与大模型之间的数据共享与一致性。一般情况下，需要考虑以下几方面：

1. 数据的标准化。对小模型与大模型使用的数据进行标准化处理，包括数据的格式、编码、质量等，以提高数据的可比性和可用性。

2. 数据的共享机制。建立小模型与大模型之间的数据共享机制，包括数据的存储、传输、访问等，以提高数据的共享效率和效果。

3. 数据的安全与隐私。对小模型与大模型使用的数据进行安全与隐私保护，包括数据的加密、脱敏、访问控制等，以确保数据的安全性和隐私性。

4. 数据的生命周期管理。对小模型与大模型使用的数据进行生命周期管理，包括数据的采集、存储、处理、应用等，以提高数据的利用效率和效果。

模型更新与维护

在实现小模型与大模型的协同发展时，需要定期对小模型与大模型进行更新与维护，保持其准确性与可靠性。总体上看，需要考虑以下关键因素：

1. **模型的评估与优化**。定期对小模型与大模型进行评估与优化，包括模型的性能评估、参数调优、算法改进等，以提高模型的准确性和鲁棒性。

2. **模型的版本控制**。对小模型与大模型进行版本控制，包括模型的版本号、更新时间、更新内容等，以提高模型的可追溯性和可管理性。

3. **模型的监控与预警**。对小模型与大模型进行监控与预警，包括模型的性能监控、异常检测、故障预警等，以提高模型的可靠性和可用性。

4. **模型的文档管理**。对小模型与大模型进行文档管理，包括模型的原理说明、使用指南、常见问题等，以提高模型的可理解性和可维护性。

五、差异化实施路径

在数字化转型的浪潮中，大模型技术正深刻改变着银行业的发展格局。头部银行和区域银行由于资源、规模、市场定位等方面的差异，在大模型落地应用上呈现出截然不同的战略选择，且在自研与合作模式上也各有侧重。深入剖析两者的差异化实施路径，对银行业更好地利用大模型技术提升竞争力具有重要意义。

头部银行的自研模式：技术引领，全面布局

头部银行凭借强大的资金实力、丰富的技术人才储备以及海量的业务数据，在大模型落地应用上具备开展自研的坚实基础。以平安银行为例，自主研发大模型开放平台，大力加强算力平台、大模型底座、大模型开发运维一体化（ops）、智能体（agent）、应用开发平台等基础能力建设。这一举措为其在营销支持、内部运营、风险管控、办公辅助

等多个领域的研发应用提供了通用能力模型和一站式场景定制服务。

在营销支持方面，通过自研大模型对客户数据进行深度分析，精准洞察客户需求与偏好，实现更精准的营销推广，有效提高营销转化率；在风险管控领域，自研大模型凭借对复杂风险因素的深度挖掘与分析预测能力，能够及时、准确地识别和防范各类风险。

自主研发大模型虽前期投入巨大，包括大量资金用于硬件设施搭建、技术人才招募与培养，以及长时间的研发周期，但一旦成功，头部银行将拥有完全自主可控的核心技术，可根据自身业务需求进行深度定制与优化，实现最大程度的业务适配。还能在市场中形成独特的竞争优势，引领行业技术发展方向。

头部银行的合作模式：打造生态，引领行业标准

头部银行在大模型应用过程中，除了自主研发，也注重与外部伙伴合作打造生态系统。它们与知名科技企业、高校科研机构等多方开展合作，整合各方资源，共同探索大模型技术在金融领域的创新应用。

头部银行还能凭借其行业影响力，在制定大模型应用标准和规范方面发挥引领作用。它们积极参与行业协会组织的大模型技术研讨和标准制定工作，从数据安全、模型合规、应用效果评估等方面建立行业共识，推动大模型在银行业的健康、有序发展。

区域银行：聚焦特色，合作共赢

区域银行受限于资源和规模，在大模型应用上多选择与外部科技公司合作共建的模式。江苏银行依托"智慧小苏"大语言模型服务平台，成功本地化部署微调 DeepSeek-VL2 多模态模型、轻量 DeepSeek-R1 推理模型——利用 DeepSeek-VL2 多模态模型能够同时处理文本、图像、语音等多种数据类型的特点，解决票据识别、合同解析等复杂多模态场景问题，降低了算力成本；借助 DeepSeek-R1 模型在模型规模和性能上的优势，进行风险评估、投资分析等复杂任务以及报告撰写、合规审查等文本生成工作。海安农商银行在营销过程中借助 DeepSeek 大语言模型向用户介绍银行情况，从资本实力、市场份额、服务质量、金融产品、社会责任等多个维度进行分析总结。

这种合作模式使区域银行能够以较低成本获取先进的大模型技术，快速将其应用于区域特色业务和客户需求场景，提升业务处理效率和服务质量合作共建，降低成本与风险。

一些区域银行还会联合成立大模型应用研究小组，探讨适合区域银行的大模型应用方案，互相借鉴成功经验，共同应对技术难题。

对于区域银行而言，合作共建模式避免了独自研发带来的高成本与高风险，获取外部专业的技术支持与行业经验，同时能够将有限的资源集中投入到业务拓展与客户服务上。

第四部分

技术基石

——大模型落地的支撑体系

第十三章 银行数据治理与管理：数智化转型的基石

银行业数字化、智能化转型的浪潮奔涌向前，这其中数据已无可争议地成为驱动业务创新、优化风险管理、提升客户体验的核心。然而，数据的爆炸式增长、来源的多样化以及日益严格的监管要求，也给银行带来了前所未有的挑战。本章将深入探讨银行在数字化智能化升级背景下，数据治理与管理的核心要求、关键技术、实践路径以及未来趋势，重点剖析数据治理与质量提升、数据安全保障、数据湖与数据仓库建设、数据要素流通与联邦学习等关键议题。

一、数据治理与数据质量提升：夯实智能决策之基

在银行的数字化蓝图中，数据治理与数据质量是构建一切上层应用和智能决策的基础。缺乏有效治理和高质量的数据，如同在流沙上建造楼阁，不仅无法支撑稳健的业务运营，更可能引发合规风险和决策失误。

数据治理的战略价值与核心目标

数据治理贯穿数据从产生到消亡的全生命周期，旨在确保数据的可用性、完整性、一致性、准确性、时效性和安全性，它并非简单的技术任务，而是一项涉及战略、组织、流程和技术的系统工程。

一是满足监管合规要求。银行业面临《中华人民共和国网络安全法》《中华人民共和国数据安全法》《中华人民共和国个人信息保护法》以及金融监管机构（如中国人民银行、金融监管总局）的严格规定。有效的数据治理体系，通过明确数据标准、追踪数据血缘、实施分类分级、加强隐私保护，能够系统性地满足监管报送、风险计量、反洗钱、客户权益保护等合规要求，是银行稳健经营的"生命线"。

二是驱动精细化风险管理。从信用风险评估的准确性，到市场风险模型的灵敏度，再到操作风险事件的预防，都高度依赖高质量的数据。数据治理通过建立权威数据源、监控数据质量、完善风险数据集市，为风险计量、预警、压力测试提供可靠输入，是提升银行风险抵御能力的"防火墙"。

三是赋能高效的业务运营与创新。银行日常运营涉及海量的交易数据和客户交互信息。数据治理通过标准化流程、打通数据孤岛、提升数据处理效率，能够优化核心业务系统性能，支撑 7x24 小时不间断服务。更重要的是，高质量、易于获取的数据能够激发业务创新，例如，通过整合客户数据进行精准画像，银行可以提供更个性化的金融产品和服务，提升客户满意度和忠诚度，这体现了数据治理的"进攻性"价值，即利用数据创造收入和提升客户满意度。

四是支撑智能化的决策制定。无论是高层管理者的战略决策，还是业务部门的营销策略，抑或是风险控制模型的迭代优化，都需要及时、准确、全面的数据洞察。数据治理确保决策所依据的数据是可信赖的，为数据分析、商业智能（BI）、人工智能（AI）应用提供坚实基础，推动银行从"经验驱动"向"数据驱动"的智能化决策范式转型。

数据质量提升的核心路径与挑战

数据质量是数据治理的最终落脚点，其核心维度包括准确性、完整性、一致性、时效性、唯一性和有效性。提升数据质量需要系统性的方法和持续的努力。

第一是制定并推行企业级的数据标准，涵盖数据模型、数据字典、编码规范等。例如在客户信息管理方面，统一姓名、身份证号、联系方式等关键数据的格式与录入要求，确保从各业务系统（储蓄、信贷、理财等）收集的客户数据具有一致性。在对公业务中，对企业客户的行业分类、注册资本、经营范围等数据依据国家标准与行业惯例制定统一编码规范，从数据产生的源头把控质量，减少因标准不一致导致的数据混乱与错误，为后续的数据整合与分析奠定坚实基础。

第二是借助自动化工具和规则引擎，对存量数据进行深度探查与清洗。以信贷数据为例，利用大数据分析工具筛选出贷款金额异常（如远超行业均值或与企业规模严重不符）、贷款期限不合理（如期限过短或过长不符合业务逻辑）、客户信用评级缺失或异常的数据记录。对于重复的客户信息，通过算法比对身份证号、手机号等唯一标识进行识别并删除冗余；对于错误数据，如利率录入错误，及时进行修正；对于缺失数据，依据历史数据、行业模型或关联数据进行填充，或者在无法填充时予以剔除，确保数据的准确性与完整性，提升数据可用性。

第三是将银行内部多个独立运行的系统进行数据整合与转换。通过 ETL（抽取、转换、加载）或 ELT 等技术打破系统壁垒。例如将信用卡消费记录、还款记录与储蓄账户的资金流水、余额等数据进行抽取，按照统一的数据格式与业务规则进行转换，消除因系统不同造成的字段名称、数据类型不一致的问题，形成涵盖客户全方位金融行为的统一视图，为精准营销、风险评估等提供全面数据支持。

第四是建立常态化的数据质量监控机制，针对关键数据元素（如不良贷款率、资本充足率、客户投诉率等）定义质量规则和校验逻辑。运用数据质量工具对数据进行实时或定期自动化监控，例如设定不良贷款率波动范围，当实际数据超出阈值时自动预警；量化数据质量水平，通过计算数据准确性、完整性、一致性、及时性等指标得分，生成详细的质量报告。例如以月度为周期，向管理层汇报各业务板块数据质量情况，如零售业务数据准确性得分 85 分，较上月提升 3 分，同时指出部分网点客户地址信息完整性不足等问题，以便及时采取改进措施。

第五是识别客户、产品、机构等核心业务实体的"黄金记录"——主数据管理（MDM）。在客户主数据管理中，整合来自不同渠道（线上平台、线下网点、合作机构等）的客户信息，经过数据清洗与比对，确定最准确、最权威的客户资料作为主数据。当银行推出新的理财产品时，基于准确的客户主数据进行精准营销，避免因客户信息错误或重复导致营销资源浪费，确保关键数据在账户管理系统、营销系统、客服系统等各系统间保持一致性和权威性，提升客户服务效率与质量。

第六是进行元数据管理。构建企业级的数据资产目录，详细描述数据的业务含义（如贷款五级分类的定义与用途）、技术属性（数据存储格式、字段长度）、血缘关系（数据从哪个业务环节产生，经过哪些系统加工）、质量状况（数据准确性、完整性评分）和安全要求（客户敏感信息的加密级别）。通过元数据管理，银行工作人员能够快速了解数据的来龙去脉与可用情况，提升数据的透明度和可发现性。在开发新的风险评估模型时，数据分析师借助元数据目录迅速找到所需的历史信贷数据及其相关说明，加快模型开发进程。

第七是组织保障与文化建设。建立清晰的数据治理组织架构，董事会负责制定数据战略与重大决策；高级管理层监督执行，确保资源配置；数据治理归口管理部门牵头实施，协调各部门工作；业务部门作为数据的产生者与使用者，负责本领域数据治理。明确数据所有者（如业务部门负责人对本部门业务数据负责）、管理者（数据治理部门人员负责数据标准制定与监控）和使用者（一线员工按规范使用数据）

的职责。同时，通过开展数据素养培训、设立数据质量奖励机制等方式，培育全员参与的数据文化。例如，对在数据治理工作中表现突出的团队或个人给予表彰与奖励，提升员工的数据质量意识，使数据治理成为银行上下共同遵循的工作准则与价值追求。

关键技术支撑体系

银行的数据治理与数据质量提升离不开以下先进技术的支撑。

其一是数据集成技术（ETL/ELT）。通过抽取、转换、加载或抽取-加载-转换技术框架，能将关系型数据库、NoSQL 数据库、API 接口及文件系统等多种数据源中的数据进行高效整合。利用数据清洗模块处理缺失值、重复记录等问题，通过转换引擎实现数据类型转换等操作，再由调度系统保障任务的定时执行和异常处理，为数据仓库构建、商业智能分析及机器学习数据预处理等工作提供标准化的数据，助力银行从海量数据中挖掘有价值的信息，为决策提供支持。

其二是数据存储技术——数据仓库和数据湖。数据仓库为银行提供结构化、高质量的数据，便于进行传统的 BI 分析，帮助银行进行常规的业务统计和分析，如财务报表分析、客户行为分析等。而数据湖能够容纳海量的多类型原始数据，包括结构化、半结构化和非结构化数据，为银行的大数据分析和 AI 应用提供了丰富的素材。例如对客户的文本评价、图像视频等非结构化数据进行分析，挖掘客户的潜在需求和风险。现代银行构建的湖仓一体架构则将两者的优势结合，既能进行高效的数据分析，又能灵活处理各种类型的数据，为数字化转型提供了强劲动力。

其三是数据质量工具，能够对银行数据进行全面的探查、清洗、校验、监控和报告。该工具能确保数据的准确性、完整性和一致性，还可以帮助银行数据治理人员快速定位和解决问题。

其四是元数据管理平台，能够清晰地定义和描述数据的来源、含义、关系等信息。通过血缘追踪，银行人员可以了解数据的来龙去脉，便于在数据出现问题时快速溯源。同时，平台的语义共享功能确保不同部门和人员对数据的理解一致，提高数据的共享效率和应用价值，使银行的数据资产得到更好的管理和利用。

其五是主数据管理（MDM）平台，能够为银行核心业务实体建立和维护单一的、准确的视图。它整合了不同系统中关于同一实体的信息，消除了数据的不一致性和冗余，确保银行在进行客户服务、风险管理、产品营销等业务时，使用的是统一的、高质量的主数据，提升银行的业务运营效率和客户体验，也为银行的决策提供了准确的基础数据。

其六是人工智能与机器学习技术（AI/ML），可以智能识别数据中的异常模式，及时发现潜在的风险和问题，还能自动填充缺失值，提高数据的完整性，帮助银行更好地利用数据进行精准营销、风险评估和客户服务等。

其七是隐私计算技术（如联邦学习、多方安全计算），助力在不泄露数据本身的情况下，实现跨机构的数据合作。该技术让银行可以充分利用外部数据资源，拓展数据应用的广度和深度，同时满足监管要求和客户隐私保护的需要，为银行开展更丰富的业务创新提供了技术支持。

其八是云计算平台，能够为银行提供弹性、可扩展的资源。在数据量增长或业务高峰期，银行可以轻松地获取更多的计算和存储资源，满足数据处理和分析的需求；而在业务低谷期，则可以灵活调整资源配置，降低成本。云计算平台还具有高可靠性和安全性，为银行的数据治理和分析工作提供了稳定、可靠的基础架构支持。

实践案例深度解析

农业银行的数据治理实践体现了典型的"双线驱动"模式。外部监管合规是其治理工作的强劲推力，确保满足各项监管报送要求和数据安全法规。内部经营管理需求则是另一条主线，旨在通过高质量数据提升风险管理能力、优化客户服务和支撑业务决策。其关键在于建立了清晰的多层次运行机制，明确了从总行到分行、从业务部门到技术部门的职责分工。以监管数据质量问题为导向，意味着将解决监管机构发现的数据问题作为优先级，这既满足了合规要求，也直接提升了核心数据的质量。同时，农行将数据治理与数字化转型紧密结合，视其为转型成功的基石，而非独立的附加任务，从而获得了更强的内部推动力。这种模式有效地平衡了合规压力与业务价值创造。

兴业银行的实践重点在于夯实数据基础和建立科学的考核机制。通过制定明确的数据标准、加强数据源头管控、持续进行数据清洗和整合等多项举措，系统性地提升底层数据的质量。其独特之处在于将数据治理成效纳入考核体系，将数据质量责任落实到具体的部门和岗位，形成了有效的激励和约束机制。这种以结果为导向、以考核促落实的方式，极大地推动了数据治理工作的全面铺开和深入执行，确保了数据质量和准确性的持续提升。

这些案例共同说明，成功的数据治理需要高层支持、清晰的策略、合适的工具、明确的权责以及持续的投入和优化。

二、数据安全保障：数字化银行的生命线

在数据价值日益凸显的同时，数据安全也成为银行面临的最严峻挑战之一。数据泄露、网络攻击、内部操作风险等都可能对银行声誉、客户信任乃至生存构成致命威胁。因此，构建全面、纵深的数据安全保障体系是银行数字化转型的必备前提。

数据安全的核心目标与多重维度

银行数据安全保障的目标是保护数据在采集、传输、存储、处理、使用和销毁的全生命周期中，免遭未经授权的访问、泄露、篡改、破坏，确保数据的机密性、完整性和可用性。其重要性体现在：

第一，满足合规底线，遵守《中华人民共和国网络安全法》《中华人民共和国数据安全法》《中华人民共和国个人信息保护法》等法律法规及行业监管要求，是银行数据安全工作的基本要求。

第二，管理内外部风险，防范来自黑客攻击、勒索软件、钓鱼欺诈等外部威胁，以及员工误操作、恶意行为等内部风险。

第三，保障业务连续性，确保核心系统和数据的可用性，抵御因安全事件导致的服务中断。

第四，维护客户信任与声誉，保护客户的金融信息和个人隐私是银行的社会责任，也是赢得客户信任、维护品牌声誉的关键。

数据安全保障的关键方法与技术体系

构建银行级的数据安全保障体系，需要综合运用管理手段和技术措施。

在组织与制度建设层面，需重点推进三方面工作：首先基于 ISO 27001 国际标准构建覆盖全机构的信息安全管理体系（ISMS），明确安全管理组织架构并制定配套的政策制度、操作流程及责任分工；其次建立数据资产分类分级机制，依据数据敏感程度和业务价值实施精细化管控，针对不同等级数据匹配差异化的存储、传输及访问控制策略；同时要建立常态化安全培训机制，通过定期开展安全意识教育、攻防演练及技能考核，持续提升员工安全风险识别能力和应急响应水平。

技术防护措施涵盖多个层面以构建全方位安全体系：在访问控制方面，通过多因素认证、生物识别技术强化身份验证，基于最小权限原则和职责分离机制实施权限管理，并辅以访问行为审计；数据安全层面采用 SSL/TLS 加密传输通道，同时对存储中的数据库、文件等敏感数据进行加密保护；网络安全部署融合防火墙、入侵检测防御系统（IDS/IPS）、Web 应用防火墙（WAF）及网络隔离技术（如 VLAN、安全域划分），形成纵深防御架构；应用安全贯穿开发生命周期（SDLC），通过代码审计、漏洞扫描与修复实现安全加固；终端安全管理覆盖服务器、办公设备及移动终端的安全防护；数据防泄漏（DLP）系统实时监控网络传输、邮件收发、USB 外接等数据出口，阻断敏感信息外流；依托安全信息和事件管理（SIEM）平台集中采集分析系统日志，实现威胁实时监测、安全事件预警与快速响应；建立分级数据备份及灾难恢复机制保障业务连续性，同时强化数据中心、机房的门禁监控等物理安全措施，形成从数字空间到实体环境的立体防护网络。

另外还需要加快新兴技术应用，以前沿创新重塑数据安全与隐私保护体系。联邦学习通过分布式模型训练实现"数据不动算法动"的协作机制，多方安全计算运用密码学协议构建可信数据沙箱，同态加密技术则支持密文状态下的数据运算，三者共同构建起数据要素市场化流通的安全底座，为医疗联合研究、金融风控建模等跨机构协作场景提供合规化解决方案。零信任架构以"永不信任，持续验证"为核心理念，依托动态访问控制引擎和微隔离技术，通过实时环境感知、多因素身份核验和最小权限授权策略，构建起自适应安全防护网，有效应对远程办公和云原生环境下的边界模糊风险。在安全分析层面，人工智能驱动的威胁狩猎系统结合知识图谱与深度强化学习，实现百亿级日志的关联分析；基于神经网络的异常行为检测模型可识别 0day 攻击的微观特征，配合自动化编排响应系统，实现从威胁预警到攻击溯源的闭环处置，如实时阻断恶意 IP、自动生成处置工单、动态调整防火墙规则等，将安全响应时效从小时级压缩至毫秒级。

银行业实践案例

工商银行不仅部署了先进的安全技术，而且注重安全策略的顶层设计、组织架构的健全、流程规范的落地以及持续的监督检查，形成覆盖事前预防、事中监控、事后响应和持续改进的管理闭环。

建设银行同样重视安全管理的体系化建设，特别强调信息安全管理架构、组织架构和管理流程的协同。这意味着他们有清晰的安全治理结构，明确各层级、各部门的安全职责，并通过标准化的流程来规范安全操作，确保安全策略能够有效执行和落地。

这些大型银行的实践表明，有效的数据安全保障绝非仅仅是技术堆砌，而是需要将技术、流程和人紧密结合，构建一个持续演进、动态适应威胁变化的安全生态体系。

三、数据湖与数据仓库建设：驱动分析与智能的核心引擎

在银行海量、多样化的数据面前，如何构建高效、灵活、可扩展的数据基础设施，以支撑日益复杂的分析需求和智能化应用，是数字化转型的关键一环。数据仓库和数据湖是当前主流的两种数据架构范式，它们各自承载着不同的使命，并在实践中相互融合。

数据仓库：面向分析的结构化数据中枢

数据仓库（Data Warehouse）主要用于支持管理决策，有如下四大核心特点。一是面向主题，数据围绕业务主题（如客户、产品、风险、渠道）进行组织，而非面向日常交易处理。二是集成性，数据来自多个异构的业务系统，经过清洗、转换和整合，消除不一致性。三是稳定性，数据仓库中的数据通常是周期性加载的，一旦进入仓库，一般不再修改，主要用于查询分析。四是时变性，数据仓库包含历史数据，

记录了业务随时间的变化，支持趋势分析。

数据仓库主要存储结构化数据，采用规范化的数据模型（如星型模型、雪花模型），优化查询性能，是传统商业智能（BI）、报表分析和监管报送的主要数据来源。其技术实现通常基于关系型数据库（如Oracle, DB2, SQL Server）或MPP（大规模并行处理）数据库（如Teradata, Greenplum）。

数据湖：容纳万象的原始数据存储库

数据湖（Data Lake）是一个集中式的存储库，可以存储海量的、各种类型的数据（结构化、半结构化、非结构化）。其核心特点是：一是存储原始数据，即不需要在存储前就定义好数据的结构和用途（Schema-on-Read），灵活性高。二是支持多样化数据，可以存储文本、日志、图像、音频、传感器数据等各类数据。三是高扩展性，通常基于分布式文件系统（如HDFS）或对象存储（如AWS S3, Azure Blob Storage, 阿里云OSS）构建，易于水平扩展。四是适用于探索性分析和AI开发应用，支持复杂的探索性分析、机器学习、大模型训练推理等。

数据湖强调数据的灵活性和可扩展性，是大数据分析、AI应用（如客户画像、风险建模、自然语言处理）的重要基础。其处理技术通常依赖于分布式计算框架（如Hadoop MapReduce, Spark, Flink）。

湖仓一体：融合两者的最佳实践

随着技术发展，数据湖和数据仓库的界限逐渐模糊，湖仓一体（Lakehouse）架构应运而生。它试图将数据湖的灵活性、可扩展性与数据仓库的数据管理、治理和高性能查询能力相结合，核心思想是在数据湖的廉价存储之上，提供类似数据仓库的数据结构和管理功能（如ACID事务、数据版本控制、元数据管理、索引优化）。主流技术如 Delta Lake, Apache Iceberg, Apache Hudi 以及云服务商提供的平台（如 Databricks Lakehouse, Snowflake, Google BigQuery）都在推动湖仓一体架构的落地。这使得银行可以在一个统一的平台上同时满足 BI 报表、数据科学探索和 AI 模型训练等多种需求。

大模型时代的向量数据库与知识库建设

随着大型语言模型（LLM）等 AI 技术在银行业的深入应用，对非结构化数据（如文本、语音、图像）的处理和理解能力提出了更高要求。传统的数据库难以高效地处理这类数据的语义相似性检索。

为了支持基于语义的搜索和分析，向量数据库应运而生，它专门用于存储和查询由机器学习模型（特别是深度学习模型）生成的向量嵌入（Vector Embeddings）——这些向量能够捕捉数据的语义特征。向量数据库通过高效的近似最近邻（ANN）搜索算法，能够快速找到与给定查询向量最相似的数据项。在银行的应用场景包括智能客服的问答匹配、相似客户与产品的推荐、金融文档语义搜索、反欺诈模式识别等。

为了让大模型具备更丰富的领域知识和推理能力，构建银行专属的知识库（Knowledge Base）或知识图谱（Knowledge Graph）至关重要。知识库可以结构化地存储金融领域的概念、实体、关系和规则。知识图谱则以图的方式表示知识，能更好地揭示实体间的复杂关系。结合向量数据库，知识库与图谱中的信息也能被转化为向量表示，实现知识的检索增强生成（Retrieval-Augmented Generation, RAG），提高回答的准确性和可信度。

在现代银行的数据架构中，向量数据库和知识库并非孤立存在，而是与数据湖、数据仓库紧密结合。数据湖作为训练向量模型、构建知识库所需原始数据（如文档、通话记录、交易描述）的主要来源，为其提供数据基础；向量数据库可视为数据湖 / 仓体系中处理向量数据、支持语义搜索和 RAG 等特定应用的组件，而知识库 / 图谱的构建与更新同样依赖湖 / 仓中的数据；通过元数据管理平台，能够将向量数据、知识图谱节点 / 边与传统数据资产进行统一编目和管理，实现数据血缘追踪与治理策略覆盖；最终，来自数仓的结构化数据、数湖的非结构化原始数据以及向量化 / 知识化数据协同运作，服务于复杂的分析和 AI 应用，为银行提供更全面的业务洞察。

总之，数据湖、数据仓库以及新兴的向量数据库、知识库共同构成了银行智能化升级的数据底座，它们的合理规划、建设和融合，是释放数据价值、驱动 AI 应用的关键。

四、数据要素流通机制与联邦学习平台建设：打破孤岛，激发潜能

数据作为新的生产要素，其价值在于流通和应用。如何在合规、安全的前提下，打破数据孤岛，促进数据共享和价值创造，是银行业面临的重要课题。联邦学习等隐私计算技术为此提供了关键解决方案。

数据要素流通：重要性与挑战

数据要素的有效流通在多个方面发挥着关键作用。在风险管理领域，通过整合政务、运营商、电商等多维度数据，能够对信用风险进行更全面评估，特别是对缺乏传统信贷记录的客群意义重大；在业务创新方面，跨界数据的融合可催生新的业务模式与个性化服务；在精准营销层面，结合外部场景数据有助于更精准地触达目标客户；而在反欺诈工作中，跨机构在合规前提下共享欺诈信息，能够增强反欺诈联防联控能力，有效打击团伙欺诈行为 。

数据要素流通也面临诸多挑战。首先数据安全与隐私保护是金融

数据流通不可逾越的首要红线,如何在实现数据共享价值的同时,保障敏感信息不被泄露,是数据流通必须攻克的核心难题。其次不同机构、行业的数据在格式、定义和质量标准上存在差异,这种不一致性严重阻碍了数据的融合与高效利用。再者数据的所有权、使用权、收益权界定模糊,且缺乏公允的价值评估和定价机制,使得数据交易难以规范开展。此外,安全可信的数据流通技术平台的缺失,以及参与方之间信任基础的薄弱,都对数据要素的顺畅流通形成制约。

数据要素流通机制的构建要点

构建安全、高效、合规的数据要素流通机制,需要银行机构会同多方面共同努力。

一是协同完善法律法规与标准规范。在明确数据权属方面,银行需明确自身所拥有数据的范围和权利,包括业务过程中产生的交易数据。例如,客户在办理业务时提供的个人信息,银行拥有使用权,但所有权仍归客户,银行有责任保护客户信息不被滥用;在规范流通规则方面,制定严格的数据流通流程和审批机制,确保数据在合法合规的前提下进行共享和交易。比如,当银行与第三方机构合作进行数据分析或产品创新时,要明确数据的使用目的、范围、期限等,防止数据被非法传播或用于其他未经授权的用途;在推进统一数据标准方面,推动建立统一的数据格式、接口和质量标准,帮助提高数据的可用性和流通效率。例如,统一客户信息的数据格式,包括姓名、身份证号码、联系方式等字段的规范,便于在不同业务系统和合作机构之间准确传递和使用数据。

二是强化数据安全技术保障。加密技术可对银行敏感数据进行加密处理,使其在存储和传输过程中即使被窃取,攻击者也难以获取真实信息;脱敏技术则对客户的敏感信息如身份证号码、银行卡号等进行处理，在不影响数据使用价值的前提下，保护客户隐私；访问控制技术能严格限制对数据的访问权限，只有经过授权的人员和系统才能获取和使用相应数据；还有一些计算等新兴技术，如联邦学习，能在不泄露原始数据的情况下，实现不同机构之间的数据联合建模和分析。

三是推动建立可信流通基础设施。在数据交易基础设施方面，银行可以参与建设或利用现有的数据交易所，作为安全合规的数据交易平台；在数据基础制度方面，可探索通过设立数据信托，将银行的数据资产委托给专业的信托机构进行管理和运营。例如，银行将部分客户的信用数据委托给数据信托，信托机构按照规定的条件和程序，将数据提供给符合要求的金融科技公司，用于开发创新的金融产品和服务；在搭建区块链平台方面，可利用区块链的分布式账本、不可篡改等特性，构建可信的数据流通平台。例如，银行在进行跨境汇款业务时，通过区块链平台记录交易数据和相关信息，提高交易的透明度和安全性，同时减少中间环节的信息不对称。

四是积极探索多元化流通模式。在提供数据服务方面，银行可以根据不同客户和机构的需求，提供数据查询服务、数据模型服务和数据报告服务等。例如，为企业客户提供其自身的交易流水查询服务，帮助企业进行财务管理；为科研机构提供关于金融市场趋势的数据模型服务，支持学术研究；为监管机构提供合规数据报告服务，协助监管部门进行市场监管。在参与多方安全计算方面，银行与其他机构进行数据合作时，采用多方安全计算技术，实现数据的"可用不可见"。比如，银行与电商平台合作评估客户的信用风险，通过多方安全计算，双方可以在不泄露各自原始数据的情况下，共同计算出客户的信用评分，为信贷决策提供支持。此外，联邦学习在银行业的应用越来越广泛，银行可以与同行或其他金融机构开展联邦学习合作，共同提升模型的准确性和泛化能力。例如，多家银行联合进行反欺诈模型的训练，通过联邦学习，各银行可以利用其他银行的数据丰富自己的模型，同时又不泄露自身的客户数据，提高整个银行业的反欺诈水平。

五是探索健全价值分配机制。在建立数据定价规则方面，银行需要根据数据的质量、稀缺性、使用价值等因素，建立合理的数据定价体系。对于一些高质量、稀缺性强的数据，如特定行业的优质客户数据，定价可以相对较高；而对于一些普通的、常见的数据，定价则相对较低。同时，还可以考虑采用按使用量、使用期限等多种方式进行定价，以满足不同客户的需求。在完善收益分配规则方面，银行与其他机构进行数据合作或交易时，要明确收益分配方式，确保各方的利益得到合理保障。例如，银行与金融科技公司合作开发一款基于大数据的金融产品，双方需要根据各自在数据提供、技术研发、市场推广等方面的投入和贡献，协商确定收益分配比例，激励各方积极参与数据要素流通，实现互利共赢。

联邦学习：隐私保护下的联合建模利器

联邦学习（Federated Learning, FL）作为隐私计算的关键技术之一，为打破银行数据孤岛提供了有效的解决方案。

联邦学习的核心原理在于，允许多个参与方（如多家银行、银行与外部机构）在不共享原始数据的情况下，共同训练一个机器学习模型。各参与方将本地数据用于训练本地模型，仅将加密或加扰后的模型参数（或梯度更新）上传至中心服务器（或通过点对点方式）进行聚合，更新全局模型，再将更新后的模型下发给各参与方。这个过程迭代进行，直至模型收敛。

联邦学习具有独特的优势。一方面，它能实现严格的数据隐私保护，各参与方的原始数据保留在本地，仅传输模型参数等中间计算结果，满足隐私保护和监管要求。另一方面，联邦学习可打破数据孤岛，将多个机构的数据用于训练模型，且适应数据分布在不同位置和机构的情况，使模型性能更优。

在银行业，联邦学习应用广泛。在风险评估与信用评分方面，多家银行或银行与征信机构可联合训练更精准的风险模型；在反欺诈与反洗钱领域，能共同识别新型跨机构模式。在营销方面，可在保护隐私前提下提升营销模型精准度；此外，还能通过整合多维度数据构建更全面的客户画像。

联邦学习平台建设要点

一是安全可靠的技术架构，这是银行联邦学习平台的生命线。在参与方管理上，需构建严格的身份认证与权限控制体系，通过数字证书、多因素认证等方式确保只有授权机构可接入平台。同时，建立动态的参与方准入与退出机制，在合作关系变化时及时更新权限，避免数据泄露风险。通信协议层面，采用同态加密、安全多方计算（MPC）等技术对传输数据加密处理，使数据在密文状态下完成参数聚合，即使传输链路被截获，第三方也无法获取有效信息。此外，搭建健壮的容错机制至关重要，利用分布式共识算法和备份恢复策略，当某个节点出现故障时，系统能自动切换至备用节点，保证联邦学习任务的连续性与数据一致性。

二是高效的分布式计算能力。通过分布式存储与计算框架，将数据和计算任务分散到多个节点上并行处理，大幅提升计算效率。引入弹性伸缩机制，根据参与方数量和数据规模自动调整计算资源，在任务高峰期动态扩容，在低峰期释放资源，降低运营成本。采用异步计算和流水线技术，优化任务调度流程，使数据处理和模型训练在时间上重叠进行，进一步提高系统吞吐量，确保平台能够快速响应大规模联邦学习任务。

三是灵活的模型与算法支持，涵盖逻辑回归、决策树等经典模型，以及深度学习中的神经网络模型，适用于风险评估、客户信用评级、精准营销等不同场景。同时，全面支持横向联邦、纵向联邦、联邦迁移学习等算法模式。横向联邦可在数据特征相同、样本不同的银行间实现联合建模；纵向联邦适用于数据样本重叠、特征互补的机构合作；联邦迁移学习则能打破数据分布差异的限制，实现跨领域知识共享。通过模块化的算法设计，方便用户根据实际业务场景快速选择、组合合适的模型与算法，提升平台的通用性和适应性。

四是完善的平台管理功能，这是保障联邦学习平台稳定运行的关键。任务管理模块实现对联邦学习任务的全生命周期管理，包括任务创建、调度、监控和终止，用户可实时查看任务进度和资源使用情况，及时发现并解决问题；模型管理功能支持模型的版本控制、部署和更新，记录模型的训练过程和参数变化，方便追溯和优化；效果评估模块通过多种指标对模型性能进行量化分析，如准确率、召回率、F1 值等，帮助用户判断模型的有效性和适用性；审计追踪功能对平台上的所有操作进行记录，包括数据访问、模型训练、参数更新等，确保操作可追溯，满足监管合规要求。

五是易用的开发与部署接口。面向数据科学家，提供简洁的编程接口和丰富的开发工具包，支持 Python、Java 等主流编程语言，方便其基于平台进行模型开发和定制；对于业务人员，开发可视化的操作界面，通过拖拽、配置等简单操作即可完成任务创建和模型训练，无需具备专业的编程知识。而在部署环节，提供自动化的部署工具，支持一键式将训练好的模型部署到生产环境，并与银行现有的业务系统无缝集成，快速实现模型的落地应用，推动业务创新。

银行业实践案例

工商银行的实践体现了"兵马未动，粮草先行"的策略。他们首先夯实了数据要素的基础设施，构建了覆盖"采、存、算、用"全场景的大数据平台、支持"看、听、说、想、做"全领域的人工智能平台，以及覆盖数据全生命周期的安全管控平台。在此基础上，他们积极建设隐私计算技术平台（联邦学习、多方安全计算）和区块链平台，为安全的数据流通提供技术保障。通过建设数据交易平台并与上海数据交易所等外部机构对接，引入外部数据源，实现供需撮合，展现了其积极参与数据要素市场、探索数据价值化的决心。

还有一个典型的联邦学习应用场景。每家银行利用本地的交易数据（经过加密或本地化处理）训练反欺诈模型的一部分，然后安全地聚合各方的模型更新，形成一个融合了多家银行经验的全局反欺诈模型。这个全局模型比任何单一银行的模型都更能识别广泛和新颖的欺诈模式。当任何一家参与银行处理新交易时，可以使用这个联合训练的模型进行实时风险评估，显著提升了单家银行乃至整个参与群体的反欺诈能力，同时没有暴露任何一家银行的原始交易数据。

随着《企业数据资源相关会计处理暂行规定》等政策的落地，数据要素的价值日益受到重视。未来，银行在数据要素流通和联邦学习方面的探索将更加深入。技术上，隐私计算技术将更加成熟，效率和安全性进一步提升；机制上，数据权属、定价、交易、监管等规范将更加完善；应用上，联邦学习等技术将与大数据、人工智能、区块链等深度融合，在风险管理、客户服务、产品创新等领域释放更大潜力，成为银行在数字化智能化时代构筑核心竞争力的关键所在。

第十四章 银行算力基础设施升级：拥抱智能时代

随着数字化转型的深化，银行已步入以人工智能（AI）、大数据分析为核心驱动力的智能化升级新阶段。在这一浪潮中，算力不再仅仅是支撑业务运行的基础资源，更成为决定银行创新速度、风控能力、客户体验乃至核心竞争力的战略性要素。传统 IT 基础设施已难以满足海量数据处理、复杂模型运算及实时智能决策的需求，算力基础设施的现代化升级成为银行拥抱智能时代、实现可持续发展的必然选择。本章将深入分析智能化升级背景下银行算力需求的深刻变革，探讨云计算与边缘计算如何重塑算力供给模式，并展望银行算力基础设施的升级路径与面临的挑战。

一、银行算力需求的深刻变革

银行算力需求的内涵已从传统的交易处理、批处理作业扩展到涵盖实时分析、机器学习、深度学习乃至大模型训练与推理的广阔领域。需求的量级、类型和模式都发生了根本性变化。

传统需求与智能化升级演进

历史上，银行算力主要满足核心交易系统（如存款、贷款、支付）的高并发、高可靠性需求，以及数据仓库的批量数据处理和报表生成需求。这部分需求相对稳定，对 CPU 通用计算能力和 I/O 性能要求较高。

银行的智能化升级，特别是大数据分析和 AI 技术的广泛应用，推动了算力需求激增。

第一是客户 360 度画像、实时反欺诈监测、动态风险定价、智能营销推荐等应用，需要对海量、多源、异构数据进行快速处理和深度挖掘，对算力的吞吐量和实时性提出了更高要求。

第二是机器学习模型（如梯度提升树、支持向量机）和部分深度学习模型（如用于图像识别、语音识别的 CNN、RNN）在信贷审批、风险评估、智能客服、运营自动化（RPA+AI）等场景广泛落地，带来了对并行计算能力，特别是 GPU 算力的初步需求。

第三是以大型语言模型（LLM）为代表的预训练大模型正加速在银行渗透，应用于智能投顾、智能投研、智能营销内容生成、智能代码生成、知识管理等领域，这对算力提出了前所未有的挑战。在训练阶段，大模型通常拥有数十亿甚至万亿级别的参数，需要在 TB 乃至 PB 级别的海量、高质量数据集上进行训练。这需要由成百上千个高性能 GPU（或 TPU、NPU 等专用 AI 芯片）组成的大规模分布式计算集群，通过高速网络（如 InfiniBand）互联，进行长时间（数周甚至数月）的密集计算。训练过程不仅计算量巨大，能耗也极为惊人，对数据中心的设计、供电和散热都提出了极高要求。在推理阶段，将训练好的大模型应用于实际业务时，虽然单次推理的计算量远小于训练，但银行应用往往要求低延迟、高并发的实时响应。例如，智能客服需要即时回答用户问题，智能风控需在交易瞬间完成判断。这要求推理服务器具备强大的并行处理能力和优化的模型部署。此外，不同场景（如云端 API 服务、移动端应用、智能柜台）对推理的性能、成本和功耗要求各异，催生了对专用推理芯片和模型压缩、量化等优化技术的需求。

智能化升级，特别是大模型的引入，使得银行算力需求增长不再是线性增加，而是呈现指数级乃至"核聚变"式的爆发增长，对算力基础设施的规划、建设和运维模式提出了颠覆性挑战。

算力需求的特征：异构、弹性与高效

面对多样化的业务需求，现代银行的算力需求呈现以下新特征：

第一是异构性。表现为不再是单一依赖 CPU，而是需要 CPU、GPU、FPGA（现场可编程门阵列）、ASIC（专用集成电路，如 TPU/NPU）等多种计算单元协同工作，以最优成本效益满足不同计算负载（通用计算、并行计算、AI 计算）的需求。

第二是弹性。业务高峰（如双十一、年终结算）、市场剧烈波动、模型周期性训练等都会带来算力需求的急剧变化。基础设施需要具备快速、按需扩展和收缩的能力，以匹配业务需求，避免资源浪费或不足。

第三是高效性。不仅追求峰值计算性能，也关注能效比（PUE - Power Usage Effectiveness）、计算资源利用率和总体拥有成本（TCO）。绿色计算、资源池化、精细化调度成为重要考量。

银行算力需求分析方法：迈向精准预测与规划

传统的基于历史数据和经验估算的分析方法已难以应对算力需求的剧变。银行需要综合采用更精细化、前瞻性的分析方法：

工作负载剖析方法（Workload Profiling）。一是计算特性分析，银行的 AI 应用如风险评估模型、智能客服等，具有不同的计算特性。例如，风险评估模型可能涉及大量的数据处理和复杂的算法运算，属于计算密集型任务。而智能客服在处理客户咨询时，需要快速检索知识库，属于读密集型任务。通过分析这些特性，银行可以确定不同业务对 CPU、GPU、内存等资源的需求程度。二是资源消耗模式分析，观察业务在运行过程中对资源的占用情况。例如，某些大数据分析任务可能在特定

时间段内占用大量的内存和存储 I/O，而在其他时间则相对空闲。了解资源消耗模式有助于银行合理安排资源，避免资源的浪费和过载。三是性能瓶颈分析，找出影响业务性能的关键因素。可能是硬件资源不足，如 CPU 核心数不够、内存带宽有限；也可能是软件方面的问题，如算法效率低下、代码优化不足。针对性能瓶颈进行优化，可以提高业务的运行效率，降低对算力的需求。

性能建模与仿真方法（Performance Modeling & Simulation）。一是建立数学模型，根据银行的业务特点和算力需求，建立相应的数学模型。例如，对于新的贷款审批模型，可以建立一个基于数据量、模型复杂度、并发请求量等因素的算力需求模型。通过对这些因素的分析和量化，预测模型上线后对算力资源的需求。二是仿真环境搭建，利用仿真工具搭建银行的业务环境，模拟新业务、新模型在不同负载条件下的运行情况。例如，在仿真环境中模拟银行在高峰期的交易处理量，观察新的智能风控系统对算力的需求和性能表现。通过仿真，可以提前发现潜在的问题，并对算力资源进行合理的规划和调整。

基于 AI 的预测方法（AI - based Forecasting）。一是数据收集与整理，收集银行的业务指标数据，如客户数量、交易金额、贷款申请量等，以及系统监控数据，如 CPU 利用率、内存使用率、网络带宽等。这些数据将作为 AI 模型的输入特征。二是机器学习模型训练，选择合适的机器学习算法，如时间序列分析、神经网络等，对收集到的数据进行训练。通过训练，模型可以学习到业务指标与算力需求之间的关系，从而预测未来的算力需求趋势。例如，根据历史数据发现，随着客户数量的增加，智能客服系统的算力需求也会相应上升，AI 模型可以根据这一规律预测未来客户增长情况下的算力需求。三是模型优化与调整，定期对 AI 模型进行评估和优化，根据实际的算力需求情况调整模型的参数和结构。由于银行的业务环境不断变化，如推出新的产品或服务、市场环境发生变化等，模型需要及时适应这些变化，以保证预测的准确性。

容量规划与管理方法（Capacity Planning & Management）。一是常态化容量监控，建立一套实时监控系统，对银行的算力资源进行常态化监控。监控指标包括 CPU、内存、存储、网络等资源的使用情况，以及业务系统的性能指标，如响应时间、吞吐量等。通过实时监控，及时发现资源的使用异常和潜在的容量瓶颈。二是定期评估，定期对银行的算力资源进行评估，根据业务的发展情况和未来规划，分析当前的算力资源是否能够满足需求，包括对现有资源的利用率分析、对未来业务增长的预测，以及对新业务上线的影响评估等。三是动态规划与调整，根据容量监控和评估的结果，及时对算力资源进行规划和调整。如果发现某些资源即将达到容量瓶颈，及时增加相应的硬件设备或进行资源的优化配置。同时，根据业务的发展趋势，提前规划未来的算力资源需求，确保银行的算力资源能够与业务发展动态匹配。

二、云计算与边缘计算：构建敏捷、智能的银行算力设施

面对算力需求的剧变，以云计算为核心、边缘计算为延伸的新型基础设施成为银行应对挑战、把握机遇的关键。

云计算：算力供给的核心模式与 AI 加速器

云计算通过网络提供可动态伸缩的计算、存储、网络等资源，已成为银行算力供给的主流模式。

在部署模式上，银行根据自身业务特性、安全合规要求和技术战略，灵活采用私有云（自行建设，掌控力强，满足核心系统高安全要求）、公有云（按需使用，资源丰富，弹性好，适合创新业务和互联网

场景）、混合云（兼具两者优势，实现数据和应用的最佳部署）或多云（利用不同云厂商优势，避免锁定）策略。行业云（金融云）也因其满足特定监管和行业需求而受到青睐。

云计算对银行智能化转型具有多方面的核心价值。它能够通过弹性伸缩功能，轻松应对业务峰值和AI模型训练带来的算力波峰，确保银行系统在高负载情况下稳定运行。在成本方面，将部分CapEx（资本支出）转化为OpEx（运营支出），按需付费的模式提高了资源利用率，有效降低了银行的投入资金和运营成本。同时，云计算助力银行实现敏捷创新，快速获取和部署所需资源，大大缩短研发测试周期，加速业务上线，使银行能够更及时地响应市场变化和客户需求。借助云计算，银行还能方便地获取公有云厂商提供的先进技术，如GPU、TPU/NPU等AI专用算力以及丰富的AI平台服务和模型服务，降低AI应用门槛，推动智能化业务发展。此外，利用云的多可用区、多地域能力，银行可以构建更可靠的灾备体系，提升系统的稳定性和数据的安全性。主流云服务商提供的面向AI的一站式云平台，集成了数据标注、模型训练、模型管理等工具链，简化了银行AI应用的开发、部署和管理流程，进一步提升了银行的智能化水平和运营效率。

边缘计算：延伸智能触角，优化实时体验

边缘计算将计算和数据存储推向靠近数据源或用户的网络边缘，以解决云计算在某些场景下的局限性。边缘计算对银行的核心价值在于：

一是低延迟。在银行的智能客服场景中，客户咨询的实时响应至关重要。边缘计算将相关的语言处理模型和数据存储在靠近用户的边缘侧，能够快速理解客户问题并给出准确回答，提升客户服务体验。

二是带宽优化。银行的智慧网点中，智能摄像头会产生大量的视频数据。通过边缘计算在本地对这些视频数据进行分析，如进行客流统计、行为分析等，只将关键信息，如客流量峰值、异常行为预警等传回云端，可大大节省网络带宽成本，同时也减轻了云端的计算压力。

三是数据隐私与安全。银行涉及大量客户的敏感信息，如账户余额、交易密码等。在移动金融应用中，利用边缘计算在手机 App 端进行人脸／指纹识别等身份验证，相关的生物特征数据可以在本地处理，无需上传至云端，减少了数据在传输过程中被窃取或泄露的风险，更好地保护客户隐私。

四是离线运行与可靠性。在一些网络信号不稳定的地区，如偏远山区的银行网点或移动金融用户处于信号较弱的区域时，边缘计算节点可以依靠本地存储的数据和预设的模型继续提供部分关键服务，如进行简单的交易记录查询、本地缓存的理财产品信息展示等，保证服务的连续性和可靠性，提升客户对银行服务的信任度。

边缘计算在银行的应用场景主要有：

一是智慧网点。银行网点通过部署智能摄像头和边缘计算设备，可对网点内的情况进行实时监控和分析。智能摄像头进行客流分析，帮助银行合理安排营业时间和窗口服务人员数量；通过 VIP 识别，让工作人员能够及时为重要客户提供优先服务；行为监测可以发现异常行为，如人员长时间徘徊、聚集等，及时预警安保人员。智能柜员机（STM）借助边缘计算实现更流畅的人机交互，例如快速识别客户身份、提供个性化的业务推荐等。边缘服务器还能根据客户的历史交易数据和当前业务办理情况，进行本地化营销推荐，如向办理定期存款的客户推荐相关的理财产品。

二是移动金融。在手机 App 端部署轻量级 AI 模型，利用边缘计算实现人脸／指纹识别登录，方便客户快速安全地登录账户。同时，对每笔交易进行实时的异常检测，一旦发现交易行为与客户的历史行为模式不符，如异地大额消费、非营业时间交易等，及时发出预警，防止盗刷等欺诈行为。此外，根据客户的消费习惯和资产状况，通过边缘计算进行个性化推荐，向客户推荐适合的金融产品，如信用卡优惠活动、小额贷款产品等，提升客户体验和金融产品的销售转化率。

三是物联网金融。银行与可穿戴设备、智能家居、车联网等物联网设备对接后，在边缘侧进行数据预处理和实时风险判断。以基于驾驶行为的车险定价为例，通过车联网设备收集车辆的行驶速度、急刹车频率、驾驶时间等数据，在边缘计算节点进行分析，评估驾驶风险，为车险定价提供更准确的依据。对于可穿戴设备，如智能手环监测到客户的身体状况出现异常，可能影响其还款能力时，银行可以提前采取相应的风险防范措施。

四是交易反欺诈。在银行的交易系统中，靠近交易发生点部署边缘节点，当客户进行交易时，边缘节点立即对交易数据进行初步的欺诈风险识别，运用本地存储的交易模式和风险特征库，快速判断该交易是否存在异常，如是否为异常的交易地点、交易金额是否超出常规范围等。如果发现可疑交易，能够在最短时间内实现拦截，避免资金损失，同时将相关信息上传至云端进行进一步的分析和处理，提升银行的反欺诈能力。

云边协同：实现端到端的智能闭环

云计算和边缘计算并非相互替代，而是协同工作，形成优势互补的"云—边—端"智能体系。

在模型训练环节，银行利用云端庞大的算力资源以及海量的历史数据，例如整合多年的客户交易数据、市场风险数据等，对复杂的AI模型，如精准的风险评估模型、个性化的客户营销模型等进行深度训练与持续优化。训练完成后，将模型（可能经过轻量化处理以适配边缘设备性能）部署到各个边缘节点，如银行网点的智能设备、移动金融客户端等。当客户在网点通过智能柜员机办理业务，或使用手机银行进行操作时，边缘节点依据部署的模型实时进行推理运算，处理本地产生的数据，例如在智能柜员机上对客户身份认证数据的实时分析，在手机银行端对交易行为数据的即时判断等，并将关键结果或需进一步深入分析的数据上传至云端。云端汇总来自各个不同地理位置、不同业务场景下边缘节点的数据与反馈，从宏观层面分析银行整体的业务态势，监控模型在实际应用中的效果，进而对模型进行持续迭代优化，比如根据不同地区网点业务数据的差异，优化风险评估模型的参数，提升模型准确性。

这种云边协同模式将云的全局智能分析与边的实时快速响应能力完美结合，构建起覆盖银行各类业务触点的智能应用体系。在智慧网点中，实现从精准的客流分析到个性化营销推荐的端到端服务；在移动金融领域，保障人脸／指纹识别、交易异常检测等服务的高效稳定；在物联网金融场景下，完成从数据采集到实时风险判断的闭环处理。同时，持续的模型迭代优化使得银行的智能服务能够与时俱进，不断适应复杂多变的金融市场环境和客户需求，提升银行的核心竞争力。

三、银行算力基础设施升级路径与挑战

银行算力基础设施的升级是一个复杂且持续的过程，需要清晰的路径规划和对挑战的充分认识。

银行算力升级路径选择

银行算力升级可以结合实际，综合权衡，选择数据中心现代化、拥抱云计算、构建智能算力平台、布局边缘计算、推进网络升级等技术

路径。

一是来看数据中心现代化。采用虚拟化技术可以将物理服务器的资源进行抽象和整合，实现一台物理服务器上运行多个虚拟服务器，提高服务器的利用率，减少硬件设备的采购和运维成本。例如，通过服务器虚拟化，可将服务器资源利用率从 30% 提升到 70% 以上。

同时软件定义网络（SDN）、软件定义存储（SDS）和超融合架构（HCI）能够实现对网络、存储等资源的集中管理和灵活调配。SDN 可以根据业务需求自动调整网络流量路径，提高网络的灵活性和可靠性；SDS 可以将存储资源池化，实现存储资源的按需分配和动态扩展；HCI 则将计算、存储和网络资源融合在一个统一的架构中，简化了数据中心的管理和运维。这些技术的应用可以大大缩短业务上线时间，提高数据中心的整体运营效率。

二是拥抱云计算。银行的业务具有明显的波动性，如节假日、促销活动等时期交易流量会大幅增加。而云计算具有弹性伸缩的特点，能够根据业务负载自动调整计算资源，确保业务系统在高并发情况下的稳定运行，避免资源的浪费。例如，在双十一等购物狂欢节期间，银行可以通过云计算平台快速扩展支付系统的算力，以应对海量的交易请求。而且，对于一些创新性强的业务，如智能投顾、移动支付创新应用等，云计算提供了灵活的开发和部署环境。银行可以快速在云上搭建实验环境，进行业务创新和产品迭代，加快产品上市时间，提升市场竞争力。同时，云平台还提供了丰富的大数据、人工智能等服务，方便银行进行数据挖掘和分析，为业务创新提供支持。此外，混合云/多云管理平台的构建可以让银行在私有云和公有云之间灵活切换，根据业务的不同需求选择最合适的云环境，同时降低对单一云服务提供商的依赖。银行可以在满足监管要求的前提下，充分利用云计算的以上优势。

三是构建智能算力平台。银行在风险管理、客户营销、智能客服等领域广泛应用人工智能技术，需要强大的算力来支持模型的训练和推理。GPU/NPU 集群具有强大的并行计算能力，能够大幅提高模型训练的速度，缩短模型开发周期。例如，在信用风险评估模型的训练中，使用 GPU 集群可以将训练时间从数周缩短到几天。同时，在实时交易风险监控、客户咨询等场景中，AI 算力平台能够快速进行推理，为银行提供及时的决策支持。

四是布局边缘计算。银行的一些业务场景，如智能网点、自助设备、物联网金融等，对数据处理的实时性和安全性要求较高。边缘计算将计算能力下沉到靠近数据源的边缘节点，能够在本地快速处理数据，减少数据传输延迟，提高业务响应速度。例如，在智能网点中，通过边缘计算服务器可以实时分析监控视频，实现客户行为分析、异常行为预警等功能，提升网点的运营效率和安全性。

五是网络升级。升级数据中心网络和广域网，采用高速网络设备和先进的网络技术，如 40GE/100GE 以太网、SD-WAN 等，可以构建高速、低延迟的网络互联环境，确保 AI 训练任务的顺利进行。同时实现多数据中心之间的"双活""多活"或"主备"等工作模式，增强银行信息系统的容灾能力和业务连续性。

银行算力升级面临的挑战

第一，银行算力升级后，往往会存在多种不同类型的计算资源，如 CPU、GPU、NPU 等，管理这些异构计算资源难度较大。同时，混合多云环境下，不同云平台的接口、管理方式各异，要实现资源的统一调度和高效利用并非易事。云边协同架构中，边缘设备与云端的通信、任务分配和数据同步等也需要复杂的技术支持，任何一个环节出现问题都可能影响整体算力的发挥。

第二，算力升级需要采购大量的 AI 硬件，如高性能的 GPU 服务器、专业的 AI 芯片等，这些设备价格昂贵。云服务方面，根据业务需求租赁不同规格的云资源，长期下来也是一笔不小的开支。软件许可费用也不容忽视，一些专业的算力管理软件、AI 开发工具等都需要购买授权。此外，网络升级以满足高速、低延迟的要求，同样需要大量资金用于设备更新和线路改造。

第三，银行算力升级涉及多个领域的知识和技术，需要既懂银行业务，又熟悉云计算、大数据、AI 和基础设施运维的复合型人才。这类人才在市场上供不应求，银行要招聘到合适的人才较为困难，而且培养内部员工成为符合要求的复合型人才也需要投入大量的时间和精力。

第四，在开放、分布式的云边环境下，数据在多个节点之间传输和存储，增加了数据泄露、被篡改的风险。客户的敏感信息如账户余额、交易记录等一旦泄露，后果不堪设想。同时，金融行业受到严格的监管，在算力升级过程中，如何确保数据处理、存储等环节符合监管要求，也是银行面临的一大挑战。

第五，银行在长期发展过程中积累了庞大、复杂的遗留系统，这些系统可能采用不同的技术架构和数据格式。将现代化的算力基础设施与遗留系统进行集成时，可能会遇到接口不兼容、数据转换困难、业务流程冲突等问题，需要对遗留系统进行改造或开发适配层，这是一个长期而艰巨的任务。

第六，如果银行深度依赖特定的云厂商或硬件供应商，可能会在未来的发展中受到限制。例如，当银行想要更换供应商以获取更好的服务或更低的成本时，可能会面临数据迁移困难、技术不兼容等问题。而且，特定供应商的技术路线和产品更新换代也可能不符合银行的长期发展战略，导致银行在技术创新和业务拓展方面处于被动地位。

综上，银行的智能化升级本质上是一场由数据驱动、以算力为支撑的深刻变革。通过拥抱云计算的弹性与专业能力，leveraging边缘计算的实时性与低延迟，构建云边协同的智能体系，并积极投入 AI 算力建设，银行才能有效应对智能化时代的挑战，充分释放数据要素的价值，驱动业务持续创新与增长。这需要银行在战略、技术、组织和人才培养上进行系统性规划和长期投入。

第十五章　银行大模型开发与部署框架搭建：从战略到实践

大型语言模型（LLM）等预训练大模型正以前所未有的速度渗透并重塑着各行各业，银行业亦身处这场变革的中心。大模型在提升运营效率、优化客户体验、增强风险管理和驱动产品创新方面展现出巨大潜力。然而，将这些强大的技术安全、合规、有效地融入银行复杂的业务体系，并实现预期价值，并非易事。这需要银行超越零散的项目试点，构建一套系统化、标准化的开发与部署框架。本章将深入探讨银行落地大模型的关键技术路径、优化的开发流程、核心的部署策略、持续的运维保障，并重点阐述构建银行级"大模型即服务（MaaS）"平台的架构蓝图与实践要点。

一、战略先行：银行大模型落地路径规划与流程优化

成功落地大模型并非一蹴而就的技术冲刺，而是一项需要顶层设计、周密规划和迭代执行的系统工程。银行在启动大模型项目前，需明确战略目标，选择合适的技术路径，并优化开发流程以适应大模型的独特性。

明确战略定位与应用场景

并非所有银行场景都适合或需要大模型。银行应首先进行如下评估：一是业务价值与可行性。优先选择能够带来显著业务提升（如降本增效、改善体验、增强风控）且技术相对成熟、数据基础较好的场景。例如，智能客服、内部知识库问答、营销文案生成、代码辅助生成、监管报告初稿撰写等是常见的早期切入点。二是风险可控性。审慎评估潜在风险，如模型"幻觉"（生成不实信息）、偏见、数据隐私泄露、合规风险等，初期避免直接应用于高风险决策场景（如信贷审批核心环节）。三是投入产出比。综合考量开发成本、算力成本、运维成本与预期收益，进行合理的投入产出分析。

技术路径选择：构建、购买还是微调？

银行在大模型的技术选型上面临关键抉择，需要结合实际战略方向、面临环境和业务发展需求进行稳妥选择。

第一种方案是从零构建（Build from Scratch），投入巨量数据、算力和顶尖人才，训练银行专属的基础大模型。优点是完全可控，能深度定制；缺点是成本极高、周期漫长、技术门槛极高，仅少数头部机构可能尝试。

第二种方案是直接采购商业模型（Buy Commercial Models），采用成熟的第三方大模型服务（如通过 API 调用）。优点是快速部署、技术成熟；缺点是定制化程度有限、数据隐私顾虑（需明确数据是否用于模型再训练）、可能面临供应商锁定风险、长期成本较高。

第三种方案是微调现有模型（Fine-tune Existing Models），这是当前银行应用的主流路径。在开源（如 Llama 系列、ChatGLM）或商业基础大模型之上，利用银行自身的业务数据和知识进行微调（Fine-tuning），使其更适应银行的特定任务和语境，具体包括全量微调和高效参数微调两种主要技术路径。全量微调（Full Fine-tuning）是调整模型全部参数，效果通常较好，但计算资源消耗大。参数高效微调（Parameter-Efficient Fine-Tuning, PEFT）包括 LoRA、QLoRA、Prompt Tuning 等细分技术，仅调整模型一小部分参数或增加少量适配器参数，大幅降低训练所需的算力和时间，同时也能取得良好效果，是银行微调大模型的关键技术。

开发流程优化：融入 LLM 特性

传统软件开发或机器学习流程需针对银行大模型进行调整，形成更敏捷、更注重持续反馈和风险管控的 LLMOps（Large Language Model Operations）流程：

场景定义与需求精化：这一阶段首先要明确业务目标，并且深入细化大模型在整个业务流程中所扮演的角色，清晰界定其预期的能力边界，也就是要清楚大模型能做什么以及不能做什么。同时，对可用的数据进行全面评估，涵盖内部结构化和非结构化数据以及外部数据，考察数据的数量、质量、与业务的相关性、合规性以及是否存在潜在偏见。此外，还需要设定衡量模型效果的量化指标，比如准确率、召回率等，以及业务指标，像客服解决率、营销转化率等，并且特别要关注负责任 AI 指标，例如公平性、鲁棒性、幻觉率等。

模型选型与适配策略设计：在这一步骤中，根据任务类型、性能要求、成本预算以及开源或闭源策略等多方面因素，精心选择合适的基础模型。然后确定适配技术的组合方式，具体包括采用哪种微调方法（如 PEFT 方法）、提示工程（Prompt Engineering）、检索增强生成（Retrieval-Augmented Generation, RAG）或者它们的不同组合。其中 RAG 通过外部知识库（如向量数据库）为模型提供实时且准确的上下文信息，这对于减少模型的幻觉问题以及注入领域知识至关重要，尤其适用于银行知识问答、报告生成等实际场景。

数据准备与知识注入：此阶段着重构建高质量的数据集，对数据进行清洗、标注（如果需要进行微调的话）、去除偏差以及增强等操作。特别要注意金融数据的时效性、专业术语的准确性以及合规脱敏处理。若采用了RAG技术，还需要构建高质量的领域知识库，比如规章制度、产品手册、市场分析报告等，并将这些知识转化为向量形式进行存储，以便模型能够进行高效检索。

模型开发与迭代优化：在模型开发方面，首先进行提示工程，即设计、测试和优化输入给模型的指令（Prompts），以此引导模型产生符合期望的输出。若选择了微调，就使用准备好的数据集和PEFT等技术对模型进行训练。同时开发检索模块，实现查询与知识库的高效匹配，完成RAG的集成。基于初步的评估结果，反复对提示、数据、微调策略或者RAG的配置进行调整，形成一个迭代循环的过程，不断优化模型。

严格的评估与验证：这是至关重要的一步，不仅要评估模型在标准测试集上的性能，还要进行多维度的评估。包括检测模型输出的事实性，验证其是否符合事实，是否存在捏造信息的情况；检查模型是否存在对特定群体的不公平偏见，进行偏见与公平性测试；测试模型在面对异常输入、对抗性攻击时的表现，评估其鲁棒性与安全性；确保模型输出符合金融法规和银行内部规定，进行合规性审查。此外，还要在接近真实业务的环境中进行业务场景模拟测试，并引入业务专家进行人工审核，对模型输出进行评价和修正，形成反馈闭环。

模型部署与集成：根据实际需求选择合适的部署方式，如云部署、边部署或者混合部署。对模型进行性能优化，包括量化、剪枝、硬件加速等操作。将模型封装为服务（API），并与银行现有的业务系统进行集成，使其能够在实际业务中发挥作用。

持续监控与维护：持续监控模型的性能、资源消耗、输出质量以及潜在风险等方面。建立有效的反馈机制，收集用户和业务数据。根据监控结果和反馈信息，对模型进行更新、再训练或者重新适配，以保证模型能够持续满足业务需求和保持良好的性能表现。

应对落地挑战：策略与实践

银行在落地大模型时普遍面临以下挑战，需提前规划应对策略：

对数据质量与隐私问题，银行要强化数据治理，投入数据清洗与标注；采用联邦学习、差分隐私等技术保护训练数据隐私；在 RAG 中严格控制知识库访问权限。

对模型幻觉与不可靠问题，银行要优先采用 RAG 架构，让模型基于可信知识回答；优化提示工程，限制模型回答范围；加强人工审核和反馈；对模型输出进行置信度评估。

对模型可解释性差问题，虽然大模型内部机制复杂，但可通过分析模型注意力、使用 LIME/SHAP 等事后解释工具、提供详细的审计日志等方式提升一定程度的透明度；在关键决策环节，仍需人工介入或结合更可解释的模型。

对安全与合规风险，银行要进行严格的安全测试（如对抗性攻击）；建立模型输出内容的合规性检查机制；确保模型开发和部署全流程符合监管要求（如算法备案、个人信息保护）。

对算力成本高昂的问题，银行可以优先采用 PEFT 和 RAG 等资源消耗较低的技术；优化模型推理效率（量化、剪枝）；采用混合云策略，利用云端弹性算力；探索更经济的 AI 芯片。

对技术与业务融合难的问题，银行可探索组建跨职能团队，加强技术人员对业务的理解，提升业务人员对 AI 能力的认知；建立敏捷迭代机制，让业务需求快速传导至技术实现。

二、模型部署方式选择：平衡性能、成本与风险

将训练或微调好的大模型部署到生产环境，是价值实现的"最后一公里"。银行需要根据模型的特性、应用场景的需求以及自身的 IT 架构，审慎选择部署方式。

云部署：弹性、专业、规模化

云部署为银行大模型带来诸多显著优势。首先，云平台提供了强大的算力支持，银行能够轻松获取大规模的 GPU/NPU 集群，这对于大型模型训练以及应对高并发推理任务至关重要，能确保模型高效运行和快速响应。其次，弹性伸缩功能是云部署的一大亮点，银行可依据业务实际需求，灵活调整资源配置，在业务高峰期增加资源以保障服务质量，在低谷期减少资源避免浪费，实现成本的有效优化。再次，云厂商提供的专业 AI 平台与服务，如成熟的模型托管、推理加速以及 MLOps 工具链等，极大地降低了运维复杂度，让银行专注于模型的业务应用而非底层运维。最后，利用云平台的自动化工具，模型的部署和迭代速度大幅提升，能够快速上线并及时更新，使银行能够紧跟市场变化，快速响应业务需求。

然而，银行大模型云上部署也存在一些劣势。一方面，对于实时性要求极高的应用场景，如高频交易风控，网络延迟可能成为严重的瓶颈，即使微小的延迟也可能导致巨大的交易风险。另一方面，数据传输方面存在成本与安全问题，大量数据在本地与云端之间传输不仅会产生较高的成本，而且增加了数据暴露的风险点，尽管可以通过强加密和安全通道来保障，但仍存在潜在风险。此外，数据主权与合规性也是重要考量因素，对于银行的核心敏感数据，若涉及跨境传输或存储在公有云，可能会面临严格的监管限制，这给银行的数据管理和

合规运营带来挑战。

对于非实时或对延迟容忍度较高的分析任务，如云上的大数据分析、市场趋势预测、模型推理与微调训练等，云部署可以充分发挥其资源优势，实现复杂分析任务的高效执行。另外，当银行需要利用云厂商特定的 AI 能力，如自然语言处理、图像识别等预训练模型或相关服务来增强自身应用时，云上部署能够方便地集成这些能力，拓展银行的业务应用场景。

边缘部署：低延迟、高隐私、近场景

银行大模型采用边缘部署具有多方面的显著优势。首先，极低延迟是其关键特性，由于数据在本地进行处理，无需传输到云端，大大缩短了数据处理的路径，使得响应速度极快，能够为实时交互应用提供出色的支持，如在智慧网点中，客户进行人脸识别登录或办理业务时，能迅速完成身份验证，提升客户体验。其次，带宽得到了有效优化，减少了向云端传输大量原始数据的需求，不仅节省了可观的带宽成本，还能避免因网络拥堵导致的数据传输延迟或中断，尤其适用于网络条件不稳定的地区。再次，数据隐私得到了增强，敏感数据在本地或受控的边缘环境中处理，不出本地范围，极大地降低了隐私泄露的风险，符合银行对客户数据安全保护的严格要求。最后，离线可用性也是一大亮点，在网络中断的情况下，仍能依靠本地的智能服务为客户提供基本的业务支持，如在移动银行 App 上执行本地反欺诈规则，保障客户的资金安全。

然而，银行大模型边缘部署也存在一些不可忽视的劣势。其一，计算与存储资源有限是主要问题，边缘设备的性能通常远远不及云端，面对超大型模型往往力不从心，这就需要依赖模型压缩和优化技术来适配边缘设备，但可能会在一定程度上影响模型的准确性和性能。其二，

管理复杂性较高，大量分布式的边缘节点在部署、监控、更新和维护方面都面临巨大挑战，需要投入大量的人力和物力来确保各个节点的正常运行，并且要协调好不同节点之间的工作，以保证整体系统的稳定性和一致性。其三，环境异构性带来了兼容性问题，不同边缘设备的硬件规格和操作系统各不相同，这可能导致模型在某些设备上无法正常运行或出现性能差异，增加了开发和维护的难度，需要针对不同的设备进行专门的适配和优化。

对于实时性要求极高的交易风险监测，边缘部署可以进行初步筛选，在交易发生的瞬间快速判断是否存在风险，及时采取措施，降低交易风险。此外，对于需要保护高度敏感本地数据的场景，如客户的私密金融信息处理，边缘部署能够将数据严格控制在本地，确保数据安全，满足监管要求和客户对隐私保护的期望。

混合部署：云边协同，优势互补

混合部署结合云端和边缘部署的优势，根据任务特点进行分工协作，有以下集中典型架构模式：一是云端训练、边缘推理，这是最常见的模式。利用云端强大算力训练模型，将优化后的模型部署到边缘执行推理。二是边缘预处理／初筛、云端深度分析，边缘进行数据清洗、特征提取或初步判断，将关键信息传回云端进行更复杂的分析或模型处理。三是云边联邦学习，在保护隐私的前提下，利用边缘数据进行模型训练或更新，云端负责协调和聚合。

云边混合部署深度融合了云端与边缘部署的优势，为银行大模型应用带来显著效益。在性能与成本方面，通过针对不同任务特点，将对算力要求高、训练复杂的任务放在云端，利用强大算力降低训练成本；而对实时性要求高的推理任务部署在边缘，减少延迟，实现资源的高效利用。其灵活性与可扩展性也十分突出，银行可依据业务发展动态调整云边资源配比，快速响应市场变化。此外，在数据流优化上，能合理平衡数据本地处理与云端集中分析需求，边缘完成数据预处理和初筛，减少数据传输量，云端则进行深度分析挖掘，提升整体数据处理效率。

尽管优势明显，云边混合部署也面临诸多挑战。架构设计与管理层面，由于涉及云边不同环境，需要搭建强大的协同平台，实现统一的资源调度、模型分发、状态监控和安全管理，这对银行的技术能力和管理水平要求极高。同时，数据一致性维护难度大，云边数据频繁交互，需确保数据和模型版本的实时同步与一致，避免因版本差异导致分析结果偏差或服务异常，任何疏漏都可能影响业务正常运转和客户体验。

云边混合部署适用于大多数复杂银行应用场景，如智能风控中结合云端全局风险模型和边缘实时交易监测，既能把握宏观风险趋势，又能及时拦截异常交易；在客户营销领域，云端维护客户画像，边缘基于画像进行个性化推荐和实时营销，实现精准触达；在智能客服场景里，简单问题由边缘快速响应，复杂问题转至云端处理，提升服务效率。银行在选择部署策略时，应综合考量应用场景的延迟敏感度、带宽限制、数据隐私要求、模型复杂度、算力需求、运维能力和总体成本等因素。鉴于混合部署模式的灵活性和综合优势，未来将成为更多银行平衡效率、安全与成本的首选方案。

三、LLMOps：银行大模型的持续运行监控与维护

将大模型成功部署上线只是开始，确保其持续稳定、高效、安全地运行，并不断优化其性能和价值，是更为艰巨的挑战。LLMOps（大模型运维）是 MLOps（机器学习运维）的延伸和发展，专注于解决大模型在生产环境中的独特运维难题。

监控：洞察模型运行状态

银行大模型运行状态的监控关乎服务质量与业务安全，以下从五个方面是监控重点：

一是基础设施监控，筑牢算力基石。基础设施是大模型运行的底层支撑，对其监控必不可少。通过实时监测 CPU、GPU、NPU 的利用率与温度，能及时发现硬件是否处于高负荷或过热状态，避免因硬件故障导致服务中断。同时，关注存储和网络资源的使用情况及健康状态，确保数据存储安全、传输稳定，为模型运行提供持续、稳定的算力供给，保障大模型在任何业务场景下都能有坚实的硬件基础。

二是服务性能监控，保障用户体验与系统效率。服务性能直接关系到用户对银行大模型应用的满意度和系统的处理能力。其中延迟指标影响着用户等待响应的时间，低延迟能带来流畅的交互体验；吞吐量体现了系统在单位时间内处理请求的数量，反映系统容量大小；错误率则直观展示服务调用的成功率，过高的错误率会严重影响业务正常开展；成本监控能让银行清晰了解模型调用和资源消耗带来的支出，便于合理优化资源配置，在保证服务质量的同时控制运营成本。

三是模型质量监控，守住可靠性底线，是整个监控体系的核心与难点。输出质量漂移的监控，结合自动化评估与人工抽样，可及时发现模型输出准确性、相关性和流畅性的下降趋势；幻觉率监测能避免模型生成误导性信息，维护银行信息的可信度；偏见与公平性监测确保模型对待不同群体一视同仁，符合社会伦理和监管要求；内容安全监测则防止模型输出违规内容，避免银行面临法律风险和声誉损失，全方位保障模型输出的质量与可靠性。

四是数据与概念漂移监控，适应动态变化环境。数据漂移关注输入数据分布的改变，当实际输入数据偏离训练数据时，模型性能可能受到影响，及时发现并处理数据漂移问题，有助于维持模型的有效性；

概念漂移则聚焦现实世界中业务模式、用户行为等的变化，使银行能够及时调整模型策略，确保模型的预测和决策始终贴合实际情况，提升模型的适应性和竞争力。

五是日志管理，提供问题溯源与优化依据，这是监控体系的重要辅助手段。通过收集、存储和分析详细的请求日志、模型输出日志以及系统运行日志，在模型出现问题时，能够快速定位故障源头，进行有效的问题排查；同时，日志分析也为审计工作提供了有力支持，确保银行大模型应用符合合规要求；此外，从日志中还能挖掘出性能优化的线索，为模型改进和系统升级提供数据依据，推动银行大模型服务不断完善。

维护：保障模型持续可用与优化

银行大模型的维护是确保其稳定运行、持续优化的关键，结合银行实际业务特点，以下七个方面是维护的重点内容：

一是异常检测与告警，筑牢风险预警防线。当监控指标如延迟超出正常范围、错误率突然激增，或是检测到有害内容时，能迅速触发警报，及时将异常信息传递给运维和开发团队。以智能客服为例，一旦响应延迟过高，客户咨询无法及时得到回复，告警机制可让相关人员快速介入，避免因服务不及时导致客户流失，有效保障业务的正常运转。

二是故障恢复，提升系统抗风险能力。制定应急预案和自动化恢复流程，配合容器编排、负载均衡、冗余部署等技术，能够显著提高系统韧性。比如，通过冗余部署，在主服务器出现故障时，备用服务器可迅速接管服务，减少停机时间；自动化恢复流程能在故障发生后，快速执行一系列恢复操作，最大程度降低故障对银行核心业务的冲击，确保客户交易、业务办理等不受过多干扰。

三是版本控制与回滚，保障变更安全可控，这也是确保部署变更可追溯的关键。在模型迭代或系统升级过程中，清晰记录每个版本的详细信息，就像为大模型的"成长"建立档案。一旦出现问题，如新版本模型导致推理结果不准确，可快速回滚到稳定版本，及时止损。例如，在更新营销推荐模型后，若发现推荐内容不符合客户偏好，影响营销效果，通过版本回滚可恢复到之前效果良好的版本，保障业务的连续性和稳定性。

四是性能优化，平衡效率与成本。持续分析性能瓶颈，运用模型压缩、量化、缓存、硬件加速等技术，有效优化推理效率和降低成本。比如，通过模型压缩减少模型参数，使其更适配银行边缘设备，提升在网点智能终端等设备上的推理速度；利用缓存技术，将常用的推理结果进行缓存，减少重复计算，既提高了响应速度，又降低了算力资源消耗，实现效率与成本的平衡。

五是容量规划与管理，未雨绸缪应对业务增长。根据业务增长趋势和监控数据进行容量规划与管理，提前预测未来资源需求。例如，通过分析历史数据和当前业务发展态势，预判到某一时期智能客服的咨询量将大幅增长，提前进行扩容或调整资源配置，增加服务器数量或优化算力分配，避免因资源不足导致服务卡顿或崩溃，确保在业务高峰期也能为客户提供流畅的服务体验。

六是模型更新与再训练，保持模型适应性。基于模型性能下降、数据漂移、业务需求变更等触发机制，选择合适的更新方式，如重新进行提示工程、更新 RAG 知识库、进行增量微调或全量再训练。借助 LLMOps 平台实现自动化流程，从测试、部署到验证全程自动化，提高更新效率和准确性。例如，当发现风控模型因数据漂移导致误判率上升时，及时触发再训练，利用新数据更新模型，提升风控的精准度，保障银行资金安全；在推出新的金融产品时，通过更新模型，使其能够准确理解和推荐新产品，满足业务发展需求。

七是安全加固，抵御潜在安全威胁。定期进行安全扫描和渗透测试，及时发现并修复漏洞，更新安全策略。比如，通过模拟提示注入攻击，检测模型对恶意输入的防御能力，针对性地加强安全防护；及时更新安全策略，防止黑客利用新发现的漏洞入侵系统，保护客户隐私和银行资产安全，维护银行的声誉和公信力。

最佳实践

以自动化优先，借助 MLflow、Kubeflow 等工具及云厂商服务，实现监控、部署、测试和更新全流程自动化，提升运维效率；建立用户与业务方反馈闭环，将实际使用中的问题与建议融入模型迭代，增强实用性；强化跨团队协作，推动数据科学家、工程师、业务专家与合规人员紧密配合，保障模型开发与维护的专业性和合规性；积极运用混沌工程主动模拟故障，检验系统容错与恢复能力，增强系统韧性；同时保持对 LLMOps 领域新技术、新方法的关注，持续学习适应，确保银行大模型在快速发展的技术环境中始终保持竞争力与先进性。

四、大模型即服务（MaaS）平台架构：银行的 AI 能力中心

为了高效、规范、规模化地开发、部署和管理大模型应用，银行需要构建一个集中化的"大模型即服务（MaaS）"平台。MaaS 平台旨在将底层的算力、数据、模型能力封装成标准化的服务，供全行业务部门和开发者便捷调用，加速 AI 创新落地。

MaaS 平台核心架构

一个典型的银行 MaaS 平台通常包含以下关键层次：基础设施层、数据管理与治理层、模型开发与管理层、模型部署与推理层、LLMOps 与监控、应用支撑与集成层、平台治理与安全层等。

基础设施层（Infrastructure Layer）是技术架构的重要组成部分。其中异构算力池发挥着关键作用，它能够统一管理和灵活调度 CPU、GPU、NPU/TPU 等各类计算资源，无论是物理机、虚拟机还是容器形态，都能进行有效调配。并且它可以对接私有云、公有云或混合云资源，为银行大模型的训练和推理提供强大且灵活的算力支持。例如在进行大规模的风险评估模型训练时，能够迅速调用大量的 GPU 资源来加速计算过程。同时，其高性能存储是保障银行数据有效处理的基础。对于模型训练，它需要存储海量的数据；在推理阶段，又要满足低延迟访问的要求。同时，还要支持数据湖／仓以及向量数据库等多样化的存储需求。比如在智能客服场景中，快速访问客户的历史咨询数据和知识库，就依赖于高性能存储的低延迟特性。

数据管理与治理层（Data Management & Governance Layer）将行内的各种业务系统数据以及行外的市场数据等接入与处理，并进行清洗、转换、标注、脱敏等预处理操作。其一，对客户的敏感信息进行脱敏处理，既保护了客户隐私，又能为模型训练提供可用的数据。其二，数据资产目录与元数据管理对数据的血缘、定义、质量、权限等信息进行全面管理。通过清晰的数据血缘关系，银行可以追溯数据的来源和变化过程，确保数据的质量和合规性。其三，特征工程与特征存储提供特征开发、存储、共享和版本管理能力，帮助挖掘数据价值。其四，知识库与向量数据库专注于构建和管理用于 RAG 的领域知识库，并提供高效的向量存储和检索服务，为模型提供更准确的上下文信息。其五，数据安全与合规严格执行统一的数据分类分级、访问控制、加密、审计策略，保障银行数据的安全和合规使用。

模型开发与管理层（Model Development & Management Layer）是模型的集中管理中心，它存储、管理和版本化各类模型，涵盖了引入的外部基础大模型，无论是开源还是商业的，以及银行自行微调或开发的行业／领域模型和传统机器学习模型。通过对模型的统一管理，方便了模型的查找、使用和更新。开发环境与工具链为模型开发人员提供了便利的工作条件，Notebook 环境、IDE 插件、SDK 等一应俱全，并集成了常用的 AI 开发框架，如 TensorFlow、PyTorch、Hugging Face 等；自动化训练／微调流水线提供了标准化的流程，包括模型训练、PEFT 微调、超参数优化等，支持分布式训练，大大提高了模型开发的效率；提示工程平台专注于提示词的开发、测试、版本管理、优化和共享，帮助优化模型的输出效果；RAG 开发框架则支持快速构建和集成检索增强生成应用，增强模型的准确性和实用性；实验跟踪与协作记录了实验过程、参数、结果，方便团队成员之间进行比较和复现，促进团队协作；负责任 AI 工具集集成了偏见检测、可解释性分析、安全性评估等工具，确保模型的开发和使用符合伦理和安全标准。

模型部署与推理层（Model Deployment & Inference Layer）将不同类型的模型打包并部署为标准化的 API 服务，如 RESTful API，方便上层应用的调用。多种部署模式支持使得银行可以根据实际需求选择云端、边缘或混合部署，并提供相应的部署工具和流程。例如在智能网点的边缘设备上部署简单的模型进行快速推理，而复杂的模型则部署在云端。高性能推理引擎集成了推理优化技术，如 ONNX Runtime、TensorRT 等，并结合硬件加速能力，显著提升了推理效率。服务管理与编排提供了服务发现、负载均衡、弹性伸缩、灰度发布、A/B 测试等能力，保障了模型服务的稳定运行和优化。API 网关统一管理 API 的认证、授权、限流、监控，确保 API 的安全和有效使用。

LLMOps 与监控层（LLMOps & Monitoring Layer）集中展示了基础设施、服务性能、模型质量等关键监控指标，让运维人员和管理人员能够一目了然地了解平台的运行状态。其中日志聚合与分析提供了统一的日志收集、查询和分析平台，方便对问题进行排查和分析；告警与事件管理建立了统一的告警规则和通知机制，当出现异常情况时能够及时通知相关人员；自动化运维工具集成了配置管理、自动化部署、故障恢复等工具，提高了运维的效率和准确性；反馈收集与模型迭代提供了收集用户反馈的接口，并与模型更新流程联动，使得模型能够根据用户的实际需求和反馈不断优化。

应用支撑与集成层（Application Enablement & Integration Layer）将第三方应用与平台连接，确保数据的高效流通和模型服务的灵活调用。其中 API 市场 / 服务目录向业务部门和开发者展示了平台上可用的模型服务和 API，方便他们选择和使用；应用开发框架 / SDK 提供了便捷的开发工具，如 SDK 或低代码 / 无代码工具，简化了上层应用的开发过程，降低了开发门槛；Agent 框架支持提供了构建基于大模型的智能体（Agent）的能力，支持更复杂的任务编排和工具调用，例如在智能客服中，智能体可以根据客户的问题调用不同的模型和工具来提供更准确的回答；业务系统集成适配器提供了与银行现有核心系统、CRM、风控系统等集成的连接器或适配方案，使得新的模型服务能够与现有系统无缝集成，充分发挥其价值。

平台治理与安全层（Platform Governance & Securitylayer）确保平台使用安全合规。其中统一认证与授权对平台所有资源和服务进行精细化的权限控制，确保只有授权的人员和应用能够访问相应的资源；资源配额与成本管理对不同部门或项目的资源使用进行限制和计量计费，帮助银行合理分配资源，控制成本；安全审计与合规提供了全面的操作日志和审计追踪，满足了监管要求，确保平台的运营合法合规；平台策略管理集中管理平台的安全策略、数据策略、模型发布策略等，保证了平台的规范化运行。

MaaS 平台的技术特点与核心价值

银行 MaaS 平台在技术层面展现出鲜明且独特的特点。它高度强调标准化与服务化，将原本复杂烦琐的 AI 能力精心封装成简单易用、便于调用的服务形式，极大地降低了业务部门及开发者的使用门槛，使得即使不具备深厚 AI 技术背景的人员，也能够轻松借助平台的能力开展工作。同时，资源池化与弹性管理也是其重要特性，通过对算力、数据、模型等各类资源进行统一的管理和灵活调度，不仅显著提高了资源的利用效率，还能根据业务需求的变化实现弹性伸缩，在业务高峰时迅速扩展资源以保证服务质量，在业务低谷时合理收缩资源以节省成本。此外，自动化贯穿于开发、部署、运维的各个流程，极大地提升了工作效率，有效缩短了 AI 应用从开发到上线的周期，使银行能够更快速地响应市场变化和业务需求。

从核心价值来看，银行 MaaS 平台的作用举足轻重。一方面，它通过执行统一的安全、合规、质量标准，实现了集中化的治理，有力地降低了因分散开发而可能带来的各种风险，确保了银行在 AI 应用过程中的稳健运营。另一方面，该平台为知识的沉淀与复用提供了良好的环境，使得模型、数据以及实践经验等能够在银行内部实现共享和重复利用，避免了重复开发所造成的资源浪费，促进了知识和技术的积累与传承。更重要的是，它为业务部门提供了一个强大且丰富的 AI 工具箱，激发了更多基于大模型的创新应用，赋能银行的业务创新，帮助银行在激烈的市场竞争中开拓新的业务领域，提升客户体验，增强核心竞争力，为银行的可持续发展注入新的动力。

搭建银行级的大模型开发与部署框架，特别是构建 MaaS 平台，是银行在 AI 时代实现规模化创新、保持竞争优势的关键举措。这需要银行从战略高度出发，结合自身特点，选择合适的技术路径和部署模式，建立完善的 LLMOps 体系，并投入资源构建一个集约、高效、安全、开放的 MaaS 平台。虽然挑战重重，但通过系统规划、分步实施和持续迭代，银行能够逐步将大模型的潜力转化为实实在在的业务价值。

第五部分

前行挑战

—— 大模型应用的风险与应对

第十六章　银行大模型技术风险与应对策略：在浪潮中稳健前行

大型语言模型（LLM）为银行业带来了前所未有的机遇，但也伴随着一系列独特的技术风险。这些风险若管理不当，可能侵蚀客户信任、引发合规问题、造成财务损失，甚至损害银行声誉。在拥抱大模型带来的效率提升和创新可能性的同时，银行必须清醒地认识并主动管理这些潜在的陷阱。本章将深入剖析银行在应用大模型过程中面临的核心技术风险——准确性与可靠性挑战、难以逾越的可解释性鸿沟，以及技术快速迭代带来的兼容性难题，并提出切实可行的应对策略，旨在为银行在大模型浪潮中稳健前行提供指引。

一、精准与稳健：应对大模型准确性与可靠性挑战

对于银行而言，任何决策支持系统或客户交互工具的准确性和可靠性都是不可动摇的基石。大模型虽然能力强大，但在这些基础维度上却面临着独特的挑战，直接关系到其能否在银行核心业务中安全应用。

风险根源：为何大模型会"失准"与"失常"？

银行大模型的准确性（Accuracy - 输出结果符合事实或预期）和可靠性（Reliability - 在不同条件下表现稳定一致）问题，源于其复杂的技术特性和应用环境。

一是数据依赖性与质量瓶颈。大模型是数据的产物，训练数据中存在的错误、偏差（如历史信贷数据中的性别或种族偏见）、不完整性或时效性问题，会直接遗传给模型，导致其产生带有偏见或不准确的输出（Anaptyss, n.d. highlights bias in AI models as a key challenge）。金融数据的复杂性和隐私性也增加了获取高质量、大规模、合规标注数据的难度。

二是模型"幻觉"与事实扭曲（Hallucinations）。大模型本质上是基于概率生成内容的，有时会"自信地"编造出看似合理但不符合事实的信息。在银行场景下，模型幻觉可能导致其提供错误的金融建议、生成不实的市场分析或违反合规要求的内容，后果严重。

三是对输入的敏感性与鲁棒性不足。模型性能可能因输入提示（Prompt）的微小变化而剧烈波动。同时，模型在面对训练数据中未充分覆盖的边缘案例、异常输入或恶意设计的对抗性攻击时，其表现可能急剧下降，输出不可靠的结果。

四是性能漂移与稳定性隐忧（Performance Drift）。随着时间的推移，外部环境（如市场规则、客户行为模式）的变化可能导致输入数据的分布发生变化（数据漂移），或者数据与预测目标之间的关系发生变化（概念漂移）。若不及时更新，模型的预测能力会逐渐衰减，可靠性下降。

五是复杂性带来的"测不准"。大模型参数量巨大，内部机制复杂，导致对其进行全面、彻底的测试和验证变得极其困难。传统的软件测试方法难以完全覆盖所有潜在的失效模式。

应对策略：构建多层次的信任保障体系

解决准确性与可靠性问题，需要银行从数据、模型、流程等多个层面入手，构建纵深防御体系。

第一，夯实数据根基，严控质量关。需强化数据治理，建立涵盖数据采集、清洗、标注、存储和使用全生命周期的严格管理规范。同时提升数据质量，通过自动化工具与人工审核结合，处理数据错误、缺失和不一致的情况。还要关注数据偏见，在准备阶段主动检测并缓解，保证模型公平性，并且建立机制确保获取最新的市场数据、客户信息和监管要求，保障数据时效性。

第二，优化模型设计与训练，增强内在稳健性。运用数据增强技术，如在训练数据中加噪声、进行对抗性训练等，提升模型对异常输入的鲁棒性；采用模型集成，结合多个模型或同一模型不同阶段的预测结果，提高准确性和稳定性；利用持续学习与增量训练技术，如在线学习、增量微调等，适应数据变化，保持模型性能。

第三，实施严格的测试与验证流程，除准确率、召回率外，要专门设计幻觉检测、事实一致性校验、偏见评估、鲁棒性测试等专项评估。引入领域专家进行验证，组织业务专家、风险管理和合规人员对模型输出进行专业判断和压力测试；开展红队测试，模拟恶意攻击者，寻找模型的漏洞和弱点。

第四，建立健全的监控与反馈机制（LLMOps），实时监测模型关键性能指标、输出质量、数据漂移等情况。建立人工审核与反馈闭环，通过人工抽查或用户反馈，及时发现模型问题并用于迭代优化；设置安全护栏与熔断机制，对模型输出进行敏感词过滤、合规检查，在出现严重问题时自动降级或停止服务。

第五，透明化管理与文档记录，详细记录模型使用的训练数据、架构设计、训练过程、评估结果和已知局限性，便于对模型进行追溯和审计。这有助于整体上提升模型的准确性与可靠性，完善纵深防御体系。

二、雾里看花：攻坚银行大模型可解释性难题

在银行这个高度依赖信任、风险管理和合规审查的行业，模型的决

策过程需要被理解和解释。"黑箱"操作是难以被接受的。然而,大模型以其深层网络结构和海量参数,天然地带来了可解释性(Explainability/Interpretability)的巨大挑战。

困境所在:为何大模型难以"说清楚"?

深度神经网络的决策逻辑往往隐藏在数以亿计的参数交互之中,难以用简单直观的规则或人类易于理解的方式来描述其为何做出特定预测或生成特定内容。当前主流的可解释性方法(如 LIME、SHAP、注意力可视化等)虽然能提供一些局部或事后的解释线索,但对于理解大模型的全局行为、复杂推理链条或生成内容的内在逻辑,能力仍然有限,且有时解释本身也可能不可靠。

银行的风险评估、信贷决策、反欺诈等场景,不仅要求结果准确,更要求决策依据清晰、合规,能够向监管机构、审计部门乃至客户进行解释。模糊的解释难以满足这些要求。而某些解释方法可能需要访问或暴露训练数据中的敏感信息,这与银行严格的数据隐私保护要求相冲突。需要解释的对象还可能是模型的某个预测(如为何拒绝一笔贷款申请?)、某个生成的文本(如为何推荐这款理财产品?),甚至是模型的整体行为模式(如是否存在歧视性偏见?),不同对象的解释难度和所需方法各不相同。

应对策略:追求"适用性解释"而非"完全透明"

由于在当前技术条件下,要完全揭开大模型的"黑箱"存在困难,银行需采取务实策略。追求的是面向特定目标,且能够充分支撑决策、满足合规要求的"适用性解释",以此来更好地运用大模型。可以采取的具体策略包括:

第一,设计更易解释的架构与流程。应优先使用检索增强生成

（RAG）技术，因为模型基于可溯源的外部知识作答，其输出的主要依据相对清晰、可解释。采用模块化设计，把复杂任务拆解成多个更易理解的小模块，对每个模块的输入输出进行解释，或者在关键节点选用更具可解释性的模型。对于像合规检查这类需严格遵循规则的环节，可将大模型与传统规则引擎相结合，由规则引擎提供明确的判定依据。

第二，合理运用可解释性技术工具。局部解释方法如 LIME、SHAP等工具可用于解释单个预测结果的关键影响因素，帮助理解个案决策；进行特征重要性分析，了解哪些输入特征对模型决策影响较大（适用于部分模型）。例如对于基于 Transformer 的模型，注意力机制可视化可通过展示注意力权重，帮助理解模型处理输入时的关注重点，但解读时需谨慎；反事实解释则是探究对输入进行哪些最小改动可改变模型的预测结果，从而帮助理解决策边界。

第三，强化文档记录与过程透明，使用模型卡片（Model Cards）或数据表单（Datasheets），规范记录模型的预期用途、性能指标、训练数据、局限性以及伦理考量等信息。详尽记录操作日志，涵盖模型调用的输入、输出、中间过程（如 RAG 检索结果）以及决策时间等，以便进行审计追踪。

第四，提供面向用户的解释界面与工具，开发可视化工具，以图表、自然语言等形式向业务人员或审计人员展示模型的关键行为和决策线索。针对特定场景，设计标准化的解释报告模板，方便相关人员理解模型的运行和决策过程。

第五，加强人机协同与专业判断。在关键决策环节，如最终信贷审批、重大风险判断等，将模型输出作为辅助建议，最终决策由具备专业知识的人员做出，并记录决策理由。利用可解释性工具帮助业务专家理解模型行为，增强他们对模型应用的信心和操控能力。

第六，推动行业标准与监管沟通。银行应积极参与可解释性相关的行业标准制定工作，与监管机构就可解释性的要求和实现方式保持持续沟通，努力寻求共识，以促进大模型在银行业的合规、合理应用。

三、迭代迷途：化解技术演进与兼容性风险

大模型技术正以惊人的速度发展，新的模型架构、训练方法、优化技术层出不穷。银行在引入和应用这些技术时，既要跟上步伐，又要确保与现有庞大、复杂的 IT 基础设施和应用生态兼容，避免陷入"技术债"和"集成陷阱"。

风险表现：快速迭代下的"成长的烦恼"

在快速迭代的背景下，银行大模型面临着诸多风险表现。从技术层面看，模型与框架更新换代迅速，容易过时，带来持续的学习、迁移和升级压力；存在供应商与技术栈锁定风险，过度依赖特定供应商或技术路线会限制未来选择并受其制约；与遗留系统集成困难，新旧系统在技术架构上差异大；数据格式与接口不兼容，影响数据流动和系统交互；运维复杂性剧增，对运维团队能力和工具链要求极高。从人才和成本方面来讲，人才技能迭代滞后于技术发展速度，银行内部缺乏复合型人才；同时频繁的技术升级等操作可能导致成本失控，超出项目预期预算。

应对策略：拥抱变化，构建韧性架构与敏捷流程

面对大模型技术迭代风险，银行需积极主动构建适应变化的 IT 生态，从多维度采取措施，实现技术稳健发展与业务高效协同。

第一，采用开放与模块化策略。银行应优先选用 OpenAPI、ONNX 等行业广泛认可的开放标准和协议，降低对特定供应商和技术的依赖。

在系统设计中落实模块化、松耦合原则，将大模型应用封装成独立服务，通过标准 API 与其他系统交互，缩小技术变更带来的影响范围，提升系统灵活性和可扩展性。

第二，构建标准化管理平台。依托统一的 MaaS 平台，对模型开发、部署及运行进行全流程管理，屏蔽底层技术差异，提供标准化服务接口。借助 API 网关统一管理、路由和转换 API 调用，解决不同系统间接口适配难题，确保系统集成的稳定性和高效性。

第三，明确技术发展策略。制定审慎的技术评估和引入流程，综合考量技术先进性、成熟度、社区支持、供应商实力、集成难度及长期成本。规划清晰的技术演进路线图，明确遗留系统微服务化、API 化等现代化改造路径，保障技术更新有条不紊推进。

第四，强化质量保障体系。搭建覆盖单元测试、集成测试、回归测试、性能测试、兼容性测试的全面自动化测试体系。在引入新技术或系统升级时，开展充分的兼容性验证和压力测试，确保系统质量和稳定性。

第五，推行敏捷开发模式。借鉴敏捷开发理念，以小步快跑、快速迭代的方式推进项目，及时获取反馈优化产品。构建适配 AI/LLM 应用的 CI/CD 流水线，实现测试、部署和回滚流程自动化，提升交付效率与质量。

第六，优化供应商合作管理。对关键技术供应商进行全面尽职调查，评估其技术实力、服务能力和长期稳定性。在合同中明确服务水平协议、技术支持范围和退出机制，并与多个供应商及开源社区保持合作，避免单一依赖风险。

第七，注重人才与知识管理。建立持续学习机制，支持技术人员学习新技能，加强跨职能团队建设，促进技术与业务深度融合。同时，搭建知识库，沉淀技术迭代中的经验教训与最佳实践，实现知识共享与传承。

第八，重视技术文档管理。确保架构设计、接口规范、部署配置、操作手册等文档及时更新且准确无误，为应对人员流动和系统变更提供有力支撑，保障银行 IT 生态稳定运行。

第十七章　银行大模型的网络安全风险及对策：AI 攻防新战场

　　大型语言模型（LLM）在银行业的加速融合，正以前所未有的深度和广度重塑金融服务格局。然而，机遇的光芒之下，潜藏着日益严峻的网络安全阴影。银行不仅要面对传统的网络威胁，更要警惕攻击者利用人工智能（AI）技术发起的更隐蔽、更具破坏力的新型攻击。与此同时，AI 也为银行提供了强化防御能力的利器，一场围绕大模型的复杂 AI 攻防博弈已然展开。近期备受关注的 DeepSeek 遭受大规模网络攻击事件——据报道涉及 DDoS、暴力破解及僵尸网络等手段，且攻击源 IP 指向境外——为高度依赖数据和信任的银行业敲响了警钟。银行在拥抱大模型带来的变革时，必须深刻理解并主动应对这些与之类似甚至更为严峻的网络安全风险。本章将深入剖析 AI 时代银行大模型面临的网络攻击新形态，探讨基于 AI 的防御策略，并结合实际案例分析银行应如何构建面向未来的安全防线。

一、AI 赋能的网络攻击新形态：挑战升级

　　攻击者正迅速将 AI 武器化，使得传统网络攻击的模式、速度和复杂度发生质变，对银行安全体系构成严峻挑战。

超级自动化与规模化攻击：速度与洪流

AI使大规模、自动化攻击更易实施。攻击者借助机器学习训练智能恶意软件、高级网络爬虫等工具，能让其自主挖掘并利用银行系统及第三方供应商的漏洞，还可自适应调整策略绕过传统防御机制，更能通过AI控制"僵尸网络"发动复杂的DDoS攻击或大规模撞库、暴力破解尝试。一方面，增强型DDoS攻击会精准打击银行关键服务，致使服务长时间中断，在交易高峰期会带来巨大经济损失与客户流失；另一方面，持续的自动化攻击不仅会耗尽银行服务器、网络带宽等核心资源，影响所有业务系统性能，还会因自动化工具不断探测薄弱环节，增加银行被入侵的风险。

精准定位与深度欺诈：智能与伪装

AI让攻击变得更"智慧"与"个性化"。攻击者借助AI分析银行的目标画像，涵盖网络架构、业务流程、人员行为模式等，同时利用智能社会工程学实施高级网络钓鱼，精心设计针对特定个人或部门的逼真信息诱骗受害者；还通过AI语音/视频合成技术进行诈骗，模仿相关人员骗取授权与敏感信息，并且能生成绕过反欺诈检测的交易模式。

这些攻击方式使银行面临诸多严重威胁。一方面，欺诈成功率因AI生成信息的高迷惑性而大幅上升，导致直接资金损失。另一方面，深度伪造技术破坏信任体系，对银行业务根基造成冲击，而且AI还可能被内部人员利用，放大内部威胁，使银行数据安全与业务稳定面临更大挑战。

针对模型本身的攻击：操纵AI的"大脑"

大模型自身也成为新的攻击界面，攻击者通过对正常输入数据添加微小扰动实施攻击，这些扰动用肉眼难以察觉，却能诱导大模型做出错误分类或判断。如在人脸识别认证中，微调后的图像可让非法用户通过验证；在风险评估时，精心构造的文本能使高风险交易被误判为低风险。这种攻击方式直接破坏银行基于 AI 的业务流程可靠性，可能致使信贷审批误判、反欺诈系统失效、身份认证被绕过，最终引发业务决策失误与资金损失。

数据投毒攻击发生在模型训练或更新阶段，攻击者向训练数据集中恶意注入错误或带偏见的数据。比如污染交易数据以逃避反洗钱模型检测，或在客户信用数据中掺入虚假信息，影响信贷评分模型的公平性。攻击者常利用银行从第三方获取数据或持续收集新数据进行模型迭代的机会发动攻击。该攻击会从根本上破坏模型的准确性、公平性与可靠性，导致模型产生系统性偏差甚至失效，引发错误的业务决策，而且问题根源隐蔽，排查难度极大。

后门植入攻击是在模型训练或部署过程中，通过数据投毒或利用供应链环节，植入隐藏的"触发器"。在正常输入下，模型表现正常，但当遇到含特定触发器的输入时，就会输出攻击者预设的恶意结果，如泄露敏感信息、执行错误指令或绕过安全检查等。此攻击手段极为隐蔽，很难被检测发现。一旦成功实施，银行部署的 AI 模型就如同埋下的"特洛伊木马"，关键时刻被激活后，会造成数据泄露、系统瘫痪或重大决策失误等严重后果，是极具危险性的安全隐患。

二、AI 驱动的防御新范式：以智取胜

面对 AI 赋能的攻击，银行的防御策略也必须与时俱进，利用 AI 技术构建更智能、更自适应、更具韧性的安全体系。

智能感知与预警：洞察未然

对 AI 赋能的攻击，核心策略是通过运用 AI 算法，尤其是机器学习和深度学习技术，来优化威胁检测的精度与速度。其中，AI 增强的异常检测与行为分析（UEBA）能够为用户（包括客户和员工）、设备以及系统交互构建正常行为基线，并对偏离该基线的异常活动进行实时监测，像异常的登录时间或地点、交易模式以及内部员工的越权操作等都能被有效识别，相较于传统的基于规则的系统，它在发现未知威胁和内部风险方面更具优势。同时，智能流量分析借助 AI 对网络流量元数据和内容加以分析，可识别出复杂的 DDoS 攻击模式、隐蔽的恶意软件通信以及数据外泄企图等。

这种策略旨在实现从被动响应到主动防御的转变，让银行能够在攻击造成实际损害之前就发现并发出预警，从而显著缩短威胁响应时间（MTTD）。

AI 驱动的自动化防御与响应：敏捷高效

银行保障信息安全的核心在于将 AI 分析成果与自动化防御体系紧密结合，达成快速响应的目标。AI 优化的入侵检测与防范系统（IDPS）充分发挥 AI 精准识别的特性，与 IPS 自动阻断功能相结合，当检测到 SQL 注入、恶意扫描等高可信度攻击行为时，能够立即实施拦截，有效抵御外部攻击。安全编排、自动化与响应（SOAR）则借助 AI 对安全告警进行深度分析，自动丰富告警信息、评估处理优先级，并依据预设的执行剧本，自动完成隔离设备、禁用账户、更新防火墙规则等响应操作，极大地减轻了安全团队的工作压力，显著提升了整体响应效率。

通过上述策略的实施，银行安全运维将迎来质的飞跃，人工操作导致的失误大幅减少，面对已知威胁和部分未知威胁，能够在分钟级时间内做出有效响应（MTTR）。这不仅增强了银行系统的安全性和稳定性，还为业务的持续运行提供了坚实保障，使银行在应对复杂多变的网络安全威胁时更加从容。

聚焦模型自身安全：加固 AI 核心

针对大模型面临的对抗样本、数据投毒、后门植入等特定攻击，银行需构建专业化防御体系。

首先在对抗鲁棒性增强方面，通过对抗训练，在模型训练时引入对抗样本，强化其对微小扰动的耐受能力；采用输入预处理 / 净化手段，对模型输入数据进行过滤、降噪或重构，消除可能存在的对抗扰动；利用多模型校验机制，借助多个不同架构或训练数据的模型对同一输入进行判断，以此增加攻击难度。

其次在数据安全与投毒防御上，严格执行数据溯源与验证，审查数据来源，运用校验和、数字签名等技术保障数据完整性，并对第三方数据进行严格筛查；应用差分隐私技术，在数据发布或模型训练过程中添加随机噪声，既保护个体数据隐私，又能抵御数据投毒；同时，加强训练过程监控，密切关注模型训练中的异常指标，及时察觉潜在的数据污染风险。

而针对后门攻击，则通过模型代码与结构审计，对模型进行静态和动态分析，查找可疑结构或触发器模式；采用模型水印技术，嵌入特定标识验证模型来源与完整性；实施模型净化，通过剪枝或在干净数据上微调，尝试消除潜在后门。

通过上述防御策略的实施，银行核心业务中部署的大模型将显著提升内在安全性、可靠性和可信度，为银行基于大模型的智能服务提供坚实保障，确保业务稳定运行，维护客户信任与银行声誉。

强化基础安全与纵深防御：不可或缺的基石

在 AI 时代浪潮下，传统网络安全的最佳实践仍是筑牢安全防线的基石。零信任架构秉持"从不信任，始终验证"的理念，对人、设备、应用等所有访问主体实施持续认证与授权，严格限制攻击的横向扩散。强身份认证要求所有用户（尤其是特权用户）强制启用多因素认证，提高身份验证的安全性；端到端加密技术对静态存储和动态传输的敏感数据进行高强度加密，防止数据泄露；漏洞管理则强调持续扫描系统、应用及 AI 框架的漏洞，并及时修复，降低被攻击的风险。同时，建立强大的事件响应能力，制定并定期演练涵盖 AI 相关事件的应急预案；通过持续的安全意识培训，针对 AI 驱动的新型欺诈、钓鱼手段更新培训内容，提升员工的防范意识与能力。

通过强化传统网络安全，银行将构建起多层次、纵深化的防御体系。这一体系具备强大的韧性，即便某一层防御被突破，其他层面仍能有效发挥防护作用，形成层层阻击的态势，从而最大限度地降低安全风险，为银行的业务系统、数据资产及 AI 应用提供全面、可靠的安全保障。

三、案例透视：DeepSeek 事件对银行大模型安全的启示

2025 年初，DeepSeek 在爆火之后遭遇境外长时间、大规模 DDoS 攻击，导致服务严重中断。此次事件暴露出多重风险：首先，专业 AI 公司的基础设施仍存在脆弱性，易成为攻击目标并被瘫痪；其次，网络攻击呈现全球化特征，地缘政治因素可能加剧攻击风险；最后，AI 服务中断会对依赖其服务的用户和企业造成严重影响，导致业务停滞和潜在经济损失，凸显了关键 AI 基础设施稳定运行的重要性。

对银行的警示与启示

DeepSeek 事件为银行敲响警钟。其一，基础设施韧性是银行核心服务的生命线，尤其在 AI 应用日益广泛的趋势下，需通过投资流量清洗服务、多地域冗余部署等技术，提升抗 DDoS 能力；其二，供应链安全不容忽视，若依赖第三方大模型服务，需审慎评估供应商安全能力与地缘政治风险，优先选择安全可控的合作方或构建自主部署方案；其三，数据安全至关重要，银行需警惕攻击者以 DDoS 为掩护实施数据窃取、篡改等行为；其四，AI 欺诈风险不容小觑，需防范 Deepfake、智能钓鱼等新型攻击；最后，威胁情报共享与联防联控是应对动态攻击的关键，银行应积极融入行业情报共享机制，协同抵御风险。

银行应采取的综合应对策略

在基础设施层面，部署多层抗 DDoS 方案，优化系统架构以增强弹性；应用层方面，利用 Web 应用防火墙、API 网关防范接口攻击；模型安全领域，落实对抗样本、数据投毒等专项防御措施；欺诈防范上，引入 AI 生成内容检测技术，强化身份验证与安全教育；同时，深化威胁情报合作，加入共享平台以应对新型威胁；最后，完善针对 AI 安全事件的应急响应预案，并定期开展演练，确保风险发生时能快速响应、有效处置。

综上，安全是银行 AI 战略的基石。AI 技术为银行业带来了无限可能，但网络安全风险如影随形，且在 AI 的催化下变得更加复杂多变。银行在推进大模型应用的进程中，必须将网络安全置于战略高度，深刻理解 AI 赋能攻击的新特点，积极运用 AI 提升防御能力，并针对模型自身的脆弱性构建专门的防护体系。这需要银行持续投入资源，加强技术研发与应用，培养专业安全人才，深化行业合作，并建立完善的治理和应急机制，确保大模型技术安全、合规、可靠地赋能业务发展，真正将 AI 的潜力转化为可持续的核心竞争力。

第十八章　银行大模型的合规与伦理风险防控：行稳致远之道

大型语言模型（LLM）正以前所未有的力量重塑银行业，它们驱动创新、提升效率，但因其数据驱动的本质、决策过程的不透明性以及潜在的偏见风险，对银行现有的合规体系和伦理准则提出了严峻考验。在金融这个高度规制、极度依赖信任的行业，任何技术的应用都必须在严谨的框架内进行。本章将深入解读银行应用大模型必须遵循的核心监管要求，剖析算法偏见与公平性难题，探讨关键的伦理道德考量，并介绍监管沙盒与敏捷治理等创新机制，旨在为银行在驾驭大模型浪潮的同时，构筑坚实的风险防线，确保技术向善、行稳致远。

一、遵循准绳：大模型应用的监管政策解读与合规要点

将大模型集成到银行业务中，绝非仅仅是技术问题，更是一项严肃的合规工程。银行必须确保其应用严格遵守一系列法律法规和监管要求。

数据隐私保护：数字时代的生命线

首先，大模型对数据的需求相当高。银行作为处理大量客户数据的机构，必须严格遵循如《通用数据保护条例》（GDPR）、《中华人民

共和国个人信息保护法》（PIPL）、《加州消费者隐私法案》（CCPA）等相关法规。在客户数据的收集、处理、存储、使用，包括模型训练和推理的整个流程中，要确保合法性、正当性、必要性，即明确数据处理的目的和范围，并获得客户充分、明确的授权。同时，遵循最小化原则，仅收集和处理实现特定目的所必需的数据。还要采取足够的技术和管理措施，如加密、脱敏、访问控制、安全审计等，以保护数据的机密性、完整性和可用性。

其次，大语言模型（LLM）自身的特点也给数据隐私保护带来了诸多挑战。一方面，大模型训练需要海量数据，这大大增加了大规模隐私泄露的风险。另一方面，模型在生成内容时可能会无意中泄露训练数据中的敏感信息，也就是存在数据记忆的问题。此外，当利用客户数据进行模型微调时，需要特别留意授权范围，避免出现违规使用客户数据的情况。这些挑战都对银行的数据隐私保护工作提出了更高的要求。

为了更好地遵循数据隐私保护的相关法规，银行需要从多个方面着手。首先，强化数据治理，建立覆盖数据全生命周期的治理体系，明确数据的分类分级、所有权、使用权限和安全要求。其次，探索应用隐私增强技术（PETs），如差分隐私、同态加密、联邦学习（数据不出本地训练）等，在保护隐私的前提下充分挖掘数据价值。再次，若使用第三方模型或数据，要对其数据安全和隐私保护能力进行严格的尽职调查，确保合作方符合相关标准。最后，要向客户清晰说明数据使用方式，并提供易于操作的撤回授权或管理个人信息的途径，保障客户对自身数据的控制权和知情权。

金融犯罪防范：AML/CFT 与欺诈识别

银行肩负着履行反洗钱（AML）、反恐怖主义融资（CFT）以及反欺诈的重要义务，必须严格遵循《中华人民共和国反洗钱法》等相关法规。这就要求银行具备一系列关键能力，包括有效的客户尽职调查（KYC）、具备强大的交易监控能力，以及拥有精准的可疑活动识别与报告能力。

大语言模型（LLM）在银行履行反洗钱等义务方面具有一定的应用价值。它能够对复杂的交易网络进行分析，敏锐地识别其中的异常模式，并且可以理解如新闻、报告等非结构化信息，从而为风险评估提供有力的辅助。然而，其应用也面临着诸多挑战。模型的可解释性是合规的关键因素，银行需要向监管机构清晰地解释 AI 模型的决策逻辑。同时，攻击者可能利用对抗样本或数据投毒来干扰反洗钱和反恐怖主义融资模型的正常判断。此外，AI 技术自身也可能被犯罪分子滥用更复杂的洗钱或欺诈活动，如利用 AI 生成虚假身份、进行 Deepfake 诈骗等。

为了确保在应用大语言模型时符合相关法规要求，银行需要采取一系列要点措施。首先，要对用于反洗钱、反恐怖主义融资和反欺诈的模型进行严格的独立验证和定期审计，以保证模型的有效性、稳健性和合规性。其次，坚持人机协同的原则，将 AI 作为辅助工具，对于关键决策，如可疑交易报告等，仍需经过人工的复核与判断，充分发挥人的专业能力和判断力。再次，要持续监控模型的性能，根据新出现的犯罪手法和监管要求，及时更新模型和规则库，使模型始终适应不断变化的环境。最后，在合规的前提下，加强与监管机构、同业以及执法部门的跨机构合作与信息共享，形成打击金融犯罪的合力，共同维护金融领域的安全。

消费者权益保护：公平、透明与负责任

银行需遵守《中华人民共和国消费者权益保护法》等法规，确保

向消费者提供公平、透明的服务，禁止误导性宣传、不公平定价和歧视性待遇。由于训练数据或算法设计存在偏差，模型可能对特定客群（如年龄、地域、收入等方面）产生歧视，进而导致不公平的信贷决策、产品定价或服务机会。此外，模型"幻觉"现象可能导致生成不准确的产品信息或投资建议，误导消费者，影响客户利益与银行信誉。

为应对上述挑战，银行需从多维度遵循合规要点。首先在公平性方面，于模型开发和部署前后开展严格的公平性测试，及时识别并纠正潜在的偏见，保障客户权益平等。其次要探索提供简化解释、决策依据摘要等方式，降低客户理解 AI 决策的难度。同时，加强内容审核，对模型生成的面向客户的各类内容，如营销文案、客服回答等进行严格把关，确保内容准确、合规且无误导性。此外，还需畅通投诉与救济渠道，建立明确的申诉机制，以便消费者就 AI 相关决策或服务提出意见，并提供切实有效的解决方案，提升客户信任与满意度。

风险管理：纳入模型风险治理框架

银行监管机构对模型风险管理有明确的倾向或态度，银行需要提前着手建立覆盖模型全生命周期的治理框架，包括模型开发、验证、实施、监控和退出。

在确保 LLM（大语言模型）合规遵循方面，需从多方面着手：明确将 LLM 纳入模型风险管理（MRM）框架，确认其属于该管理范畴，并依其特性对治理流程进行调整；强化独立验证工作，组建拥有 AI 专业知识的独立团队，对 LLM 开展严格的技术和业务双重验证；建立持续监控机制，针对 LLM 的性能、稳定性、数据漂移以及输出质量等进行持续跟踪；同时清晰界定模型开发、使用、验证、监控等各环节的责任主体，明确问责机制；还要进行充分的文档记录，完整留存模型设计、数据、训练过程、验证结果、监控情况和局限性等信息，以满足审计和监管检查的需求。

合规管理的组织与流程保障

首先，设立专门的 AI 治理职能，成立跨部门的 AI 治理委员会或指定专门团队，负责统筹协调大模型应用过程中的合规与风险管理工作，打破部门壁垒，促进信息共享与协作。

其次，制定清晰的内部政策，发布全行统一的 AI 应用指导原则、数据使用规范、模型开发部署标准以及伦理审查流程等，为各部门提供明确的行动指南。

再次，推行嵌入式合规，将合规要求融入模型开发和部署的每一个环节，从源头上确保合规，而非仅在事后进行检查。

此外，积极探索使用自动化合规工具，实现合规检查、风险评估和报告的自动化，提高工作效率和准确性。

最后，持续开展培训与沟通工作，加强对业务、技术、风险、合规、法务等各条线人员关于 AI 风险与合规要求的培训，提升员工的合规意识和专业素养，确保全行上下对合规管理形成共识并有效执行。

二、公平之尺：算法偏见检测与公平性量化评估

算法偏见是银行应用大模型时最受关注的伦理与合规风险之一。它可能导致对特定群体的系统性歧视，损害客户利益，引发监管处罚和声誉危机。

偏见的来源：数据、算法与人

数据偏见是算法偏见产生的重要根源之一。历史上存在的社会不平等现象，会反映在训练数据中，例如信贷审批历史数据中对特定人群

的歧视性记录。同时，数据采集过程中若未能充分覆盖所有相关群体，会导致样本偏差，使得部分群体在数据中代表性失衡。此外，数据标注过程中出现的主观偏见或错误，也会造成标签偏差，这些因素共同为算法偏见埋下隐患。

算法自身设计的缺陷也会导致偏见产生。模型架构、目标函数或优化算法的选择，可能使模型在训练和预测时，天然倾向于某些结果，从而放大输入数据中的偏差。而在特征选择环节，如果选取了与性别、种族等受保护特征高度相关的代理变量，即便表面上看似中立，实际上也会引入偏见，影响模型的公平性。

人为因素在算法偏见形成中也扮演关键角色。开发者自身无意识的偏见，会渗透到模型设计和数据处理的各个环节，左右模型的构建方向。此外，用户与模型交互产生的反馈，如点击率等，如果本身存在偏见，在模型迭代优化过程中，这种偏见会被不断放大，进而导致算法输出结果出现偏差。

公平性量化评估：挑战与实践

公平性在模型应用中没有放之四海而皆准的定义，其度量维度主要分为群体公平与个体公平。群体公平聚焦于不同受保护群体，要求模型在贷款批准率、预测准确率等表现上保持相似，涉及人口统计均等、机会均等、准确率均等具体指标；个体公平则强调相似个体应得到相似的预测结果。由于这些定义存在潜在冲突，实际应用中需结合场景权衡选择。

为衡量模型的公平性，可采用多种评估方法。统计分析通过计算不同群体间公平性指标差异，直观展现模型表现；因果推断深入探究受保护特征对模型决策的因果影响，挖掘潜在偏见根源；交叉验证则通过在不同数据子集上评估模型表现，检验其一致性，确保评估结果的可靠性。

银行在实践中落实公平性，需把握关键要点。首先要根据信贷、营销等具体场景及监管要求，明确公平目标，选择适配的公平性定义与度量指标；其次，摒弃单一指标评估，从多维度综合考量；再者，将公平性评估贯穿数据准备、模型开发及部署后监控的全生命周期；最后，借助 AIF360、Fairlearn 等开源或商业化工具包，提升评估效率与准确性。

偏见缓解策略：技术与流程并举

在数据层面缓解偏见，可采用多种策略。通过数据增强与平衡，对数据中代表性不足的群体实施过采样、欠采样或生成合成数据，以此提升群体数据的均衡性；运用数据重加权的方式，调整不同群体样本在训练过程中的权重，优化数据分布。同时，谨慎处理与受保护特征高度相关的代理变量，对这类特征进行去除或转换，从源头上降低数据带来的偏见影响。

在算法层面，可通过技术手段针对性地缓解偏见。在模型训练的目标函数中添加公平性约束项，确保模型优化过程兼顾公平；利用对抗性去偏方法，训练判别器区分不同群体的预测结果，促使主模型输出更公平的预测。此外，在模型完成预测后，依据公平性目标对预测结果或决策阈值进行后处理调整，修正可能存在的偏见问题，使最终输出更符合公平要求。

流程层面的偏见缓解注重团队协作与制度保障。组建背景多元化的开发和评估团队，借助不同成员的视角与经验，减少无意识偏见的产生；建立严格的审查流程，设置独立的伦理审查或公平性审查环节，对模型开发过程及结果进行监督。尤其针对高风险决策，保留人工审核环节，赋予人工推翻不公平模型结果的权力，通过人类参与决策，进一步保障决策的公平性。

三、伦理罗盘：超越合规的道德考量

银行在应用大模型时，除遵循法律法规外，还面临着一系列广泛且深刻的伦理道德议题。在透明度与可解释性方面，这不仅关乎合规，更是对客户基本权利的尊重，银行有义务清晰阐释 AI 决策逻辑，尤其是在对客户产生重大影响的场景下。责任与问责的界定同样复杂，当 AI 系统造成损害时，需明确开发者、部署者等多方责任归属，银行应建立内部问责机制并做好外部责任应对准备。此外，自主性与人类尊严、数据使用边界、社会公平与包容性以及环境影响等问题也不容忽视，如 AI 应用可能过度干预客户决策、数据使用不当引发争议、加剧数字鸿沟，以及大模型运行带来的能源消耗等。

为有效应对这些伦理挑战，银行可采取多种策略。首先，建立 AI 伦理委员会或框架，设立专门机构制定准则、审查高风险应用并提供咨询；其次，将伦理考量深度融入开发流程，在项目各环节开展风险评估；再次，加强员工伦理培训，提升全员对伦理风险的认知；此外，积极鼓励公众参与，就 AI 伦理问题与多方展开开放对话；最后，选择重视伦理的技术伙伴，通过合作确保 AI 应用的责任性和可持续性。

四、探索未来：监管沙盒与敏捷治理机制

面对大模型技术快速迭代和应用的复杂性，传统的监管和治理模式显得捉襟见肘，而监管沙盒和敏捷治理机制为银行在创新与风险之间寻求平衡提供了有效途径。

监管沙盒：安全可控的"试验田"

在沙盒内，银行可以在有限范围内使用真实或模拟数据进行试验，

而监管机构则可以近距离观察、评估风险，并给予指导，共同探索合规路径，这为银行测试和验证创新性大模型应用（特别是在合规与伦理方面存在不确定性的应用）提供了一个受控的环境。

监管沙盒在 LLM 应用中有着多元且关键的场景。其一，可用于测试新型反欺诈模型，判断其在识别欺诈行为上的有效性，同时检测模型是否存在潜在偏见，避免不公平对待客户；其二，能够验证基于 LLM 的智能投顾建议，确保其符合金融法规，且为客户提供的投资建议恰当合理；其三，可探索利用敏感数据训练模型时各类隐私保护技术的实际可行性，平衡数据利用与隐私保护的关系；其四，评估 LLM 解释性方法，看其能否充分满足监管对于模型决策透明化的要求。

监管沙盒成功应用的关键在于多要素协同。首先，需要制定清晰的进入标准，筛选出具备测试资质与能力的银行；其次，要规划详细的测试计划，明确测试目标、流程与方法；再者，建立严格的风险控制措施，保障测试期间金融系统稳定与客户权益；同时，设计合理的退出机制，依据测试结果确定后续发展路径。此外，监管机构与参与银行之间保持密切沟通与信任也至关重要，这有助于双方及时解决测试中出现的问题，推动 LLM 技术在金融领域的安全、合规应用。

敏捷治理：适应变化的"导航仪"

敏捷治理聚焦灵活性、适应性、协作性与快速响应。在 LLM 快速迭代的背景下，它摒弃僵化的治理规则，强调银行需建立跨职能治理团队，整合业务、技术、风险、合规、法律、伦理等多领域视角，打破部门壁垒。同时采取迭代式策略，使政策与流程能随技术演进、业务反馈、监管变化和伦理讨论快速调整。通过强化持续监控与反馈，以 LLMOps 为技术支撑，借助实时数据优化治理决策，并鼓励内外部开放沟通与协作，联合监管机构、同业及学界共同攻克难题。

在 LLM 治理实践中，需着重快速评估新模型、新工具引入带来的风险与合规影响，从源头把控风险。动态调整数据使用策略与隐私保护措施，适应数据处理的复杂需求；依据监控结果，灵活更新模型、调整应用场景或实施风险缓释手段，提升治理效率。此外，还要对新出现的伦理争议或监管问询做出快速响应，确保 LLM 应用在合规、伦理的轨道上运行。

协同作用与未来展望

监管沙盒为敏捷治理提供了"练兵场"，敏捷治理则为沙盒试验的成功和成果转化提供了保障。两者协同，能够帮助银行在拥抱 LLM 带来的巨大机遇的同时，有效管理伴生的合规与伦理风险。未来，随着技术和监管的演进，这种动态、协作、基于风险的治理模式将成为银行应用 AI（尤其是大模型）的标配。

综上，伦理与合规是银行 AI 发展的压舱石。银行必须将合规要求和伦理考量融入大模型战略的顶层设计，贯穿于技术研发、产品设计、业务运营的全过程。通过深刻理解监管政策，积极应对偏见与公平性挑战，审慎考量伦理道德边界，并借助监管沙盒与敏捷治理等创新机制，银行才能确保大模型的应用行稳致远，真正实现科技向善，为客户、为自身，也为社会创造可持续的价值。

第六部分

未来已来

——重塑银行业格局的关键力量

第十九章　行业趋势预测：于变革中洞见未来

预测未来总是充满挑战，但在技术加速迭代、市场瞬息万变的今天，对行业趋势的深刻洞察是银行制定前瞻性战略、保持竞争优势的关键。本章将重点分析塑造未来银行业的核心驱动力：人工智能（特别是大模型）技术的演进方向、由此激发的业务创新浪潮、科技力量引发的竞争格局剧变，以及 Web3.0 等新兴范式对银行服务形态的潜在影响。

一、AI 大模型技术演进趋势：迈向更强、更可信、更融合

从技术发展趋势看，当前大模型以文本处理见长，未来将加速融合图像、语音、视频、表格乃至传感器数据等多种模态信息，例如能"看懂"影像资料（如抵押物照片、票据识别）、"听懂"语音交互（智能客服、交易录音分析）、"理解"复杂的报表和图表。迈向全息感知与理解的多模态智能（Multimodal AI）将帮助银行实现对客户、风险、市场的更全面、更深入的理解。例如，结合客户的交易文本、语音通话、在线行为等多模态数据进行更精准的画像和意图识别；在风险评估中整合财务报表、新闻舆情（文本）、管理层访谈（音视频）等信息。

从技术趋势角度，为解决大模型的"幻觉"问题，提升输出内容的准确性和可控性，两大方向日益重要：一是知识图谱融合（Knowledge

Graph Integration），将结构化的领域知识（如金融法规、产品细则、风险关系）融入大模型，使其具备更强的逻辑推理能力和事实核查能力，生成更可靠的内容。二是检索增强生成（RAG），实现更精准、高效的外部知识检索，并与模型生成过程更深度融合，确保输出内容基于可信、实时的信息源。

能够弥合事实鸿沟的知识增强与可控生成（Knowledge-Augmented & Controllable Generation）将促进银行提升大模型在知识密集型任务（如智能投顾、合规问答、监管报告生成）中的可靠性，降低事实性错误风险。

从技术发展趋势看，强化学习与决策智能（Reinforcement Learning & Decision Intelligence）将在智能投顾（动态资产配置）、量化交易（自适应交易策略）、动态风险定价、个性化营销（实时调整策略）等领域发挥更大作用，实现更智能、更自适应的决策。此外，联邦学习与隐私计算（Federated Learning & Privacy-Enhancing Tech）的广泛应用将实现跨银行、跨行业的联合风险建模（如反欺诈联防联控）、联合营销、数据分析，打破数据孤岛，释放数据要素价值，同时满足合规要求。

同时，模型小型化与边缘智能（Model Compression & Edge AI）将帮助银行实现更低延迟、更高隐私保护的端侧智能应用，如移动端的实时反欺诈、个性化推荐、身份验证，以及智慧网点的本地化智能服务。

从安全与伦理发展角度来看，可信 AI 与伦理治理（Trustworthy AI & Ethical Governance）确保 AI 应用符合监管要求、社会伦理规范，赢得客户和公众信任，实现技术的可持续发展。安全、可靠、可信不再是"锦上添花"，而是 AI 应用（尤其在金融领域）的"生死线"。技术层面，模型的可解释性（XAI）、鲁棒性、公平性、安全性将持续是研发重点（EY, n.d., highlights addressing bias and enhancing explainability）。治理层面，科技伦理审查、负责任 AI 框架、算法审计将成为行业标配。

总之，AI 大模型正朝着更强大（多模态、知识增强）、更智能（强化学习）、更协同（联邦学习）、更普适（边缘化）、更可信（可信 AI 与伦理治理）的方向演进。这些趋势将共同塑造 AI 在银行业应用的深度和广度。

二、银行业务创新方向：AI 驱动下的价值重塑

技术演进最终要落脚于业务价值的创造。AI 大模型及相关技术正以前所未有的力量，驱动银行业务在多个维度进行深刻的创新与变革。

第一，在 AI 强大的数据分析、模式识别和内容生成能力驱动下，金融服务从"千人一面"迈向"一人一策"。基于对客户金融行为、生活方式、风险偏好等多模态信息的深度理解，提供智能投顾、精准营销、定制化产品设计等动态实时服务。其核心价值在于提升客户体验，增强客户黏性，挖掘终身价值。

第二，开放银行 API、嵌入式金融理念及物联网的发展，推动金融服务打破物理限制，融入客户日常生活场景。通过在电商、出行等平台实现嵌入式支付与信贷，在消费场景提供场景化保险，在供应链环节嵌入融资服务等创新方式，拓展获客渠道，提升便捷性，创造新收入来源。

第三，AI、大数据分析和云计算等技术，助力银行实现全流程自动化，涵盖客户服务、信贷审批、运营处理、合规检查等环节。同时，构建精准实时的风险模型，提供智能决策支持。其核心价值在于降低成本，提升效率与准确性，优化资源配置，强化风险控制。

第四，数字技术发展、AI 信用评估创新及服务成本降低，推动普惠金融发展。通过线上渠道触达长尾客群，利用多维度数据为缺乏征信记录的群体评估信用，提供小额灵活的金融产品，在履行社会责任

的同时，拓展蓝海市场，响应政策号召。

第五，受全球气候变化、ESG 投资理念及监管政策影响，银行积极创新绿色金融产品，将 ESG 风险纳入评估，为企业绿色转型提供支持。这不仅能提升银行社会形象，满足客户和投资者期望，还能把握绿色经济机遇，顺应监管导向。

总之，未来的银行业务创新将更加聚焦于客户价值、场景渗透、运营智能、社会责任和开放生态。AI 技术是贯穿这些创新方向的核心赋能引擎。

三、行业竞争格局变化：边界模糊，生态重塑

人工智能大模型正以前所未有的力量冲击并重塑银行业的传统竞争边界与格局。技术能力、数据资产和生态构建正成为新的核心竞争力。

科技巨头凭借 AI 研发、云计算、海量数据及生态优势，在金融领域影响力不断扩张，既是银行的技术服务商，又在部分领域构成直接竞争或充当关键渠道伙伴。未来，银行与科技巨头"合作"与"竞争"并存的格局将进一步深化，银行会更多采购其云服务与 AI 能力，同时在数据安全等关键领域保持战略独立，嵌入式金融将成为双方竞合的重要领域。

面对科技巨头和金融科技公司的双重压力，传统银行数字化、智能化转型迫在眉睫，其长期积累的客户信任、风险管理经验、合规体系及全牌照等核心优势，与新技术的结合是转型关键，转型成败则取决于投入能力、战略决心和组织敏捷性。大型银行凭借资源优势，或在自建 AI 能力、打造开放平台上发力；中小型银行则更倾向于与科技公司合作，聚焦细分领域形成差异化竞争。

金融科技公司及新兴数字银行将持续在支付、信贷科技等细分领域借助 AI 技术创新，但同时面临盈利模式不明、获客成本高和合规压力大等问题。未来行业整合趋势明显，部分公司可能被收购，或与银行开展深度战略合作，通过技术输出、联合运营等方式实现共赢。

在金融科技快速发展的背景下，数据驱动能力，即数据获取、治理、分析和应用水平成为核心竞争力；AI 应用的深度与广度，决定了业务效率提升和客户体验改善的程度；生态构建能力，关乎能否围绕核心业务建立开放共赢的金融服务生态；此外，AI、数据科学、云计算等领域的高端人才成为各方激烈争夺的对象，人才储备影响着企业的创新与发展潜力。

总之，未来银行业的竞争不再是单一机构间的对抗，而是围绕技术、数据、场景和生态展开的多维度、网络化竞争。传统边界日益模糊，跨界合作与竞争成为常态，能否成功驾驭 AI 等关键技术，将决定银行在未来格局中的地位。

四、Web3.0 时代银行服务形态演进：探索去中心化的未来

Web3.0，以区块链、去中心化身份（DID）、智能合约、代币经济学（Tokenomics）和用户数据主权等为核心理念，预示着下一代互联网的可能形态，也为银行服务的演进带来了颠覆性的想象空间和不确定性。

核心技术及其潜在影响

区块链与去中心化账本（DLT）提供透明、不可篡改、去中介化的信任基础，可应用于以下方面：跨境支付（提高效率、降低成本）、供应链金融（增强透明度、自动化流程）、资产登记与流转（如数字证券）。

智能合约（Smart Contracts）是自动执行预设条件的合约，可用于自动化贷款审批与还款、保险理赔、衍生品交易清算等，提高效率，降低操作风险。

去中心化身份（DID）与数据主权由用户掌控自己的数字身份和数据，按需授权给第三方。可能重塑 KYC 流程（更安全、便捷、用户可控），改变银行获取和使用客户数据的方式。

代币经济学与数字资产（Tokenomics & Digital Assets）促进资产（包括传统资产）的代币化，以及加密货币、稳定币、央行数字货币（CBDC）的兴起。银行为数字资产提供托管、交易、支付、融资等服务带来新机遇。

去中心化金融（DeFi）是基于区块链和智能合约构建的开放式金融协议（借贷、交易、衍生品等），对传统金融中介构成潜在挑战，也提供了合作与融合的可能。

银行的探索与实践

在数字资产服务方面，部分领先银行已开始提供加密货币托管、交易服务（面向机构客户），探索稳定币的发行或储备管理。

CBDC 即央行数字货币（Central Bank Digital Currency），是由中央银行发行的数字化法定货币，与现金具有同等法律地位和经济价值。CBDC 试点参与方面，相关机构（主要是商业银行，也包括一些科技企业、支付机构等）配合中央银行，在限定的区域、场景和人群范围内，对央行数字货币的发行、流通、管理等环节进行测试和验证，积极参与央行数字货币的研发和试点项目。

区块链技术应用方面，银行可在贸易金融、跨境支付、供应链溯源等领域进行区块链技术的试点应用。

Web3.0 企业服务方面，银行可为新兴的 Web3.0 公司提供传统的银行账户、支付结算等服务。

未来服务形态演进方向

未来银行服务形态将朝着多元化方向演进，一是成为数字资产的融合者，搭建传统金融与数字资产的连接桥梁，提供合规安全的数字资产服务；二是作为可信身份的提供者，凭借自身优势在去中心化身份体系中承担可信验证职责；三是充当 DeFi 的合规网关，为合规资金进出 DeFi 协议做好通道管理与风险把控；四是深化个性化服务，基于用户授权，整合 Web3.0 数据与 AI 技术，打造更贴合需求的金融服务；五是推动开放金融再升级，从 Open Banking 的 API 开放进阶到基于 Web3.0 协议的深度互操作与价值网络构建，全面提升服务效能与竞争力。

面临的巨大挑战

Web3.0 时代面临着多方面的巨大挑战：在监管层面，全球范围内存在监管空白与分歧，规则变化迅速，导致合规风险居高不下；技术方面，区块链的交易处理速度（TPS）有限、能耗高以及不同系统间互操作性差等问题亟待突破；用户体验上，Web3.0 应用操作复杂，私钥管理难度大，对普通用户形成使用障碍；安全领域，智能合约漏洞、私钥丢失、协议遭受攻击等安全隐患频发；同时，与银行现有中心化、强监管体系相融合存在困难，尤其在理念冲突、架构适配和流程整合等方面。

总之，Web3.0 对银行而言，既是潜在的颠覆性力量，也充满了风险和不确定性。当前阶段，银行更应采取积极关注、审慎探索、小步试点、加强合作的策略，重点关注数字资产、CBDC、DID 等与现有业务结合度较高的领域，密切跟踪技术和监管发展，为可能到来的范式转变做好准备，而非盲目投入。

五、银行的战略抉择与行动蓝图

未来已并非遥远的彼岸，技术驱动的变革浪潮正以前所未有的力量冲击着银行业的堤岸。AI 大模型的崛起、业务创新的加速、竞争格局的重塑以及 Web3.0 的初露锋芒，共同描绘了一个充满机遇也遍布挑战的新时代图景。银行若想在未来的航程中行稳致远，必须做出清晰的战略抉择，并制定果断的行动蓝图。

第一，拥抱数据与 AI，内化为核心战略能力——将数据视为核心资产，将 AI（特别是大模型）的应用从项目试点上升为全行级的战略能力建设，深度融入业务决策与运营流程。

第二，加速基础设施现代化，构筑敏捷数字底座——持续投入云计算、现代化数据平台、AI 平台（MaaS）和高性能网络建设，为上层应用创新提供弹性、高效、可靠的支撑。

第三，重塑人才队伍与组织文化，激发内生动力——大力引进和培养具备 AI、数据科学、云计算、金融科技复合背景的人才；同时，培育鼓励创新、拥抱变化、快速试错、跨界协作的敏捷组织文化。

第四，坚守信任与责任，筑牢风险合规防线——将数据安全、隐私保护、算法公平、伦理考量和合规要求置于最高优先级，建立健全治理框架和风险控制体系，确保技术向善、应用合规（参考第十六章至第十八章）。

第五，秉持开放心态，构建共赢金融生态——打破"单打独斗"的思维，积极与金融科技公司、大型科技企业、监管机构，甚至跨界伙伴建立多元化的合作关系，共同构建开放、协同、共赢的金融服务生态。

第六，审慎探索前沿，保持战略敏锐性——对于 Web3.0 等颠覆性潜力与风险并存的新兴领域，保持高度关注，进行小范围、低风险的探索与试验，为未来可能的技术范式转移储备知识和能力。

第七，回归客户本源，科技赋能价值创造——无论技术如何演进，银行服务的核心始终是满足客户需求、创造客户价值。一切技术应用都应围绕提升客户体验、解决客户痛点、增进客户福祉展开。

未来之路并非坦途，变革总是伴随着阵痛。但对于那些能够洞察趋势、勇于创新、坚守责任、敏捷应变的银行而言，这无疑是一个充满无限可能的黄金时代。主动拥抱变革，银行不仅能够在新的竞争格局中立于不败之地，更能借技术之力，实现更高质量、更可持续的发展，开启服务社会、创造价值的新征程。

第二十章 银行的战略转型路径：重塑组织、人才与生态

人工智能大模型（LLM）不仅是技术工具箱中的新增项，更是驱动银行业进行根本性战略转型的强大催化剂。仅仅将 AI 技术"嫁接"到现有业务流程和组织结构上，远不足以释放其全部潜能，甚至可能带来新的风险和效率瓶颈。真正的转型，要求银行从战略高度出发，对其运营模式的核心支柱——组织架构、人才队伍以及外部生态关系——进行系统性、前瞻性的重塑。这是一项复杂且艰巨的任务，但对于在 AI 时代保持竞争力、实现可持续发展而言，却势在必行。本章将深入探讨银行在拥抱大模型浪潮下，战略转型的三大关键路径：如何调整组织架构以适应敏捷创新、如何培养和引进驾驭 AI 时代的核心人才，以及如何构建开放协同的生态系统以汇聚外部力量。

一、重塑组织：拥抱敏捷，融合智能

大模型应用的快速迭代、跨领域特性以及对数据和算力的高度依赖，正深刻冲击着银行传统的层级分明、部门壁垒森严的组织模式。为了有效利用 AI 能力、加速创新并管理伴生风险，银行组织架构需要向更敏捷、更协同、更智能化的方向演进。

敏捷化转型：打破藩篱，聚焦价值流

大模型应用的开发、部署及优化（LLMOps）是高度迭代的过程，要求业务需求、技术实现和风险控制之间快速反馈与协同，因此敏捷化转型已成为重要趋势，即摒弃传统僵化的部门制，构建以客户旅程、产品生命周期或特定业务价值流为核心的跨职能敏捷团队。这些团队汇聚了业务、AI/ML 工程师、软件开发、数据科学、风险管理、合规、用户体验等多领域专家，能够实现对产品或服务从开发到交付的端到端快速迭代，提升响应速度，加速将 AI 创新转化为实际业务成果。在实践方面，银行需实施如 Scrum、Kanban 等敏捷框架，给予团队更大的自主权，建立高效快速的决策机制，同时培育鼓励试错和学习的企业文化，当然这一系列举措的成功落地离不开高层管理者的坚定决心和自上而下的有力推动。

AI 能力的组织嵌入：从中心化到融合化

在银行实际运营中，AI 能力的组织嵌入需从中心化到融合化的模式演进，经历初期探索、规模化应用和融合模式三个阶段。在初期探索阶段，银行往往通过成立 AI 创新实验室或卓越中心（CoE），集中专业资源开展前沿技术研究与试点项目；在规模化应用阶段，随着 AI 应用不断成熟并融入核心业务，单纯依赖中心化模式易导致技术与业务脱节，此时需将 AI 能力广泛嵌入各业务线和职能部门；在融合模式阶段，最终形成"中心化赋能 + 分布式执行"的理想模式，由中心化的 AI 平台团队（或由 CoE 演变而来）提供 MaaS 平台等通用基础设施、工具、标准及最佳实践，并进行前瞻性研究，各业务领域敏捷团队则基于此，结合自身需求开展模型开发、微调和应用部署。

但这一过程也面临诸多挑战，包括如何平衡中心化治理与分布式创新的关系，确保各业务线 AI 应用的一致性、合规性与风险可控，以及打破不同团队间的数据和知识壁垒等问题。

技术部门的战略升级：从支撑到引领

信息技术部门（IT）不再局限于后台运营支持或被视为单纯的成本中心，而是转型为驱动业务创新、助力战略目标达成的核心动力，尤其是 AI 相关技术团队的战略重要性愈发凸显。为此，银行技术部门需构建具备全栈 AI 能力的团队，覆盖数据工程、算法研究、模型开发、软件工程、云计算、LLMOps，以及 AI 伦理与治理等多个关键领域。同时，技术团队还需与业务、风险、合规等部门深度融合，甚至采用"业务技术一体化"的组织架构，从而确保技术发展精准匹配业务需求，有效管控技术应用风险，以技术引领银行在数字化浪潮中实现高质量发展。

克服文化与战略障碍

在银行推进转型进程中，克服文化与战略障碍至关重要。文化层面，转型会冲击旧有工作模式与权力架构，引发内部抵触，为此银行需借助持续沟通，向员工阐明转型意义与价值；通过高层以身作则，传递变革决心；分享成功案例，增强员工信心，从而推动文化革新。战略层面，银行需确保组织架构调整紧密贴合整体数字化、智能化转型战略，避免盲目调整，确保各项举措服务于长远发展目标。同时，在创新驱动的业务拓展中，银行还要建立健全成本控制与投入产出评估机制，在鼓励创新、追求业务突破的同时，理性权衡创新成本与投资回报率，实现创新活力与经营效益的平衡，保障转型稳健推进。

二、锻造引擎：培养与引进 AI 时代的核心人才

人才是驱动银行 AI 战略落地、实现智能化转型的最关键要素。

关键人才画像：超越复合型

当今金融行业对人才的需求已超越简单的金融与科技知识复合，更需要具备深度融合能力、能驾驭 AI 复杂性的新一代人才。这些关键人才分布在多个关键角色中，包括 AI/ 机器学习工程师，负责模型相关工作；数据科学家，专注于数据分析等；数据工程师，承担数据处理与管理任务；AI 产品经理，协调业务与技术；提示工程师，作为 LLM 时代新兴角色，精通与大模型交互的指令设计；LLMOps 工程师，负责大模型的部署等流程；AI 伦理师 / 治理专家，管控 AI 应用的伦理等风险；云计算与基础设施专家，构建支持 AI 的基础设施；具备 AI 素养的业务专家，能在各业务线与技术团队有效协作。

"内培外引"：双轮驱动构建人才池

内部培养与赋能主要是通过大规模开展 AI 素养提升培训，让全员尤其是业务人员和管理层了解 AI 基础知识等；为技术和业务骨干提供系统化专业技能培训，可借助高校等外部资源；鼓励人才在不同岗位轮岗实践，在项目中成长；创建学习型组织文化，鼓励知识分享与持续学习，来提升内部人才的能力。

外部精准引进是在明确定位的前提下，根据所需人才的技能和经验要求，拓展引才渠道，从科技公司、高校等多来源引进人才。打造雇主品牌，突出银行在 AI 领域的优势，提供有竞争力的整体回报，包括技术氛围等非薪酬因素；还可利用人才"飞轮效应"，吸引顶尖专家带动更多人才加入。

人才战略考量：自主构建还是合作

自建团队适合对 AI 依赖度高、有长期战略投入意愿的银行，通过投入资源培养和引进人才，构建内部 AI 核心能力。引进团队能快速获取成熟 AI 技术和团队，但面临整合风险高和成本巨大的问题。外部合作即与 AI 技术公司等合作具有灵活性高的优点，可获取特定能力或解决特定问题，但需要管理好合作关系和知识产权。通常银行会结合多种策略来满足自身的人才需求和 AI 发展战略。

三、超越边界：构建开放协同的生态合作

在 AI 驱动的、日益互联的金融世界里，"单打独斗"已难以为继。银行需要打破传统"围墙花园"的思维，主动融入并构建更广泛的、开放协同的生态系统，通过与外部伙伴的优势互补，共同加速创新、拓展边界、分担风险。

生态合作的战略价值：为何必须开放？

在银行数字化转型的浪潮中，生态合作的战略价值凸显，开放成为银行发展的必然选择。AI 大模型发展所需的海量数据、先进算法、强大算力及丰富应用场景多分散于银行外部，唯有通过合作，银行才能高效且经济地获取这些关键资源；面对大型 AI 项目的高额投入与潜在风险，联合研发、共建平台等合作模式可有效分担成本与风险；此外，在数据隐私保护、伦理治理及行业标准制定等共性难题上，通过行业联盟等形式开展合作，能够凝聚行业合力，共同推动银行业健康可持续发展。

可与顶尖科技公司、研究机构携手，快速引入前沿 AI 技术和解决方案，加速技术创新与应用落地，避免重复研发投入；还可跨界与电商、医疗等不同行业企业合作，将金融服务深度嵌入多元场景，拓展业务边界，触达新客群；与征信、安全等机构合作，在合规框架下共享风险信息，借助外部数据和模型强化风险管理能力。

多元化的合作模式：构建多层次伙伴网络

构建多层次伙伴网络，通过多元化合作模式实现资源整合与协同发展。通过战略投资或并购科技公司，获取关键技术和市场渠道，快速补足自身能力短板；与科技巨头、高校等建立联合创新实验室或项目，围绕前瞻性技术研究及业务痛点开展攻关，加速创新成果转化；直接采购外部成熟的 AI 模型、平台与专业服务，降低研发成本与时间投入；借助开放银行理念开放 API，在客户授权下实现数据与功能共享，吸引第三方开发者丰富应用生态；运用联邦学习等技术，在合规前提下开展数据合作，挖掘数据价值；加入或发起产业联盟，参与制定行业标准与伦理规范，提升行业话语权；与具备流量优势或特定场景的企业合作，将金融服务无缝嵌入，拓展业务边界与客户群体，最终形成全方位、立体化的合作生态体系。

成功构建生态的关键要素

银行若要成功构建生态，需具备多方面关键要素。第一有清晰的战略目标，明确生态合作旨在解决的问题与达成的目标，为合作指明方向；第二秉持开放的心态与文化，乐于分享自身资源与能力，积极接纳外部先进思想，促进创新融合；第三设计出互利共赢的机制，包括公平合理的合作模式、利益分配方案以及风险分担机制，保障各方权益；第四依靠强大的平台与技术支撑，像 API 管理平台、MaaS 平台等，能够有效支撑开放、连接与协同的需求；第五建立有效的治理与风险管理，建立清晰的合作治理框架，妥善管控数据安全、知识产权以及合规风险等问题；第六，生态合作并非一蹴而就，要注重建立信任与长期关系，营造互信、透明且可持续的伙伴关系，推动生态的稳定发展。

银行在人工智能大模型时代的战略转型，绝非仅仅调整几个部门、招聘几位专家或签署几份合作协议那么简单。它是一项深刻触及银行核心运营模式、组织文化、人才理念和外部关系的系统性工程。成功推进这一转型，需要银行具备长远的战略眼光、坚定的变革决心、持续的资源投入以及灵活的应变能力。而且这并非终点，而是一个持续演进、不断适应技术浪潮和市场变化的旅程。简而言之，战略转型是系统工程，更是持续旅程。

第七部分

实践指南

—— 银行大模型落地导航

第二十一章　大模型项目规划与实施：蓝图绘制与稳步前行

　　银行引入人工智能大模型项目，往往伴随着高期望与高投入，同时也面临着技术不确定性、业务融合难度大、风险控制要求高等多重挑战。项目的成功与否，很大程度上取决于启动阶段的规划质量和贯穿始终的实施管理水平。精准的需求分析、科学的目标设定、高效的团队协作以及对关键节点的严格把控，是确保大模型项目这艘"巨轮"能够顺利起航并抵达预期目标港湾的压舱石。本章将深入探讨银行大模型项目从需求定义到实施落地的全过程管理要点。

一、项目启动：需求分析、目标设定与可行性评估

　　项目的起始阶段是奠定成功基础的关键。模糊的需求、不切实际的目标或对可行性的误判，都可能导致项目在后续阶段偏离航向甚至搁浅。

需求分析：挖掘"真问题"，锚定"北极星"

　　项目需求分析的核心价值在于，通过深刻剖析应用大模型的根本动因与预期场景，确保项目精准解决真实业务痛点，而非盲目跟风技术潮流。这一过程首先能实现战略对齐，使大模型项目紧密贴合银行提升客户体验、强化风险管理等整体业务战略；其次可明确项目范围，

清晰界定边界、功能、用户及输入输出,有效规避范围蔓延风险;再者能在项目早期识别潜在的技术、数据、合规与伦理风险,提前做好应对准备;最后以价值为导向,聚焦可量化的业务价值应用点,切实将大模型技术转化为银行的核心竞争力与实际效益,推动业务高质量发展。

银行 LLM 项目具有显著特殊性,在需求分析阶段需重点关注多个关键层面。一方面,需精准区分 LLM 的技术潜力与实际业务场景的适配度,明确"能做什么"和"应做什么",避免盲目追求技术而忽视业务实际需求;另一方面,不能仅聚焦业务功能,还需着重考量模型准确性(包括可接受的容错率)、可靠性、响应速度等非功能性需求,同时确保模型在公平性、可解释性、安全性上达到银行运营与监管要求;此外,数据作为模型训练与 RAG(检索增强生成)的基础,其可用性与质量评估不可或缺,涵盖数据的可获得性、规模大小、质量优劣、合规情况以及潜在偏见排查等方面,这些因素共同决定了 LLM 项目在银行场景中能否有效落地与持续发挥价值。

银行在 LLM 项目需求分析过程中,需综合运用多种方法开展实践。通过跨领域深度访谈,与业务一线人员、技术专家、风险合规人员及管理层进行结构化交流,深入挖掘业务痛点、期望目标与现实约束;借助场景工作坊,模拟信贷审批、智能客服等具体业务场景,共同探讨 LLM 的应用路径与潜在影响;开展数据探查与评估,对现有数据的规模、质量、类型等进行全面分析,判断其能否满足项目需求;快速构建简易原型,将抽象需求具象化,收集各方早期反馈并优化调整;同时,进行竞品与行业分析,密切关注同业在大模型应用方面的进展情况、成功经验与面临挑战,以此为参照完善自身项目需求,确保 LLM 项目契合业务发展与风险管控要求。

目标设定：量化方向，校准航程

科学设定银行 LLM 项目目标具有关键意义，它为项目指明清晰方向，将模糊愿景转化为可操作内容；提供量化衡量标准，用于跟踪项目进展、评估最终效果；指导资源合理分配，聚焦人力、算力和预算；还能统一团队思想，激发成员达成目标的动力，成为项目推进的重要驱动力。

银行 LLM 项目目标呈现多维度特点，不仅涵盖模型准确率等技术指标，还包括客户满意度提升率等业务指标，以及公平性度量等负责任 AI 指标。同时，鉴于 LLM 项目的不确定性，目标具有迭代性与适应性，需在项目进程中根据实际情况灵活调整，确保贴合业务发展与技术演进需求。

运用 SMART 原则设定目标，确保其具体明确，如明确提升授信报告编写效率的倍数；具备可衡量的量化指标，便于评估目标达成情况；在现有资源和技术条件下具有可实现性；与项目需求和银行战略紧密相关；并设定清晰的时间节点或里程碑。此外，还需对目标进行优先级排序，区分核心与次要目标，并争取主要利益相关者对目标的一致理解与认可，保障项目有序推进。

可行性评估：审慎研判，规避风险

在银行 LLM 项目启动前，全面且深入的可行性评估是确保项目成功实施的关键环节。这一评估能够帮助银行在投入大量资源之前，审慎地研判项目的可行性，有效规避潜在风险，为项目的顺利推进奠定坚实基础。

可行性评估涵盖多个关键维度。技术上，需考量现有及可获取技术对项目目标的支撑能力、技术成熟度及可能存在的瓶颈；数据方面，数据的数量、质量、获取合规性是重要考量因素。经济层面，要权衡项目投入与潜在回报，确保投资回报率可接受；操作可行性关注项目成果与现有业务流程及 IT 系统的集成，以及用户的接受和使用程度；法律与合规方面，必须保证项目符合各类法规要求，控制伦理风险；组织与人才方面，银行需具备适配的组织架构、流程以及专业人才来保障项目的实施与运营。在实践中，组建跨学科团队进行评估，开展小范围技术验证，参考行业最佳实践和监管指引，并对风险进行量化分析和制定应对预案，有助于全面、准确地评估银行 LLM 项目的可行性。

二、组建精锐：项目团队角色、技能与协作

大模型项目的成功高度依赖于一支具备合适技能、结构合理、协作顺畅的专业团队。银行需要根据项目特点和自身情况，精心设计团队构成和运作模式。

核心角色与能力要求：AI 时代的"特种部队"

在 AI 时代的银行 LLM 项目中，一支由多元专业人才构成的"特种部队"是项目成功的关键保障。除传统的项目经理、业务分析师与软件工程师外，AI/ML 工程师和数据科学家作为模型开发训练评估的核心，主导技术攻坚；数据工程师负责保障数据质量，为模型运行提供坚实基础；提示工程师深谙与 LLM 交互的技巧，实现高效"对话"；LLMOps 工程师专注于模型稳定运行与迭代优化；来自业务、风险、合规、法律等部门的领域专家深度参与需求定义、数据标注等全流程工作，确保模型契合银行业务实际；AI 伦理师 / 治理专家把控项目伦理与合规风险；云计算与基础设施专家搭建维护算力平台；具备 AI 项目经验的项目经理则统筹协调资源，管理进度、风险与沟通，各方角色紧密协作，共同推动银行 LLM 项目顺利落地。

团队组建模式：因地制宜，灵活组合

银行在开展 LLM 项目时，可依据项目的规模、复杂度、战略重要性以及自身组织特点来灵活选择或组合不同的团队模式。对于重点攻关项目，项目型团队是较为合适的选择，它通过跨部门抽调人员组建专项团队，能够集中优势力量，使目标更加明确，沟通更加直接，就像中原银行和邮储银行为特定大模型应用所成立的专项工作小组那样。而对于需要与多个业务线深度融合的项目，矩阵型团队更为适宜，成员既隶属于原职能部门，又能参与项目，便于协调部门资源，不过可能会存在多头领导和沟通成本增加的问题。此外，推行敏捷转型的银行可以采用敏捷部落 / 小队模式，以长期稳定的小型跨职能团队为基本单元，负责特定产品或价值流的持续迭代。

除了内部团队模式，银行还可采用外部合作模式。联合研发是与高校、研究机构或科技公司共同组建团队，实现优势互补，例如银行与百度、科大讯飞等的合作案例。服务外包则是将非核心环节，如数据标注、部分测试等外包给专业服务商，从而专注于核心业务。另外，引入咨询顾问也是一种不错的方式，借助外部咨询公司的经验和方法论来指导项目规划与实施，为项目的顺利推进提供有力保障。

协作机制：打破壁垒，高效协同

为实现银行 LLM 项目中打破壁垒、高效协同的目标，需建立完善的协作机制。第一，要明确每个角色在项目中的具体职责、决策权限和协作接口，让成员清晰知晓自身任务与工作衔接点。第二，要建立高效沟通渠道，通过定期召开项目例会、站会、评审会，运用 Jira、Confluence 等统一的项目管理和协作平台，以及创建即时沟通群组，确保信息及时传递与共享。第三，促进知识共享，搭建项目知识库以沉淀文档、代码、模型及经验教训，并组织内部技术分享和业务培训，如

借鉴邮储银行构建"专家经验工具箱"的做法。第四，营造信任与开放的文化氛围，鼓励成员坦诚沟通、积极反馈并进行跨界学习。第五，建立有效的冲突解决机制，提前预见并做好准备处理因资源、优先级、技术路线等问题引发的冲突，保障项目顺利推进，实现团队间的高效协同。

三、步步为营：项目实施流程与关键节点管控

银行大模型项目通常投入大、周期长、不确定性高，需要采用结构化、分阶段、强管控的实施流程，并在关键节点进行审慎决策。

典型的实施阶段与活动

阶段一：战略规划与准备（Strategy Development）。包括需求分析、目标设定、可行性评估、技术选型（基础模型、框架）、初步风险识别、资源估算、项目立项。决策关键点比如：项目是否立项？初步范围、目标、预算是否批准？

阶段二：原型设计与验证（Prototyping & Experimentation）。包括搭建最小可行原型（MVP）或进行概念验证（PoC），聚焦核心功能或关键技术难点，验证技术可行性、初步效果和潜在价值，收集早期用户反馈。决策关键节点比如：PoC/原型是否成功？是否值得继续投入进入试点阶段？技术路线或需求是否需要调整？

阶段三：试点实施与评估（Pilot Implementation & Evaluation）。包括：在受控的真实业务环境中部署模型（如面向部分用户或特定业务场景），进行更全面的功能、性能、安全、合规、公平性测试；收集详细的运行数据和用户反馈；评估业务影响。决策关键节点比如：试点是否成功达到预期目标？模型是否准备好进行更大范围推广？需要进

行哪些优化？

阶段四：规模化部署与集成（Scaling & Enterprise-Wide Deployment）。优化模型性能与效率（量化、剪枝等），准备生产环境基础设施，将模型集成到核心业务系统和流程中，制定推广计划和用户培训方案，建立完善的监控体系。决策关键点比如部署方案是否批准？系统集成是否完成？监控机制是否到位？

阶段五：持续运营与优化（Continuous Learning & Sustainable Outcomes）。LLMOps 日常运维，包括性能监控、日志分析、异常处理、安全加固；根据监控数据和业务反馈，进行模型更新、再训练或重新适配；持续评估业务价值和 ROI，探索新的应用场景。决策关键点比如：模型是否需要更新？是否达到预期的长期业务价值？是否需要调整应用策略或进行模型退役？

关键节点管控：审慎决策，及时止损

在每个阶段结束时设立明确的评审点（Gate Review）或决策节点（Decision Point）至关重要。由项目指导委员会（通常包括高管层和关键部门负责人）依据预设标准，对项目进展、风险、成本、预期收益进行评估，决定项目是继续推进、调整方向还是终止。这有助于及时止损，避免资源浪费在没有前景或风险过高的项目上。

风险管理与知识沉淀：贯穿始终的保障

在银行 LLM 项目中，风险管理与知识沉淀是贯穿项目始终的重要保障。动态风险管理要求在项目的各个阶段，持续对技术、数据、合规、伦理、市场等各类风险进行识别、评估、监控和应对，通过建立风险登记册，明确责任人与具体应对措施，确保风险可控；而系统性知识管理则着重于建立完善机制，对项目过程中产生的需求文档、设

计文档、代码、模型版本、测试报告等知识资产进行全面捕获与管理，同时记录经验教训和最佳实践。这不仅有助于提升团队整体能力，还能为后续项目提供重要借鉴，并且满足审计要求，为项目的可持续发展和经验传承筑牢根基。

总之，从精准的需求分析和目标设定出发，组建具备复合能力、协作顺畅的团队，遵循分阶段、强管控的实施流程，并在每个关键节点进行审慎决策，同时将风险管理和知识沉淀贯穿始终，是银行驾驭大模型复杂性、确保项目成功的关键路径；坚持以业务价值为导向，结合自身特点，稳步推进，是银行在大模型领域取得实效的可行之道。

第二十二章 持续进化：银行大模型评估、迭代与优化

将大型语言模型（LLM）成功部署到银行业务中并非终点，而是持续进化旅程的开端。市场环境瞬息万变，客户需求日益增长，技术本身也在飞速迭代。为了确保大模型能够持续创造价值、有效控制风险并保持竞争力，建立一套科学的评估体系并基于评估结果进行迭代优化至关重要。这不仅是对技术投资负责，更是银行在智能化时代保持领先地位的必然要求。本章将深入探讨如何衡量大模型的应用效果，以及如何通过系统性的优化策略，驱动模型不断升级，实现价值最大化。

一、价值衡量：评估指标、方法与原则

对大模型的应用效果进行全面、客观的评估，是后续优化和决策的基础。这需要一个结合定量与定性、覆盖技术到业务、兼顾效果与风险的综合性评估框架。

评估的维度：全面透视模型表现

评估大模型效果需要从多个维度入手，结合具体的指标（Indicators）和相应的评估方法（Methods）。

一是核心性能与准确性的指标体系（Core Performance & Accur-acy）。通用指标如准确率、精确率、召回率和F1值等，常用于评估分类、识

别任务的模型表现；而任务特定指标则针对不同业务场景设定，像在文本生成任务中，通过 BLEU/ROUGE 分数衡量模型输出与参考文本的相似度；风险评分模型借助 KS 值 / AUC 值评估排序能力；问答系统以答案相关性 / 准确性评分判断回答质量。这些指标共同构建起多维度、精细化的评估框架，为模型性能判断提供依据。

二是核心性能与准确性的评估方法。基准测试通过运用行业标准数据集或银行内部构建的黄金标准数据集，将模型表现与其他模型或历史基线进行对比，明确其在行业或自身发展进程中的定位；离线评估在隔离环境下，利用标注好的测试数据对模型输出进行批量评估，从技术层面深入分析模型性能；在线 A/B 测试则将用户流量随机分配给不同版本模型，通过对比点击率、转化率等关键业务指标的差异，在真实业务场景中检验模型优化效果。以上多种方法相互补充，全方位保障模型性能评估的可靠性与有效性。

三是效率与技术性能（Efficiency & Technical Performance）的评估。评估指标涵盖模型训练时间、推理延迟、吞吐量以及计算资源消耗等方面，例如训练时间与推理延迟直接影响项目迭代和业务响应速度，吞吐量反映单位时间内的处理能力，而 CPU、GPU 和内存使用率则关乎资源利用效率。在评估方法上，性能剖析借助专业工具监测模型训练与推理过程中的资源占用和耗时情况，精准定位性能瓶颈。而压力测试通过模拟高并发场景，检验模型在极限条件下的稳定性和处理能力上限，帮助银行提前识别潜在风险，优化模型性能，以保障系统在实际业务负载下高效运行，降低运营成本并提升服务质量。

四是用户体验（User Experience - UX）评估。用户满意度评分直观反映用户对模型的认可程度，任务完成率体现模型助力用户达成目标的能力，用户操作时长、留存率以及净推荐值（NPS）则从不同维度衡量模型的便捷性、吸引力与口碑传播潜力。在评估方法上，用户调研以问卷、访谈形式收集用户对模型易用性、有效性及满意度的反馈，为优化提供直接依据；可用性测试通过观察真实用户使用模型完成任务的过程，精准捕捉操作难点与习惯偏好；用户行为分析则深度挖掘用户在应用内的点击流、停留时间及功能使用频率等数据，洞察用户行为模式与潜在需求。以上三者协同作用，全方位提升银行 LLM 项目的用户体验，增强用户黏性与业务竞争力。

五是业务价值（Business Value）评估。投资回报率直观反映项目投入产出效益，成本节约、收入增长、风险降低等指标分别从运营、盈利、风控等维度量化项目价值，客户生命周期价值提升则体现客户长期价值挖掘成果。在评估方法上，业务指标监控实时跟踪与模型应用相关的核心业务 KPI 变化，及时掌握项目对业务的动态影响。例如对照组分析通过对比使用与未使用模型的业务单元或客户群体表现，科学剥离其他干扰因素，凸显模型实际效能；案例研究则深入剖析模型在特定业务场景中的具体效益，以具象化案例展现项目业务价值，三者相辅相成，为银行全面评估 LLM 项目成效、优化资源配置提供有力支撑。

六是在银行对 LLM 项目的应用中，可信赖 AI 作为尤为关键且需重点关注的维度，涵盖合规、风险和伦理等多方面内容。从指标来看，合规性涉及数据隐私合规（如符合 GDPR、个人信息保护法等）、反洗钱／反欺诈规则覆盖率以及监管要求满足度；公平性强调对不同客群间模型输出结果偏差的度量，避免歧视现象；鲁棒性通过对抗攻击成功率、对噪声数据和异常输入的敏感度以及模型漂移监测指标来衡量；可解释性体现在决策过程的可追溯、特征重要性分析以及局部和全局解释的清晰度上；安全性则着重于模型及其相关数据的防攻击和防篡改能力。

在评估方法上，通过合规审计对照法规要求，对模型设计、数据使用及输出结果等环节进行审查；运用专门工具和技术进行偏见检测与缓解，纠正模型中可能存在的偏见；采用对抗性测试模拟恶意攻击，检验模型的防御能力；应用 LIME、SHAP 等可解释性技术分析模型决策依据；由独立团队（内部或第三方）对模型的概念健全性、数据、性能和风险进行全面的模型验证，这也是监管机构高度关注的部分，同时充分的文档记录对模型验证和监管沟通至关重要；通过数据质量评估来判断用于训练和评估模型的数据在准确性、完整性、一致性和代表性方面的情况，以此确保银行 AI 应用的可信赖性。

指标与方法的选择原则：因地制宜，服务目标

在银行 LLM 项目评估中，指标与方法的选择需遵循"因地制宜，服务目标"的核心原则，确保评估体系科学有效。相关性要求所选指标和方法紧密贴合具体应用场景、业务目标与风险关注点；全面性强调从多维度综合评估，规避单一指标带来的认知偏差；客观性注重采用可量化、可重复验证的指标与方法，降低主观因素干扰；可操作性保障评估所需的数据和资源具备可获取性与成本可控性；可解释性确保评估结果清晰易懂，能精准剖析模型优劣根源，为优化提供指引；动态性使评估体系适应业务与环境变化，实时反映模型效果演变；可比性便于在不同模型和时间节点间进行效果对比；利益相关者认可确保评估体系和结果获得管理层、业务与技术团队、风险合规部门及监管机构的一致认同；驱动改进则要求评估结果能够明确模型的优势与短板，为后续优化指明具体方向，从而切实推动银行 LLM 项目高质量发展。

二、迭代优化：持续提升模型效果与价值

评估是优化的前提。基于评估结果，银行需要采取系统性的策略，

对大模型及其应用进行持续的迭代升级。

模型核心能力提升

为实现银行 LLM 模型核心能力的提升，可从算法与架构精进、持续学习与更新两大方向着手。在算法与架构方面，需密切追踪 LLM 领域的前沿研究，及时引入或适配新架构、高效训练方法和提示工程技巧；针对银行金融文本理解、风险因子识别等特定任务，对模型进行微调或结构优化，强化专业领域的性能表现；对于实时交易反欺诈等低延迟、高并发场景，通过模型压缩、量化、蒸馏等技术手段，实现推理效率的提升。

在持续学习与更新层面，通过建立增量学习机制，让模型能够利用新数据进行增量训练或在线学习，敏锐捕捉市场动态和客户行为变化；设定月度、季度等固定周期，使用更新后的数据集对模型进行全面再训练，有效对抗模型衰退；对于依赖检索增强生成（RAG）的应用，持续更新产品信息、法规文档、市场报告等外部知识库，确保模型输出信息的时效性和准确性，从而全方位提升模型核心能力，满足银行复杂业务场景的需求。

数据基石加固

在银行 LLM 项目中，数据质量是模型有效运行的关键。为加固数据基石，需开展数据质量治理工作。

第一，建立常态化的数据清洗流程，对数据进行持续清洗，同时设定数据质量监控指标，实时监测数据状态，确保输入模型的数据准确、完整且一致。此外，依据模型评估反馈以及对业务的深入理解，持续优化特征工程，包括特征提取和选择，为模型训练提供更优质的数据特征，提升模型性能。

第二，确保数据安全与隐私保护。以合规为驱动，严格遵循数据隐私法规，在模型训练和使用客户数据时，运用数据脱敏、匿名化、加密等技术手段，保障数据安全。同时实施最小权限原则进行访问控制，对模型及相关数据的访问进行严格管理，防止数据泄露和滥用，确保数据在安全的环境中被使用和处理。

第三，为了让模型获得更全面的数据输入，进行数据整合与拓展。一方面，持续推进银行内部跨部门的数据融合，打破数据壁垒，使模型能够从更广泛的角度分析数据，提升对业务的理解和处理能力。另一方面，在合规、安全的前提下，引入有价值的外部数据，如征信数据、舆情数据、宏观经济数据等，进一步丰富模型的输入，增强模型对复杂业务场景的适应性和预测能力。

业务流程深度融合

在银行业务与LLM的深度融合进程中，流程再造与优化是实现高效协同的关键路径。银行需深入剖析现有业务流程，精准定位可借助大模型实现自动化升级或效能增强的关键节点；通过科学设计人机协同模式，清晰界定人与模型的职责边界，优化交互流程，实现优势互补，如智能客服场景下的人机协作模式，充分发挥双方特长；同时构建反馈闭环机制，将业务实践中的结果数据，如人工客服处理的疑难案例，及时回流至模型训练环节，持续优化模型性能，推动业务流程向智能化方向演进。

一方面，将大模型技术深度嵌入理财推荐、信贷审批等现有产品，显著提升其智能化水平与个性化服务能力，为客户带来更优质的服务体验；另一方面，依托大模型强大的自然语言理解与生成能力，积极探索创新金融产品形态与服务模式，开拓全新业务领域，挖掘潜在市场需求，以创新驱动银行在数字化时代实现业务的可持续增长与竞争力提升。

组织与人才赋能

第一，培养复合人才，这是组织与人才赋能的重要环节。通过开展持续培训，面向业务和技术人员，系统传授大模型相关的技术原理、实际应用、潜在风险及伦理规范等知识，帮助员工紧跟技术发展趋势。同时，积极鼓励业务专家与技术专家开展跨界交流合作，打破专业壁垒，促使双方在思维碰撞中深化对彼此领域的理解，从而培育出既精通业务需求又掌握技术实现的复合型人才，为项目落地提供坚实的人力支撑。

第二，专业团队建设，这是银行 LLM 项目取得成功的关键保障。一方面，通过制定有吸引力的人才政策，积极吸引并留住顶尖 AI 人才，为团队注入创新活力与专业力量；另一方面，明确构建涵盖模型开发、LLMOps 运维、数据工程、提示工程、业务分析、风险合规等多元角色的专业团队架构，各角色各司其职、协同配合，形成从技术研发到业务应用、风险管控的完整人才链条，确保项目在高效、合规的轨道上稳步推进。

生态协同共建

在生态协同共建过程中，技术伙伴合作是银行提升大模型应用能力的关键路径。通过与领先的 AI 科技公司、云服务商建立合作关系，银行能够充分利用其技术平台、算力资源与专业知识，实现优势互补。例如，借助科技公司先进的算法框架和云服务商强大的算力支持，解决自身在技术和资源上的短板。同时，开展联合创新项目，双方共同探索大模型在金融领域的前沿应用场景，加速技术成果向业务价值的转化，推动金融服务的创新升级。

此外，还需要积极参与行业标准制定与经验分享。银行主动投身行业联盟和组织，在其中分享自身大模型应用的实践经验，并学习同业的最佳实践，促进整个行业的知识流动与共同进步。不仅如此，参与数据安全、模型评估、伦理规范等行业标准的制定工作，不仅有助于规范行业发展秩序，还能将银行自身的业务需求和实践经验融入标准之中，在提升行业整体水平的同时，增强自身在行业生态中的话语权与影响力，为大模型在金融领域的健康可持续发展奠定基础。

总之，评估与优化驱动银行 AI 迈向成熟。对银行而言，大模型的应用效果评估与迭代优化是一个永无止境的循环。它要求银行建立起一套科学、全面、动态的评估体系，不仅关注模型的性能和效率，更要重视其业务价值、用户体验以及合规与伦理风险。基于严谨的评估，通过对模型、数据、流程、人才和生态的全方位持续优化，银行才能真正驾驭大模型的力量，将其深度融入业务血脉，在日益激烈的市场竞争中构筑起坚实的智能护城河，实现可持续的创新发展。

第二十三章　实践之光：银行大模型应用案例与经验启示

人工智能大模型已不再是遥不可及的概念，而是正实实在在重塑银行业格局的关键技术力量。全球范围内的银行，无论规模大小、地域何在，都在积极探索和实践大模型的应用，其应用场景已广泛渗透到客户服务、风险管理、精准营销、反洗钱、财富管理乃至内部运营的方方面面。这些先行者的实践不仅验证了大模型的巨大潜力，也为后来者积累了宝贵的经验教训。本章将深入剖析国内外银行的典型成功案例，聚焦大模型如何解决实际业务痛点、创造可衡量价值，并从中提炼出关键的最佳实践与启示，为银行应用大模型提供清晰的参照与指引。

一、标杆案例：国内外银行大模型应用实践解析

通过分析不同银行在不同业务领域的成功实践，可以更清晰地理解大模型的价值所在和落地路径。

智能风险管理

案例 1：摩根大通智能风险管理平台。摩根大通构建智能风险管理平台时，建立了全球金融数据采集网络，实时收集全球股票、债券、外汇等各类资产市场数据，以及宏观经济指标、政策变化等数据。在数据处理阶段，运用大数据技术，如 Hadoop 分布式文件系统和 Hive 数据

仓库，对海量数据进行存储和管理。在风险预测模型方面，采用了基于 Transformer 架构的多模态融合模型，将文本数据（如政策文件、新闻资讯）、数值数据（如资产价格、经济指标）和图像数据（如市场趋势图）进行融合分析，提高风险预测的准确性。同时，利用云计算平台，如亚马逊云服务（AWS），实现模型的快速部署和弹性扩展。该智能风险管理平台实现了对风险的全方位、实时监控和精准预警。在市场风险方面，平台实时分析全球金融市场数据，预测市场风险趋势，提前调整投资组合，降低市场波动对银行资产的影响。在信用风险方面，平台整合客户的信用记录、财务状况、行业数据等多源信息，对客户的信用风险进行精准评估，优化信贷审批流程。

案例 2：**中国工商银行大模型驱动的智能风控。**工商银行在构建智能风控系统时，首先着手搭建庞大的数据采集与整合平台。通过内部系统对接，收集了海量的金融交易数据，涵盖信用卡交易、信贷业务、转账汇款等各个业务板块的数据。同时，引入先进的数据清洗和预处理技术，对原始数据进行去噪、标准化处理，确保数据质量。在算法选择上，采用了深度学习领域的长短期记忆网络（LSTM）和卷积神经网络（CNN）相结合的方式。LSTM 擅长处理时间序列数据，能够捕捉交易数据在时间维度上的变化趋势；CNN 则对数据的空间特征敏感，可挖掘交易数据在不同维度特征之间的关联。为了优化模型性能，利用分布式计算框架，如 Apache Spark，实现大规模数据的并行处理，加速模型训练过程。基于上述技术开发的智能风控系统，工商银行在信用卡交易风险监控方面成效显著。系统持续学习正常交易行为模式，对交易时间、地点、金额、消费类型等多维度特征进行深度分析。一旦发现异常交易，例如短时间内异地大额消费、交易金额与历史习惯偏差过大等情况，系统能够迅速发出预警。自该系统投入使用以来，信用卡欺诈风险显著降低，风险识别准确率大幅提升，有效保障了银行和客户的资金安全，维护了金融交易秩序的稳定。

客服服务与体验提升

案例 3：中国工商银行大模型赋能智能客服与客户体验优化。工商银行打造智能客服系统时，基于 Transformer 架构的预训练语言模型进行开发，如百度的文心一言等。通过对大量金融业务语料库的有监督和无监督学习，让模型深入理解金融领域的专业术语、业务流程和客户常见问题。在系统架构上，采用微服务架构，将自然语言处理、知识图谱构建、对话管理等功能模块进行拆分，提高系统的可扩展性和维护性。同时，引入实时数据分析技术，为个性化服务推荐提供数据支持。

该智能客服系统能够快速理解客户的自然语言提问，无论是业务咨询、账户查询还是投诉建议，都能给予准确、及时的回复。通过对客户历史咨询数据的分析，智能客服能够根据客户的风险偏好、资产状况等因素，精准推荐适合的理财产品。例如，当客户询问关于低风险理财产品时，智能客服会依据客户过往投资记录和资产规模，推荐如定期存款、稳健型债券基金等产品。此外，智能客服与人工客服的无缝协作机制，极大提高了复杂问题的解决效率，显著提升了客户服务的质量和客户满意度。

精准营销与财富管理

案例 4：招商银行大模型助力客户洞察与精准营销。招商银行借助大模型进行客户洞察与精准营销时，首先构建了客户数据湖，整合了全行各个业务系统的客户数据。利用数据挖掘算法，如关联规则挖掘、聚类分析等，对客户的交易行为、消费习惯、理财偏好等数据进行深度挖掘和分析。在模型训练过程中，采用强化学习算法，让模型不断学习和优化营销决策，根据客户的实时反馈调整营销策略。同时，结合大数据可视化技术，将客户画像和营销效果以直观的图表形式呈现，便于营销人员理解和使用。

大模型对客户数据的深入挖掘，使招商银行能够精准构建客户画像，深入了解客户的潜在需求。例如，当发现某客户近期有大额资金流入，且有购买房产的可能性时，银行会及时向其推送房贷产品信息和相关优惠政策；对于经常购买高端理财产品的客户，推送定制化的高端财富管理服务和专属投资机会。这种精准营销方式大幅提高了营销效果，降低了营销成本，有效增强了客户对银行的信任和忠诚度，促进了业务的增长和发展。

案例5：招商银行智能投顾与个性化投资服务。 招商银行开发智能投顾平台时，整合了多源数据，包括客户在银行的资产负债数据、交易流水数据、投资偏好调查问卷数据等，同时引入外部市场数据，如股票指数、债券收益率、宏观经济指标等。在算法层面，采用了现代投资组合理论（MPT）与深度学习算法相结合的方式。MPT用于确定资产配置的理论框架，深度学习算法则用于对市场数据和客户数据进行深度分析，挖掘数据中的潜在规律和趋势。为了实现个性化服务，利用聚类算法对客户进行细分，针对不同客户群体的特点和需求，制定差异化的投资策略。

智能投顾平台通过对客户的财务状况、投资目标、风险承受能力等多维度数据的深度分析，结合市场行情和宏观经济数据，为客户生成个性化的投资组合方案。对于追求稳健收益、临近退休的客户，平台会推荐以债券、货币基金为主，搭配少量优质蓝筹股的投资组合；而对于年轻、风险承受能力较高的客户，则可能推荐更多配置成长型股票和股票型基金的投资方案。该平台的应用，有效满足了不同客户的多样化投资需求，提升了客户的投资收益和满意度，增强了客户对银行的信任和依赖。

反洗钱与合规

案例 6：兴业银行"随兴写"助力反洗钱报告智能生成。在金融交易日益复杂的背景下，传统反洗钱报告生成方式面临着诸多挑战。兴业银行积极探索创新，自主研发基于 GPT - 3.5 模型的可疑交易报告智能生成模型 AML - GPT，致力于提升反洗钱工作效率和质量。在技术开发路径上，兴业银行首先对海量的洗钱可疑客户行为、主体信息和交易信息等数据进行收集。这些数据来源广泛，包括银行内部的核心业务系统、客户关系管理系统以及外部的第三方数据供应商等。为确保数据的可用性，兴业银行运用先进的数据清洗技术，去除数据中的噪声和错误，对数据进行标准化处理，使其格式统一、语义明确。在构建反洗钱知识库时，除了整合结构化数据，还运用自然语言处理技术对非结构化数据，如客户的交易备注、业务文档等进行解析和提取关键信息。为实现人机交互的高效性，兴业银行开发了专门的智能问答模块。该模块基于自然语言处理中的语义理解和意图识别技术，能够准确理解甄别人员输入的问题，并根据反洗钱知识库和 AML - GPT 模型的分析结果给出精准回复。同时，为了让大模型持续学习和进化，兴业银行将 AML - GPT 模型内嵌进反洗钱系统，通过实时监测新的交易数据和更新的法规政策，利用知识检索工具不断扩充知识库，确保模型能够根据最新信息修正和完善报告内容。

在 AML - GPT 模型应用之前，基层反洗钱人员每天需处理约 30 份可疑交易报告，每份报告处理时长在 20~60 分钟不等。这不仅耗费大量人力和时间，而且由于人工分析的局限性，报告的质量参差不齐。如今，"随兴写"利用强人工智能技术，依托系统涵盖的多维度特征，如交易频率、交易金额、交易对手关系、资金流向等，综合分析研判形成符合反洗钱专家逻辑的可疑分析报告，并给出初步处理意见。这一创新应用大大减轻了基层反洗钱人员的日常工作负担，据统计，报告处理时间平均缩短了 50% 以上。同时，案例甄别的质量和效率得到显著提升，误报率降低了 30%，使基层员工能够将更多精力投入到业务发展、新型洗钱手法研究和专家规则优化等工作中。

案例 7：中国邮政储蓄银行生成式 AI 提升反洗钱全流程效能。中国邮政储蓄银行在反洗钱工作中面临着业务规模庞大、客户群体复杂、交易数据海量等挑战。为有效应对这些挑战，邮储银行与智谱合作，利用生成式人工智能技术，基于 ChatGLM 大模型进行微调和强化学习反馈，构建反洗钱大模型。在技术开发过程中，邮储银行通过对接行内反洗钱系统，获取了可疑客户的交易流水信息、客户身份信息、客户账户信息等多维度数据。为了让大模型能够精准分析这些数据，邮储银行运用提示词工程优化技术。通过精心设计和调整提示词，引导大模型关注关键数据特征，如异常交易的时间节点、交易金额的波动范围、客户身份信息的异常变更等，从而实现对输入数据的精准客户特征提取和交易数据内容分析。同时，为了提高模型的泛化能力和适应性，邮储银行采用了迁移学习和多任务学习技术，将其他相关领域的知识和经验迁移到反洗钱模型中，使模型能够更好地应对复杂多变的洗钱手法。

经过一段时间的试用，"大模型 + 规则"融合抓取可疑交易的准确率超过 90%，相比传统的反洗钱监测方法，准确率提升了 20% 以上。可疑报告产出的效率提升 33%，大大缩短了反洗钱工作的响应时间。邮储银行实现了智能风控能力从分析到报告生成的全面提升，充分发挥了业务专家知识资源的作用，有效防范了金融系统性风险。该应用成功入选 2024 年全球数字经济大会人工智能大模型场景应用典型案例，这不仅彰显了其在反洗钱领域的创新性和有效性，也为其他金融机构提供了宝贵的借鉴经验。

案例 8：翼支付大模型构建反洗钱全流程自动化框架。翼支付作为支付行业的重要参与者，面临着交易笔数巨大、交易场景多样、洗钱风险隐蔽等问题。为了有效防范洗钱风险，翼支付采用大模型技术构建了反洗钱应用框架，实现从数据整合、模型开发到应用实践的全流程自动化。在技术开发路径上，翼支付运用 Telachat 大模型和多智能体技术，对海量交易数据进行实时监测和分析。在数据整合阶段，翼支付搭建了分布式的数据采集和处理平台，能够从不同渠道，如线上支付平台、线下收单机构等，快速收集交易数据。通过数据清洗和去重技术，确保数据的准确性和完整性。在模型开发过程中，翼支付利用深度学习算法对历史可疑交易数据进行学习，不断优化模型的识别能力。为了提高模型的实时性和准确性，翼支付采用了增量学习和在线学习技术，使模型能够随着新交易数据的产生不断更新和优化。在应用实践中，翼支付开发了智能监测和报告生成系统，实现了可疑交易的实时监测和报告的快速生成。从成功应用与有效赋能方面来看，翼支付通过大模型技术显著提升了可疑交易监测的准确性和报告生成的效率。报告编写时间大幅缩短，从原来的平均每份报告编写时间 2 小时缩短到 30 分钟以内。反洗钱工作的智能化水平得到极大提高，误报率降低了 40%，能够更及时、有效地发现和防范洗钱风险，保障支付业务的安全稳定运行。同时，翼支付还利用大模型技术对洗钱风险进行预测和预警，提前采取防范措施，进一步提升了反洗钱工作的主动性和前瞻性。

案例 9：汇丰银行 AI 升级反洗钱监测体系。汇丰银行作为国际知名银行，业务遍布全球，面临着复杂多样的洗钱风险。为了强化反洗钱工作，汇丰银行引入大模型技术，对传统反洗钱监测体系进行全面优化。在技术开发路径上，汇丰银行整合了来自全球各地分支机构的海量交易数据，这些数据涵盖不同地区、不同业务类型以及多种货币的交易信息。利用大数据存储和处理技术，如 Hadoop 分布式文件系统和 Spark 计算框架，对数据进行高效存储和预处理。在模型选择上，采用基于 Transformer 架构的深度学习模型，并结合迁移学习技术，将在其他金融风险领域训练得到的模型参数迁移到反洗钱监测模型中，加快模型训练速度并提高其泛化能力。同时，为了使模型能够准确识别复杂的洗钱模式，汇丰银行运用强化学习算法，根据实际反洗钱工作中的反馈不断优化模型策略。

以往，传统监测系统依赖简单规则和有限的数据分析，难以发现隐蔽的洗钱行为，导致大量可疑交易被漏报。而引入大模型后，通过对交易数据的深度挖掘和分析，能够捕捉到交易行为中的细微异常，如资金流向的异常波动、交易对手关系的复杂关联等。据统计，在大模型应用后的一年内，汇丰银行成功识别出的可疑交易数量增长了 40%，其中原本难以察觉的复杂洗钱交易发现率提高了 50% 以上。同时，大模型通过对风险的精准评估，有效降低了误报率，减少了不必要的人工调查工作量，提高了反洗钱工作的整体效率。

案例 10：美国运通 AI 驱动的全流程反洗钱体系构建。美国运通在反洗钱工作中深度运用 AI 技术，构建了一套覆盖交易前、交易中、交易后的全流程反洗钱体系。在交易前，美国运通利用 AI 和机器学习技术对客户身份信息进行多维度验证。通过整合第三方数据，如公共记录、社交媒体数据等，构建客户身份知识图谱，分析客户身份的真实性和关联性。例如，在客户开户时，系统会自动分析客户提供的身份信息与已知风险数据的匹配度，以及客户与其他高风险客户或实体的关联关系。如果发现客户身份存在异常，如身份证信息与其他已被标记为风险的账户存在相似性，或者客户与已知的洗钱组织存在间接联系，系统会触发额外的身份验证流程，确保开户客户身份的合法性。交易中，美国运通的 AI 模型实时监测交易行为。

自 2010 年起，其欺诈模型就全面采用机器学习技术，如今更是依托先进的 AI 算法，对海量交易数据进行实时分析。模型通过学习正常交易行为模式，如交易频率、金额范围、交易地点等，来识别异常交易。例如，当检测到某账户在短时间内出现大量小额交易，且交易地点在多个高风险地区频繁切换，这与该账户的历史交易行为和正常客户行为模式不符，AI 模型会立即发出预警。此外，美国运通还利用合成数据补充真实数据的不足，通过 AI 生成模拟的欺诈模式，训练模型识别罕见或不常见的诈骗手段，提高模型对复杂洗钱行为的识别能力。交易完成后，AI 系统会对交易数据进行深度复盘分析。如果发现某笔交易存在洗钱嫌疑，系统会自动追溯该交易的资金流向，以及与该交易相关的上下游交易链条，绘制详细的资金流转图谱，为后续调查提供全面的数据支持。并且，将该笔交易的相关数据和特征反馈到 AI 模型中，进一步优化模型的识别能力，使其能够更好地应对类似的洗钱风险。

案例 11：VisaAI 赋能的实时交易风险监测与反洗钱策略优化。Visa 在反洗钱领域积极应用 AI 技术，致力于打造实时、精准的交易风险监测体系。2024 年 3 月，Visa 宣布在其面向商业客户的软件套件中增加三种新的 AI 防诈骗工具。其中一项工具拓展了 Visa 现有的 AI 技术，用于协助检测和阻止信用卡线上交易的诈骗行为。在反洗钱方面，该工具同样发挥着重要作用。Visa 通过整合全球范围内的交易数据，运用大数据分析技术对数据进行清洗和预处理，为 AI 模型提供高质量的数据支持。其 AI 模型采用深度学习算法，能够实时分析交易数据中的多个维度信息，包括交易金额、交易时间、交易商户类型、交易设备信息等。例如，当一笔交易发生时，AI 模型会迅速判断该交易是否符合该客户的历史交易习惯，以及该商户是否存在异常交易记录。如果发现某笔交易的金额突然大幅超出客户的日常消费范围，且交易商户在短时间内频繁与多个高风险账户进行交易，AI 模型会立即触发风险预警，对该笔交易进行拦截或进一步审查。同时，Visa 利用 AI 技术对历史反洗钱案例进行分析，总结出不同类型洗钱行为的特征和模式，不断优化反洗钱策略。通过持续学习和更新模型，Visa 的 AI 系统能够及时适应不断变化的洗钱手段，提高反洗钱工作的效率和准确性。

案例 12：MasterCard 以 AI 风险侦测工具助力反洗钱与风险防控。MasterCard 推出了 AI 风险侦测工具，旨在帮助银行更有效地发现客户是否试图向诈骗者汇款，这一工具在反洗钱工作中也具有重要意义。

MasterCard 的 AI 风险侦测工具基于机器学习和大数据分析技术，通过收集和分析大量的交易数据，构建风险评估模型。该工具不仅关注单个交易的风险，还从宏观层面分析客户的整体交易行为和资金流动趋势。例如，通过分析客户一段时间内的资金流入流出情况，判断是否存在资金异常集中或分散的现象。如果发现某客户在短时间内频繁接收来自不同地区的小额资金，然后迅速将这些资金集中转移到一个高风险地区的账户，AI 风险侦测工具会将其标记为高风险交易，并通知相关银行进行进一步调查。同时，MasterCard 利用 AI 技术对不同地区、不同行业的洗钱风险进行评估和预测。通过分析地区经济状况、金融监管环境以及行业特点等因素，建立风险地图，为银行提供针对性的反洗钱建议。例如，对于某些金融监管相对薄弱地区的交易，或者某些容易被洗钱分子利用的行业，如虚拟货币交易、跨境电商等，MasterCard 的 AI 系统会提高风险监测的频率和敏感度，加强对这些领域交易的监控和分析，有效防范洗钱风险。

这些国际支付组织在反洗钱领域的 AI 和大模型应用，展示了金融科技在打击洗钱犯罪方面的强大力量。它们通过创新的技术应用和完善的策略体系，为全球反洗钱工作提供了宝贵的经验和借鉴。其他金融机构可以结合自身实际情况，学习和应用这些先进技术，共同提升全球反洗钱工作的水平，维护金融市场的稳定和安全。

内部运营与研发提效

案例 13：汇丰银行大模型推动金融研究与客户服务革新。技术开发路径：汇丰银行采用 NVIDIA 的技术和大语言模型搭建 Contextual AI 平台，利用检索增强生成（RAG）技术，使其能够根据实际文件提供准确答案和解释。平台整合了市场展望、财经新闻、运营文件等多源数据，通过自然语言处理技术对数据进行预处理和特征提取，再利用 Transformer 架构的大模型进行深度分析和知识融合，实现对复杂金融问题的智能解答。为优化推理性能，使用 NVIDIA Triton 推理服务器和开源的 NVIDIA TensorRT - LLM 库加速和优化大语言模型的推理过程。

在金融研究方面，平台检索并综合相关信息，为分析师提供研究洞察和流程指导支持，帮助其快速了解市场动态和行业趋势，提升研究效率和质量。在客户服务中，Contextual AI 平台根据客户咨询，快速准确地提供金融产品信息和解决方案，增强客户服务体验，助力汇丰银行在金融服务市场中保持领先地位。

案例 14：四川天府银行以大模型驱动的研发与办公效率提升。四川天府银行联合研发并开源了具有自主知识产权的代码大语言模型 CodeShell - 7B。在研发过程中，收集大量代码库和编程规范文档，运用深度学习算法对代码数据进行建模和训练，使模型理解不同编程语言的语法规则和编程习惯。同时，将大模型与智能研发助手、智能办公助手等应用系统进行集成，实现数据交互和功能协同。

智能研发助手依托代码大语言模型，为软件研发人员提供智能问答、代码补全、代码审查等辅助功能，有效提高了研发效能，缩短软件开发周期；智能办公助手对接全行的非结构化数据管理平台，在合规管理、智能客服等多个业务领域提供定制化的智能解决方案，通过自动化内容解析和概要形成，辅助审批意见，显著提高了业务响应速度和流程审批质量，提升了客户满意度和内部运营效率。

案例 15：交通银行以大模型助力办公与客服效率提升。交通银行开发大模型驱动的办公助手和客服问答系统时，运用深度学习技术对办公流程和客户咨询数据进行建模。办公助手基于流程挖掘算法，分析员工日常办公行为，自动识别重复性任务，利用大模型生成自动化脚本，实现任务的自动化处理。客服问答系统则基于 Transformer 架构，通过对大量客服对话数据的有监督学习，训练模型理解客户问题意图，并结合银行知识库给出准确解答。同时，引入情感分析技术，根据客户对话的情感倾向，调整回答策略，提升客户体验。

办公助手协助员工处理日常办公事务，如文件整理、报表生成等，大幅提高办公效率。客服问答系统快速响应客户问题，准确解答常见业务疑问，缩短客户等待时间。在处理客户投诉时，情感分析技术帮助客服人员及时安抚客户情绪，提供更贴心的服务，有效提升客户满意度，增强交通银行在客户服务领域的竞争力。

案例 16：中国银行以大模型驱动的内部知识服务与技术创新。中国银行构建了基于大模型的内部知识服务平台，整合了银行内部海量的业务资料、规章制度、培训文档等知识资源。采用自然语言处理技术，将非结构化文本转化为结构化数据，以便大模型高效处理；运用知识图谱技术，梳理知识间的关联关系，构建可视化知识网络，方便员工快速检索。同时，为确保知识更新的及时性，建立了与业务系统的实时数据同步机制，利用增量学习技术，让大模型持续学习新知识，保证知识服务的时效性。

该平台为内部员工提供了便捷高效的知识服务，员工只需输入自然语言问题，就能快速获取准确的业务信息和专业知识。在处理复杂业务时，员工可借助知识图谱，快速了解相关业务流程和上下游关联环节，提升业务处理效率。在辅助编码方面，大模型分析代码上下文和需求描述，为技术人员提供代码片段推荐、代码纠错等功能，加快软件开发速度，提高系统维护效率，有力推动了银行内部知识共享与技术创新。

二、经验沉淀：银行大模型应用的挑战、策略与启示

从上述广泛的实践案例中，我们可以总结出银行在应用大模型过程中的共性挑战、有效应对策略以及对未来发展的深刻启示。

大模型应用的核心价值领域

案例清晰地展示了大模型在银行多个核心领域的赋能价值：一是客户体验提升，通过智能客服、个性化推荐、便捷交互（语音、Kiosk），显著提升客户满意度和黏性（如 BoA, Citi, 工行，招行，TD Bank）。二是风险管理强化，在信贷审批、交易反欺诈、市场风险预警、反洗钱等方面，大模型能更早、更准地识别风险，提升银行稳健经营能力（如 JP Morgan, BBVA, 工行，巴克莱，HSBC，兴业银行，邮储银行，AmEx）。三是运营效率优化，自动化处理重复性任务、智能生成报告、辅助内部知识检索与代码开发，大幅降低人力成本，提升运营效率（如兴业银行，中行，交行，德国商业银行，四川天府银行）。四是业务增长驱动，通过精准营销、智能投顾、创新产品设计，有效促进客户转化、提升 AUM（资产管理规模）和中间业务收入。

共同面临的挑战与应对之道

银行在拥抱大模型的过程中，普遍会遇到以下挑战，成功的实践者往往采取了相似的应对策略：

一是积极应对高昂的算力成本与资源需求。大模型训练和推理需要巨大的计算资源，对许多银行尤其是中小银行构成门槛。可灵活采

取如下策略,如与云服务商合作(租用算力);采用分布式计算、异构计算(GPU/TPU)优化算力配置;探索更高效的模型架构和训练方法;共享算力资源池。

二是稳妥管控算法风险与模型偏见。大模型可能生成不准确、有害或带有偏见的内容,可能被攻击或篡改,决策黑箱难以解释。银行机构基于稳妥审慎的原则,探索建立严格的模型风险管理框架;加强数据质量管理和多样性,减少训练数据偏见;采用模型安全技术(加密、水印);实施持续监控和预警;应用可解释性 AI 技术(LIME, SHAP);进行独立的模型验证。

三是严格遵从数据隐私与合规性。银行业拥有海量高质量私域数据,但使用受到严格的隐私法规限制(数据可用不可见)。要严格遵守数据隐私法规;采用联邦学习、隐私计算等技术在保护隐私前提下利用数据;进行数据脱敏、匿名化处理;建立健全的数据治理和授权机制。

四是全面加强数据质量管理。数据来源多样、格式不一、质量参差不齐,影响模型效果,针对此,银行机构建立企业级数据治理体系;实施严格的数据质量标准和清洗流程;构建统一的数据湖或数据仓库,打破数据孤岛;加强元数据管理。

五是多措并举应对复合型人才短缺。既懂金融业务又懂 AI 技术的复合型人才在银行业尤为稀缺。对此,银行机构注重加强内部培训和跨部门轮岗;与高校、研究机构合作培养人才;积极从外部引进顶尖 AI 人才;大力营造鼓励创新和学习的文化氛围。

六是客观务实应对模型可解释性问题。金融决策需要高透明度和可解释性,而大模型的"黑箱"特性带来挑战。银行业积极探索应用 LIME、SHAP 等可解释性工具;探索内在可解释性更强的模型架构;加强与监管和用户的沟通,使用可视化等方式解释模型逻辑;保留详细的模型文档记录。

关键启示

第一，银行大模型开发应用需与战略场景紧密结合，从解决真实业务痛点、创造业务价值出发。例如在信贷审批场景，通过大模型分析客户多维度数据，快速评估信用风险，简化审批流程，缩短放贷周期，既符合提升金融服务效率的战略，又解决了传统审批耗时长的痛点。同时，在智能客服场景，大模型理解客户复杂问题，提供准确解答，提升客户体验，契合以客户为中心的战略。

第二，高质量、合规的数据是大模型发挥效能的前提。银行拥有海量金融数据，但需建立完善治理体系。一方面整合分散在不同部门、系统的数据，打破数据孤岛，如将客户储蓄、信贷、投资等数据统一管理，为大模型提供全面数据支持。另一方面，严格数据质量管理，确保数据准确、完整、及时更新，并且在数据收集、存储、使用各环节遵循法律法规，保护客户隐私，让大模型基于可靠数据进行学习和预测。

第三，技术与业务深度融合。技术团队懂算法、模型搭建与优化，业务团队熟悉银行各类业务流程与需求。双方密切沟通，业务团队提出如精准营销、风险预警等业务需求，技术团队将其转化为大模型可实现的功能。而在构建风险评估大模型时，业务人员提供风险指标与评估标准，技术人员据此选择合适算法、训练模型，通过不断交流调整，使模型贴合业务实际。

第四，严守风险合规底线。金融行业对稳定性、安全性要求极高，银行在应用大模型时，要将风险管理和合规贯穿始终。在模型开发阶段，进行充分验证，测试模型准确性、可靠性、稳定性，避免模型偏差导致决策失误。对模型生成内容严格审查，确保合规，不产生误导客户、违反监管规定的信息。同时，建立风险监控机制，实时监测模型运行，一旦出现异常及时干预，保障金融业务安全稳健运行。

第五，持续投入优化迭代。银行内外部环境不断变化，客户需求、市场动态、监管要求持续更新，要收集业务反馈，根据新数据、新需求对模型微调、升级。如智能投顾大模型，随市场行情波动、新金融产品推出，持续优化投资策略推荐算法，提升投资建议精准度与适应性，保持模型竞争力。

第六，开放合作构建生态。银行应与科技公司、研究机构、同业加强合作。与科技公司合作获取先进技术，如与拥有领先算法、算力的科技企业合作开发大模型；与研究机构合作开展前沿研究，洞察技术发展趋势；与同业交流分享经验，共同探索大模型应用场景、解决方案，如共同制定行业数据标准、模型评估规范，携手构建繁荣金融科技生态，提升整个银行业在大模型应用领域水平。

三、未来展望

深化场景应用拓展

未来银行大模型将在现有基础上，更深入渗透核心业务。在信贷领域，不仅用于信用评估，还将辅助贷后管理，实时监测企业经营状况、市场风险，提前预警贷款违约风险。在财富管理方面，根据客户财务状况、风险偏好、投资目标，结合市场趋势，为客户定制个性化、动态投资组合，并提供持续投资跟踪与调整建议。在运营管理中，通过大模型优化资源配置，预测业务量，合理安排人力、物力，提升运营效率。

多模态融合创新

大模型将从单一文本处理向语音、图像、视频等多模态融合发展。在客户服务中，客户可通过语音、图片等多种方式与银行交互，如客户发送消费凭证图片，大模型自动识别并进行账务处理、费用报销等操作；在远程身份验证时，结合人脸识别、语音识别技术，提高身份验证准确性与安全性，为客户带来更便捷、高效、智能服务体验。

提升模型性能与可解释性

随着技术发展，大模型性能将进一步提升，计算速度更快、准确率更高、泛化能力更强。同时，解决模型可解释性难题将成为重点。开发可视化工具，展示模型决策过程、依据，让银行工作人员、监管机构、客户理解模型如何得出结论，增强对模型信任。在风险评估模型中，清晰呈现各项数据对风险评估结果影响权重，便于风险管控与合规审查。

推动行业标准规范建立

当前银行大模型应用处于探索阶段，缺乏统一标准规范。未来行业内将加强交流合作，共同制定大模型开发、应用、评估标准。包括数据质量标准，明确数据收集、清洗、标注规范；模型性能评估标准，统一准确率、召回率、稳定性等指标计算方法；安全合规标准，规范数据保护、模型使用合规要求等，促进行业健康有序发展。

助力金融普惠发展

大模型有望降低金融服务成本，扩大服务范围，推动金融普惠。为小微企业、偏远地区客户提供便捷金融服务，通过分析小微企业交易流水、经营数据，快速评估信用，发放小额贷款；为普通客户提供低成本、智能化投资顾问服务，让更多人享受优质金融服务，缩小金融服务城乡、贫富差距，促进社会经济均衡发展。

推动金融创新

大模型技术持续进化，其性能将不断提升，应用场景也将进一步拓宽，如智能审计，以及更复杂的金融产品设计。结合领域知识的人工智能业务助理将提供更深层次的个性化服务。大模型与区块链、物联网、隐私计算乃至量子计算等其他新兴技术的融合，将催生更多颠覆性的金融创新。同时，监管科技（RegTech）也将相应发展，对大模型的应用进行更有效、更智能的监管。

总之，国内外银行的实践雄辩地证明，大模型是驱动银行业深刻变革的引擎。它不仅能显著提升效率、优化体验、强化风控，更能激发前所未有的业务创新。尽管挑战重重，但通过借鉴成功经验，采取务实的策略，银行完全有能力驾驭这一强大技术。拥抱大模型，不仅是顺应技术潮流，更是银行在数字化、智能化时代保持竞争力、实现可持续发展的战略抉择。积极布局、持续投入、勇于创新、严控风险，将是银行在未来智能金融浪潮中智胜未来的关键。

参考文献

1. 施锦诚，王迎春.大模型创新变革：新模式、新挑战与新趋势 [J].中国科技论坛，2024（07）.

2. 赵鸿，高比布.探究 AI 大模型：现状、挑战与未来 [J].电信快报，2023（07）.

3. 刘勇.多 Agent 系统理论和应用研究 [D].重庆大学，2003.

4. 周明耀.推进人工智能大模型和技术发展 助力数字经济繁荣 [J].民主与科学，2024（02）.

5. van Dis Eva A M,Bollen Johan,Zuidema Willem;van Rooij Robert.Bockting Claudi L.ChatGPT: five priorities for research.[J].Nature,2023（7947）.

6. 孙思涵.大模型及其应用前景分析——从大模型应用场景到推理算力在边缘的展望 [J].江西通信科技，2024（03）.

7. 刘静，郭龙腾.GPT-4 对多模态大模型在多模态理解、生成、交互上的启发 [J].中国科学基金，2023，v.37（05）.

8. 刘明，吴忠明，杨箫等.教育大语言模型的内涵、构建和挑战 [J].现代远程教育研究，2024（05）.

9. 郭全中，杨元昭.大语言模型的技术特征及市场新进展 [J].中国传媒科技，2023（05）.

10. Timothy F. Brady;Talia Konkle,George A. Alvarez,Aude Oliva.Compression in visual short-term memory: Using statistical regularities to form more efficient memory representations[J].Journal of Vision,2008（6）.

11. 孔德臣，姜迎春.ChatGPT 等新一代人工智能的特性及其数字经济效应——基于马克思的机器与异化理论 [J].经济问题，2023（07）.

12. 陈小平.大模型：人工智能思想及其社会实验 [J].文化纵横，2023（03）.

13. Truex Stacey,Liu Ling,Gursoy Mehmet Emre,Yu Lei,Wei Wenqi.Demystifying Membership Inference Attacks in Machine Learning as a Service[J].IEEE Transactions on Services Computing,2019.

14. 石菲.中科创达与亚马逊云科技解锁人工智能新局面 [J].中国信息化，2023（11）.

15. 喻国明，苏健威.生成式人工智能浪潮下的传播革命与媒介生态——从 ChatGPT 到全面智能化时代的未来 [J].新疆师范大学学报（哲学社会科学版），2023，v44（05）.

16. 李克新，张敬哲.大模型发展现状及在高职 AI 人才培养中的应用 [J].中国多媒体与网络教学学报（中旬刊），2024（06）.

17. Susan Carey.The Origin of Concepts[J].Journal of Cognition and

Development,2000（1）.

18. Christiansen Rune,Pfister Niklas,Jakobsen Martin Emil,Gnecco Nicola,Peters Jonas. A causal framework for distribution generalization.[J].IEEE transactions on pattern analysis and machine intelligence,2021,PP.

19. 秦瑞标.大模型时代生成式人工智能治理的逻辑更新与回应路径——以《生成式人工智能服务管理暂行办法》为视角 [J].时代法学，2024，v22（03）.

20. 高亚楠.大模型技术的网络安全治理和应对研究 [J].信息安全研究,2023(06).

21. 令狐曦.机器学习模型测评技术研究与实现 [D].北京邮电大学，2019.

22. 冯杨洋，汪庆，舒继武.大模型时代下的存储系统挑战与技术发展 [J].大数据，2025，v11（01）.

23. 曹钟雄，陈振华.数字经济赋能新质生产力：内涵、作用和着力点 [J].技术经济与管理研究，2024（12）.

24. 西南大学教师教育学院 2.西南大学语文教育研究所.思辨写作定义和评价要点探析——基于人工智能大模型生成回答的 Nvivo 质性分析 [J].语文建设,2024(09).

25. 高地雪，迪恩·波尔.预测式人工智能的时代即将结束 [J].世界科学，2024（10）.

26. 王天恩.ChatGPT 的特性、教育意义及其问题应对 [J].思想理论教育，2023（04）.

27. 齐旭，李彦宏.大模型正在重新定义人工智能.中国电子报，2023.

28. 李长升，汪诗烨，李延铭等.人工智能的逆向工程——反向智能研究综述 [J].软件学报，2023，v34（02）.

29. 刘继泽.互联网金融模式及对传统银行业的影响 [J].财经界，2019（36）.

30. 樊子仪.竞争与变革：互联网金融对传统银行业的影响 [J].财富生活，2022（04）.

31. 杨俊.区块链技术在金融风险防范方面的应用研究——以银行业为例 [J].知识经济，2019（36）.

32. 张梅.互联网金融和传统银行业的当代博弈 [J].长春大学学报，2020（05）.

33. Mckinsey & Company.零售银行业务模式的挑战与重构 [J].新金融,2019(07).

34. 林晓楠."金融脱媒"背景下我国银行业经营模式转型 [J].商业时代，2006（34）.

35. 刘红华.公司银行业务战略转型路径与策略 [J].银行家，2017（05）.

36. 于守金，张乐，刘勇平.商业银行理财业务转型的多重模式 [J].银行家，2019（06）.

37. 刘宇迪.论我国商业银行面临的挑战——关于商业银行盈利模式转型问题的思考 [J].大众商务，2010（08）.

38. 朱欣悦.互联网金融模式对商业银行传统业务的影响研究 [D].吉林大学,2016.

39. 招商银行博士后工作站.我国银行个人信贷业务发展模式研究 [J].新金融，2011（06）.

40. 姜海军，惠晓峰.我国商业银行发展投资银行业务的模式及创新 [J].新金融，2008（05）.

41. 张庆媛.创新发展电子银行 加快传统业务转型——浅谈互联网金融模式下传统银行业务的转型与发展 [J].北方经济，2014（04）.

42. 张琦.论互联网金融背景下商业银行业务模式的创新之道——以互联网银行业务模式为比较基础 [J].金融经济，2016（05）.

43. 徐晓旭.交易银行模式下商业银行对公业务的转型研究 [J].现代商业，2020（09）.

44. 张俊，叶信才.股份制银行零售业务发展模式与转型之道 [J].中国银行业，2020（10）.

45. 洪心欣，闫文晶.国内商业银行私人银行业务盈利模式分析 [J].金融发展研究，2015（02）.

46. 李麟.智慧银行开启未来银行服务新模式 [J].中国银行业，2016（03）.

47. 那利.国内商业银行发展投行业务的模式研究 [D].山东大学，2007.

48. 郑雪飞.商业银行个人金融业务的创新与发展——关于银行个人金融业务盈利模式的探讨摘要 [J].科技创新导报，2011（05）.

49. 王景荣.从硅谷银行经营模式看我国传统商业银行业务转型策略 [J].北方金融，2017（05）.

50. 姚影.新监管背景下的银行同业业务趋势及模式创新 [J].中国银行业，2017（06）.

51. 刘悦.商业银行电子银行业务发展模式与风险管理研究 [D].兰州大学，2014.

52. 赵艳丰.私人银行业务应注重改良传统业务模式 [J].现代商业银行，2018（01）.

53. 中国社科院金融研究所博士后流动站交通银行博士后科研工作站.商业银行新兴业务联动的可行性与模式——以投行业务与私人银行业务为例 [J].西南金融，2013（02）.

54. 于洋，冯耕中.物资银行业务运作模式及风险控制研究 [J].管理评论，2003（06）.

55. 顾凌云，郭志攀，王伟等.小微企业智能风控关键技术研发及应用.南京冰鉴信息科技有限公司，2020.

56. 何晓青.探索资产管理领域大模型实践路径 [J].金融科技时代，2024（02）.

57. 沈芳宇.面向金融领域的客服机器人的研究与实现 [D].电子科技大学，2021.

58. 李美玲，任亚伟，孙军梅等.基于多特征融合的智能客服模型 [J].计算机系统应用，2021（03）.

59. 中国银行企业级架构建设办公室.大语言模型在商业银行的应用 [J].清华金融评论，2024（04）.

60. 宋双永，王超，陈成龙等.面向智能客服系统的情感分析技术 [J].中文信息学报，2020（02）.

61. 中国农业银行远程银行中心课题组.远程银行应用ChatGPT的研究与思考 [J].农银学刊，2023（05）.

62. 康保斌，王刚，杨雷等.面向产业链上下游企业的基于LLM的垂直领域智能客服适配方法研究 [J].制造业自动化，2024（07）.

63. 邓雄鹰.保险业"黑灯工厂"样本：120个机器人彰显AI赋能魔力.证券时

报，2023.

64. 刘盾.基于 AI 智能外呼系统 A 保险公司服务质量改进研究 [D].电子科技大学，2023.

65. 李银鹰，李蔓林，王敏慧.证券信息技术智能客服应用研究 [J].金融纵横，2019（03）.

66. 刘玥含.人工智能促进商业银行的转型研究 [D].吉林大学，2020.

67. 安徽商贸职业技术学院 2.安徽工程大学.企业智能客服人机对话管理模型构建 [J].安阳师范学院学报，2024（08）.

68. 谢华娟.大数据背景下人工智能客服系统分析 [J].中国新通信，2023,25（18）.

69. 邓士昌，田芊，林晓祥.客户服务中人工智能情感胜任力模型和测量指标构建 [J].上海对外经贸大学学报，2020.

70. 蔡志文，林建宗.基于购买意向的移动电子商务智能客服系统 [J].科技管理研究，2015（05）.

71. 文博.面向智能客服机器人的交互式问句理解研究 [D].哈尔滨工业大学,2014.

72. 中国银行广东省分行.商业银行智能客服应用研究 [J].金融科技时代，2022（03）.

73. 李明富，冯薇.“智能客服”让服务更智能 [J].金融电子化，2019（07）.

74. 宇熔.基于顾客满意的 TE 公司电商服务质量提升研究 [D].南京航空航天大学，2020.

75. 许丽萍.AI 成就智能客服 [J].上海信息化，2018（08）.

76. 刘启诚.运营商做大模型“既要面子又要里子” [J].通信世界，2023（09）.

77. 陈也创.多媒体智能客服通信系统设计 [D].电子科技大学，2015.

78. 潘仰耀.人工智能在浦发银行电话银行中的应用研究 [D].上海财经大学，2020.

79. 胡珉，冯俊兰，王燕蒙等.中国移动智能客服系统研究及实现 [J].电信工程技术与标准化，2017（05）.

80. 上海智臻智能网络科技股份有限公司.人工智能在智能客服领域的应用 [J].信息技术与标准化，2017（03）.

81. 西安交通大学经济与金融学院.互联网金融、技术溢出与商业银行全要素生产率 [J].金融研究，2015（05）.

82. 邱晗，黄益平，纪洋.金融科技对传统银行行为的影响——基于互联网理财的视角 [J].金融研究，2018（06）.

83. 陈稀.基于深度学习的智能风控系统 [D].北京交通大学，2018.

84. 郭佳鑫.金融科技发展对中国商业银行效率的影响 [D].暨南大学，2021.

85. 陈杰.金融科技对商业银行全要素生产率的影响研究——基于技术轨道理论 [D].长春理工大学，2022.

86. 龚伟华，代铁，曹伯翰等.社会化数据在银行创新业务场景中的应用研究.北京银行股份有限公司，2021.

87. 丁浩.互联网金融发展对我国商业银行效率水平的影响研究 [D].云南财经大学，2019.

88. 王卓娅，王彬彬，刘源.基于人工智能的互联网金融信用评分模型研究 [J].中国市场，2018（06）.

89. 谢治春，赵兴庐，刘媛. 金融科技发展与商业银行的数字化战略转型 [J]. 中国软科学，2018（05）.

90. 郭晓然. 基于 BP 神经网络的银行智能风控研究 [D]. 中国社会科学院研究生院，2021.

91. 李昕. 基于 DEA 模型的 A 股上市商业银行创新能力研究 [D]. 内蒙古财经大学，2021.

92. 张晴. B 银行金融科技产品创新战略研究 [D]. 北京交通大学，2021.

93. 宋宁. 我国大中型商业银行数字化影响研究 [D]. 首都经济贸易大学，2018.

94. 付乐，冉学东. 信用卡打响"春节营销战". 华夏时报，2024.

95. 李弘基. 金融科技应用对商业银行贷款和风险的影响研究 [D]. 上海财经大学，2021.

96. 夏俊蓉. 大数据在零售银行"获客"中的发展对策研究 [D]. 上海交通大学，2018.

97. 金洪飞，李弘基，刘音露. 金融科技、银行风险与市场挤出效应 [J]. 财经研究，2020（04）.

98. 张一凡. 基于 PCA-EMD-LSTM 的银行股价预测 [D]. 兰州大学，2021.

99. 李愿. 大模型赋能银行数字化转型提质增效. 21 世纪经济报道，2023（05）.

100. 周子旭. 金融科技背景下 HD 银行服务创新策略优化研究 [D]. 河北经贸大学，2022.

101. 宋安妮. 新一代信息技术对我国商业银行经营效率的影响——基于金融科技的视角 [D]. 中南财经政法大学，2022.

102. 徐超. 金融科技对商业银行赋能作用实现路径——基于移动支付视角的分析 [D]. 上海财经大学，2021.

103. 朱祝武. 人工智能发展综述 [J]. 中国西部科技，2011，v.10（17）.

104. 张艳. 票据自动处理系统中若干关键技术研究 [D]. 南京理工大学，2008.

105. 贾莉. 数字化零售时代 Z 银行战略转型研究 [D]. 北京交通大学，2020.

106. 王绍禹. 南京银行金融科技创新与发展研究 [D]. 云南财经大学，2022.

107. 蒋海，唐绅峰，吴文洋. 数字化转型对商业银行风险承担的影响研究——理论逻辑与经验证据 [J]. 国际金融研究，2023（02）.

108. 保定银保监分局课题组，李哲，赵怡然. 智慧金融业务风险监管难点及应对措施——以雄安新区为例 [J]. 河北金融，2019（05）.

109. 李文红，蒋则沈. 金融科技（FinTech）发展与监管：一个监管者的视角 [J]. 金融监管研究，2017（13）.

110. 朱彤. 金融科技对我国银行业系统性风险的影响研究 [D]. 山西大学，2023.

111. 杨新军. 打造数智化场景金融服务新模式 做好普惠金融大文章 [J]. 中国银行业，2024（10）.

112. 张艳. FinTech 时代信息安全的挑战及应对 [J]. 中国金融电脑，2017（08）.

113. 祖德光. 智能化时代下的金融科技与银行客户体验的深度融合探析 [J]. 中国价格监管与反垄断，2024（07）.

114. 贺卉珍. 基于大数据分析的信息科技风险管理 [J]. 中国金融电脑, 2019（01）.

115. 杨升. 商业银行风险管理数据化发展趋势分析 [J]. 华北金融, 2017（05）.

116. 刘丽芹. 商业银行智慧网点风控体系构建探析 [J]. 金融纵横, 2022（03）.

117. 张琦. 金融科技对我国银行业竞争力的影响研究 [D]. 对外经济贸易大学, 2020.

118. 中国社会科学院金融研究所. 商业银行数字化转型的重点与路径分析 [J]. 农村金融研究, 2019（09）.

119. 尤豪谦. 银行业舆情数据采集与分析系统的设计与实现 [D]. 华东师范大学, 2023.

120. 工商银行股份有限公司河北省分行课题组, 宋颖新, 王英琦. 商业银行大数据分析与应用研究 [J]. 河北金融, 2018（06）.

121. 张德茂, 蒋亮. 金融科技在传统商业银行转型中的赋能作用与路径 [J]. 西南金融, 2018（05）.

122. 杨升. 金融科技背景下我国商业银行面临的主要挑战与应对措施 [J]. 时代经贸, 2018（08）.

123. 李炜. 金融科技背景下邯郸银行战略转型研究 [D]. 北京交通大学, 2019.

124. 巴曙松, 慈庆琪, 郑焕卓. 金融科技浪潮下, 银行业如何转型 [J]. 当代金融研究, 2018（12）.

125. 韦莲海. 人工智能技术在商业银行管理中的应用研究——以招商银行为例 [D]. 江西财经大学, 2024.

126. Vaswani A, Shazeer N, Parmar N, et al. Attention is all you need[J]. Advances in neural information processing systems, 2017, 30: 5998-6008.

127. Devlin J, Chang M W, Lee K, et al. BERT: Pre-training of deep bidirectional transformers for language understanding[J]. arXiv preprint arXiv:1810.04805, 2019.

128. Brown T B, Mann B, Ryder N, et al. Language models are few-shot learners[J]. Advances in neural information processing systems, 2020, 33: 1877-1901.

129. Radford A, Kim J W, Hallacy C, et al. Learning transferable visual models from natural language supervision[J]. International conference on machine learning, 2021: 8748-8763.

130. Goodfellow I, Bengio Y, Courville A. Deep learning[M]. Cambridge: MIT press, 2016.

131. Hu E J. Low-rank adaptation of large language models[D]. Stanford: Stanford University, 2021.

132. OpenAI. GPT-4 technical report[EB/OL].（2023-04-15）[2024-08-20]. https://arxiv.org/abs/2303.08774.

133. Liang W, Zhang Q, Zhou H, et al. DeepSeek-R1: Incentivizing Reasoning Capability in LLMs via Reinforcement Learning[J/OL]. arXiv preprint arXiv:2501.12948, 2025.

134. DeepSeek Team. DeepSeek-V3 Technical Report[R]. Hangzhou: DeepSeek AI, 2024.